Fritz E. Giese

Kleine Geschichte der deutschen Flotte

Fritz E. Giese

Kleine Geschichte der deutschen Flotte

Von der »Deutschland« zum Zerstörer »Hessen«

BECHTERMÜNZ VERLAG

Mit 36 Abbildungen
Unveränderter Nachdruck der Ausgabe von 1965

Genehmigte Lizenzausgabe für
Weltbild Verlag GmbH, Augsburg 1998
© by Haude & Spenersche Verlagsbuchhandlung GmbH, Berlin
Umschlaggestaltung: Georg Lehmacher, Friedberg
Umschlagmotive: Deutsche Kreuzer im 2.Weltkrieg (oben; Bildarchiv
Preußischer Kulturbesitz, Berlin),
D-184 Hessen (unten; Albrecht Franz, Taufkirchen)
Gesamtherstellung: Bercker Graphischer Betrieb GmbH, Kevelaer
Printed in Germany
ISBN 3-8289-5321-2

INHALTSVERZEICHNIS

VORWORT

Die deutsche Marineliteratur hat nach 1950 einen ungeahnten Aufschwung erfahren. Aber die meisten der seitdem erschienenen Bücher behandeln Ereignisse auf den verschiedenen Seekriegsschauplätzen des Zweiten Weltkrieges, oder sie befassen sich mit Einzelschicksalen der verschiedenen Schiffe der ehemaligen Kriegsmarine. Die zurückliegende Zeit wird zumeist nur in „Einleitungen" oder „Rückblicken" gestreift, die aber nur ein sehr oberflächliches Bild über die Gesamtentwicklung der deutschen Marine in den vergangenen hundert Jahren seit Gründung der ersten deutschen *Bundes- oder Reichsflotte* im Jahre 1848 und der dann ihre Aufgaben übernehmenden Preußischen und Kaiserlichen Marine geben. Gerade diese Zeit aber kann ein historisches Urteil über die Berechtigung einer deutschen Seegeltung vermitteln.

Das vorliegende Buch soll diese Lücke schließen. Es soll in volkstümlicher Schilderung, aber dokumentarisch fundiert, die Wege aufzeichnen, die seit 1848 zur Gründung einer deutschen Flotte beschritten wurden. Es soll aufzeigen, wie aus kleinsten Anfängen allmählich eine Flotte heranwuchs, die bei Ausbruch des Ersten Weltkrieges unter den Flotten der damaligen Seemächte den zweiten Platz einnahm. Die verschiedenen Flottenpläne sollen dargestellt und in ihrem Wert, den jeweiligen Zeitverhältnissen entsprechend, untersucht werden. Dabei soll auch der zeitgenössischen Kritik der ihr gebührende Platz eingeräumt werden. Den Abschluß der Arbeit soll eine Behandlung der Frage bilden, ob auch die Bundesrepublik wieder einer Flotte – und wenn ja, in welcher Form – bedarf.

Die *Kleine Geschichte der deutschen Flotte* kann zwangsläufig keinen Anspruch auf absolute Vollständigkeit erheben, denn die frühere Literatur ist in den Bombennächten des Zweiten Weltkrieges weitgehend verlorengegangen. Aber sie basiert auf den wenigen geretteten Werken, die sich früher schon mit einer Darstellung der deutschen Marinegeschichte befaßten.

Wenn es mir gelungen sein sollte, auch dem Laien in dieser gedrängten Form ein Bild der wechselvollen Geschichte der deutschen Flotte zu vermitteln, so ist der Zweck dieser Arbeit voll erreicht.

Fritz E. Giese

DER FLOTTENGEDANKE IM JAHRE 1848

Die Geschichte der deutschen Flotte ist, gemessen an der anderer seefahrender Nationen, nur verhältnismäßig kurz. Sie umfaßt einen Zeitraum von nur knapp mehr als hundert Jahren. Das war einmal bedingt durch die geographische Lage Deutschlands als eines Staates im Mittelpunkt des europäischen Kontinents mit wenigen unzulänglichen Ausgangspositionen zum offenen Weltmeer, zum anderen durch die politischen Verhältnisse, die das Reich jahrhundertelang in eine große Zahl von Klein- und Mittelstaaten spaltete. Wohl und Wehe dieses Staatengebildes hingen ab von dem friedlichen oder kriegerischen Verhältnis zu den angrenzenden Nachbarn. Für die Erkenntnis der ständig wachsenden Bedeutung der See auch für das künftige Dasein unseres Volkes blieb da wenig übrig. Wohl hatte es auch schon in früheren Jahrhunderten Zeiten deutscher Seefahrt gegeben. Unter den Hohenstaufen-Kaisern kreuzten Schiffe, bemannt mit Seeleuten aus den deutschen Küstengebieten, in der Ostsee und in der Nordsee und nahmen die ersten Handelsbeziehungen mit den dort angrenzenden Ländern auf. Deutsche Kreuzfahrer-Schiffe durchfuhren das Mittelmeer bis weit in die Levante hinein. Die wenig später folgende Zeit der *Deutschen Hanse,* zu der sich die großen deutschen Seestädte des Mittelalters mangels anderer fester Ordnungsgewalten zusammenfanden, konnte dem deutschen Namen auch zur See für mehrere Jahrhunderte Macht und Geltung verschaffen. Aber auch sie konnte diese Stellung infolge der politischen Zerrissenheit des damaligen Reiches nicht auf die Dauer wahren. Eine kurzfristige, wenn auch zunächst hoffnungsvolle Episode blieben auch die Versuche des Großen Kurfürsten, dem Reich den Weg zur See zu weisen. Nach ihm erlosch der deutsche Flottengedanke fast völlig und verebbte schließlich ganz in den napoleonischen Kriegen, die nicht nur das Reich, sondern ganz Europa bis ins Mark erschütterten.

Aber vielleicht hatte es gerade eines solchen weltpolitischen Anlasses bedurft, um auch dem deutschen Volk erkennbar zu machen, wohin eine völlige Ohnmacht zur See unweigerlich führen mußte. Die Blockade aller Küsten, mit der England auf die von Napoleon verhängte Kontinentalsperre antwortete, hatte die Notwendigkeit eines Schutzes zur See und damit einer Flotte deutlich gemacht. Schon während der Befreiungskriege und danach hatten weitsichtige Männer wie Gneisenau und Friedrich List in Denkschriften und Veröffentlichungen auf die Bedeutung der Seemacht hingewiesen. Während List und andere die Vorteile einer Flotte in erster Linie zum Schutz der eigenen wirtschaftlichen Interessen sahen, stand für Gneisenau der strategische Vorteil an erster Stelle. In seiner Denkschrift hieß es unter anderem: „Wenn man die Herrschaft des Meeres besitzt, so vermag man einen Angriffskrieg auf alle Küsten seiner Feinde zu führen, und indem man diese Angriffe vervielfältigt, zwingt man ihn, seine Truppen von einem Ende seines Reiches zum anderen laufen zu lassen."

Auch die Hansestädte hatten schon im Jahre 1817 versucht, den eben gegründeten Deutschen Bund zu Schutzmaßnahmen gegen die arabischen Seeräuber zu veranlassen, die ihre Schiffahrt ins Mittelmeer erheblich gefährdeten. In zahlreichen Zeitungen und Zeitschriften erschienen Artikel, die auf die Bedeutung und Notwendigkeit einer Flotte zur Sicherung des wachsenden Außenhandels hinwiesen. Gleichzeitig wurden in den größeren Küstenstädten Marinevereine gegründet, die eine lebhafte Propaganda für den Flottengedanken entfalteten. Aber es dauerte noch mehr als zwei Jahrzehnte, ehe diese Bewegung auch weite Kreise der deutschen Bevölkerung ergriff. Träger dieser Propaganda war von da ab in erster Linie das liberale Bürgertum, das im Zusammenhang mit den in den vierziger Jahren des vorigen Jahrhunderts immer deutlicher werdenden Bestrebungen nach einer Einigung ganz Deutschlands gerade in der Flotte ein Symbol dieser Einheit sah. Trotzdem gab es auch zu dieser Zeit noch zahlreiche Stimmen, die gegen die nach ihrer Ansicht „kriegsmarinemutigen" Kreise in den Regierungen und der Bevölkerung Stellung nahmen. Als dann aber im März 1848 König Friedrich VII. von Dänemark die Einverleibung Schleswigs in den dänischen Staatsverband erklärte und Dänemark wenige Wochen später nach Ausbruch des deutsch-dänischen Krieges die Blockade der deutschen Küsten aufnahm, schlug die Stimmung in ganz Deutschland zugunsten der raschen Schaffung einer deutschen Flotte um. Die beschämende Erkenntnis der eigenen maritimen Schwäche gegenüber dem um so viel kleineren, aber seemächtigeren Gegner gab dem Flottengedanken einen ungeahnt raschen Aufschwung. Überall in deutschen Landen erscholl nun der Ruf nach einer deutschen Flotte. In der 7. Sitzung des Deutschen Bundestages in der Frankfurter Paulskirche brachte der Abgeordnete Hamburgs einen entsprechenden Antrag ein, der allgemeine und begeisterte Zustimmung fand. Aber keiner der damaligen Parlamentarier war sich wohl darüber klar, daß es zu einer Verwirklichung eines solchen Vorhabens mehr als nur schöner Reden bedurfte. Hinzu kam, daß die überwiegende Mehrzahl der Frankfurter Abgeordneten nur ganz unklare Vorstellungen von Seemacht und Flotte hatte, von Begriffen also, deren genaue Kenntnis für eine solche Gründung ausschlaggebend waren. Auch fehlte das Wichtigste, ein übergeordnetes Staatsorgan, daß alle vorhandenen Kräfte einheitlich für eine Aufgabe dieser Bedeutung zusammenfassen konnte. Die kurze und wenig würdig abgeschlossene Geschichte der ersten deutschen Bundesflotte zeigt, wohin fehlende Einigkeit, Unverständnis und mangelnde Unterstützung führen müssen. Trotzdem hat auch sie bleibenden Wert für die ganze künftige Entwicklung gehabt. Der Flottengedanke blieb von da ab lebendig und erfaßte immer weitere Kreise des deutschen Volkes. Der Wunsch nach Schaffung einer deutschen Flotte als Symbol deutscher Einheit und deutscher Seegeltung erlosch nie wieder. Er blieb erhalten auch über die Jahrzehnte größten Aufstiegs und tiefsten Niedergangs. Und dieser Erfolg allein rechtfertigt auch die großen persönlichen Opfer jener Männer und Kreise, die sich mit vollem Herzen für die Verwirklichung des deutschen Flottengedankens einsetzten.

DIE ERSTE DEUTSCHE BUNDESFLOTTE

Die erste im Jahre 1848 gegründete deutsche Bundesflotte war die kurzlebigste der deutschen Flotten. Die fünf Jahre ihres Bestehens waren gekennzeichnet durch die opferwillige Aufbauarbeit weniger Männer, die ein Werk von Dauer zu schaffen versuchten, nicht weniger aber überschattet von Widrigkeiten jeder Art, die ein solches Vorhaben von Anfang an zur Aussichtslosigkeit verdammten. Die erste Bundesmarine war nicht, wie viele Deutsche es wohl gehofft hatten, der Grundstock einer künftigen deutschen Marine, die Deutschlands Seeinteressen in aller Welt vertreten sollte. Aber sie gab den Anlaß, daß Preußen sich von da an dieser Aufgabe mit voller Kraft annahm und sich die Flotte schuf, aus der später die Kaiserliche Marine und ihre Nachfolger hervorgingen. Allein schon aus diesem Grunde muß im Rahmen der vorliegenden Arbeit auch die kurze Geschichte der ersten Bundesflotte erwähnt werden.

Am 29. April 1848 hatte Dänemark die Blockade der deutschen Küsten erklärt. Schon wenige Tage danach berichtete der preußische Gesandte von Camphausen in der Sitzung des Deutschen Bundestages in Frankfurt von der Beschlagnahme zahlreicher preußischer Handelsschiffe durch die dänische Marine. Zur gleichen Zeit wurden auch Nachrichten über ähnliche Gewaltmaßnahmen gegen hamburgische Schiffe bekannt. Diese Mitteilungen lösten eine Woge der Empörung nicht nur im Bundestag, sondern in ganz Deutschland aus. Sie führte als erstes zu dem Beschluß, sofort einen Ausschuß zu ernennen, der die Frage eines raschen Aufbaues einer Flotte klären sollte. Zugleich bewilligte der Bundestag 6 Millionen Taler zur Gründung dieser Flotte. Mit dem Vorsitz des Ausschusses wurde der preußische General von Radowitz betraut. Neben ihm wirkte als tätigstes Mitglied der damalige Reichshandelsminister Duckwitz, der sich besonders den praktischen Aufgaben des Aufbaues der Flotte widmete. Im November 1848 wurde dann auf Anordnung des

zum Reichsverweser gewählten Erzherzogs Johann von Österreich eine „Technische Marinekommission" gebildet, der die Planung des Aufbaues der Marine obliegen sollte. Den Vorsitz
übernahm Prinz Adalbert von Preußen, den König Friedrich
Wilhelm IV. auf Bitten des Reichsverwesers für diesen Zweck
zur Verfügung gestellt hatte. Der Prinz war für eine solche
Aufgabe der geeignete Mann, da er Sachkenntnis mit Weitsicht
und Energie verband. Wir werden später bei Schilderung der
Anfänge der Preußischen Marine noch näher mit ihm bekannt
werden. Zu seinen Mitarbeitern in der neugebildeten Kommission wählte er sich unter anderen den früheren holländischen
Kapitänleutnant Schroeder und den schleswig-holsteinischen Kapitän Donner. Zu den Mitgliedern der Kommission zählte ferner
der aus griechischen Marinediensten kommende Fregattenkapitän Rudolf Bromme, gen. Brommy, ein überaus tatkräftiger
Mann, der dann im Jahre 1849 auch der erste deutsche Flottenchef und Admiral wurde.

Die Technische Marinekommission stellte als Ergebnis ihrer
Arbeiten einen Flottenplan auf, der sich eng an eine Denkschrift anlehnte, die Prinz Adalbert im Frühjahr 1848 zwecks
Errichtung einer Kriegsmarine für den gesamten deutschen
Staatsverband vorgelegt hatte. Danach sollten innerhalb eines
Zeitraumes von zehn Jahren 15 Segelfregatten und 30 kleine
Einheiten mit Dampfantrieb in Dienst gestellt werden. Der Plan
wurde von der Nationalversammlung auch angenommen, aber
sehr bald schon zeigte sich, daß seine Verwirklichung weitaus
schwieriger war als die Planung. Das wird verständlich, wenn
man bedenkt, daß es damals in Deutschland weder Werften
noch Fachleute gab, die ausreichende Kenntnisse im Kriegsschiffbau aufweisen konnten. Es gab auch sehr wenige Offiziere, die
etwas von der Führung eines Kriegsschiffes verstanden, während
man bei den Mannschaften notfalls auf die Besatzungen von
Handelsschiffen und Angehörige der Küstenbevölkerung zurückgreifen konnte. Um wenigstens den Grundstock einer Flotte
schaffen zu können, mußte man daher im Ausland geeignete
Schiffe aufzukaufen suchen. Für das Offizierskorps gewann man
Offiziere aus den Marinen der schon bestehenden Seemächte.

So bot die junge Flotte von Anfang an sowohl technisch als

auch personalmäßig ein wenig ausgewogenes Bild. Die ersten Einheiten der Reichsflotte waren die Segelfregatte „Deutschland" und die drei Radkorvetten „Hamburg", „Bremen" und „Lübeck", die bis dahin die sogenannte *Hamburger Flottille* gebildet hatten. Das Reich erwarb sie aus Mitteln einer Sammlung, die der Hamburger Marineverein veranstaltet hatte. Die „Deutschland" war ein 1819 gebautes Handelsschiff von 863 Tonnen, das nach dem Urteil von Sachverständigen sehr wenig standfest war. Die drei Korvetten waren ebenfalls frühere Handelsschiffe und mit je 500 Tonnen etwas kleiner, dafür aber erheblich seetüchtiger. Einen besseren Griff glaubte man mit dem Kauf von zwei Schiffen getan zu haben, die in England erworben wurden. Das eine war der ehemalige Cunard-Postdampfer „Britannia", der unter dem Namen „Barbarossa" als Radfregatte in Dienst gestellt wurde. Als bis dahin stärkstes Schiff der Flotte diente sie zeitweise dem zum Konteradmiral und Seezeugmeister ernannten Brommy als Flaggschiff. Der zweite in England erworbene Dampfer, „Acadia", strandete bei der Überfahrt in der Höhe von Texel und kam nie zum Einsatz. Von den Schwierigkeiten bei der Beschaffung der im Ausland gekauften Kriegsschiffe der jungen Flotte kann man sich ein Bild machen, wenn man hört, daß sie nicht als „Kriegsschiffe", sondern nur in ihrer Eigenschaft als Handelsschiffe von England nach Deutschland überführt werden durften. Der Grund war der, daß England die Flagge der neuen Marine nicht anerkannte. Man mußte also das ganze, ebenfalls in England erworbene Kriegsmaterial auf einem besonderen Handelsschiff verfrachten, das aber noch vor Erreichen der deutschen Küste wegen einer Havarie wieder in seinen Heimathafen zurückkehren mußte. Die Ausrüstung wurde nun von neuem auf drei kleinere Schiffe verladen und kam somit erst mit großer Verspätung an ihren eigentlichen Bestimmungsort. Ein wirklich wertvoller Zuwachs war dagegen die im April 1849 gekaperte dänische Segelfregatte „Gefion", ein Schiff von 1325 Tonnen, das bei einem Überfall dänischer Flotteneinheiten auf Eckernförde durch Landbatterien zum Streichen der Flagge gezwungen wurde. Sie wurde unter dem Namen „Eckernförde" in die Bundesflotte eingereiht und ging dann bei der Auflösung in den Besitz der preußischen Marine über, in der sie als Schulschiff noch mehrere Auslandsreisen absolvierte und erst 1870 Flagge und Wimpel niederholte.

Zu dieser Zeit hatte aber die früher erwähnte Technische Marinekommission bereits ihre Tätigkeit eingestellt, da Preußen schon im Frühjahr 1849 den Prinzen Adalbert abberufen hatte. Preußen hatte zu diesem Zeitpunkt bereits erkannt, daß die Stunde für die Schaffung einer deutschen Reichsflotte noch nicht gekommen war. Die gleichzeitige Entscheidung der preußischen Regierung war für die weitere Zukunft der jungen Bundesmarine von größter Bedeutung. Sie nahm ihr einen wesentlichen Teil der tragenden Kräfte, die gerade in dieser Zeit unerläßlich waren. Trotzdem hat ihre damalige Führung nicht sofort resigniert, vielmehr haben Einheiten der Reichsflotte unter Brommy sogar noch im offenen Kampf mit gegnerischen Kriegsschiffen ihre Einsatzbereitschaft unter Beweis gestellt.

Im Juni 1849 lief Brommy mit seinem Flaggschiff, der Radfregatte „Barbarossa", und den Korvetten „Hamburg" und „Lübeck" aus Bremerhaven aus, um die dänische Blockadeflotte anzugreifen. Unweit Helgolands kam es zu einem Gefecht mit der dänischen Korvette „Valkyren", die sich aber nach einem kurzen Feuerwechsel in die damals britischen Gewässer der Insel zurückziehen konnte. Da der britische Gouverneur einen Warnschuß abgeben ließ, sah Admiral Brommy von einem Nachsetzen ab, um politische Komplikationen zu vermeiden. Er zog sich mit seinem Geschwader nach Cuxhaven zurück, wurde dort aber sofort von einem dänischen Flottenverband blockiert. Trotz der gegnerischen Übermacht gelang es ihm aber ein paar Tage später, diese Blockade, begünstigt durch unsichtiges Wetter, zu brechen und wieder in seinen Heimathafen Bremerhaven einzulaufen.

Diese beiden Gefechte blieben auch die einzigen „Kampfhandlungen" der Reichsflotte. Von da ab lagen sie untätig in ihren Häfen, denn schon kündigte sich das kommende Ende an. Die Uneinigkeit der deutschen Staaten, Geld- und Personalschwierigkeiten und besonders das Fehlen einer tatkräftigen Reichsgewalt mußten zwangsläufig zum Zusammenbruch der Flotte führen. Anfang April 1852 beschloß die Frankfurter Nationalversammlung ihre Auflösung. Wenige Tage später mußte Admiral Brommy auf der „Barbarossa" seine Flagge niederholen. Das Schiff ging zugleich mit der Segelfregatte „Eckernförde", die jetzt wieder ihren alten Namen „Gefion" erhielt, in preußischen Besitz über. Der Rest der Schiffe wurde teils abgewrackt, teils öffentlich versteigert. Damit verschwand die schwarz-rot-goldene Flagge der ersten deutschen Bundesmarine sang- und klanglos von der See. Ihr Oberbefehlshaber teilte das Schicksal seines Werkes. Er wurde mit einer unzureichenden Pension verabschiedet und starb, nur 55 Jahre alt, im Januar 1860 in St. Magnus bei Bremen. Sein Grab liegt auf dem Friedhof des kleinen Ortes Hammelswarden bei Brake. Dort kündet eine kurze Inschrift von dem außergewöhnlichen Mann, der einstmals der erste deutsche Admiral war.

Die ganze Tragik dieses Geschehens wird deutlich aus den Worten des Abschiedserlasses, den Admiral Brommy am 31. März 1853 nach der endgültigen Auflösung der Flotte an ihre Besatzungen erließ. Er sei zu Ehren dieser Flotte, die nicht eigenem Unvermögen unterlag, sondern an der Ungunst der Zeit scheitern mußte, hier durch kurze Wiedergabe der Vergessenheit entrissen. In diesem Erlaß heißt es:

„Dem sämtlichen Personal der deutschen Bundesmarine wird hiermit bekanntgegeben, daß die Auflösung der Marinebehörden und damit die Entlassung des gesamten Personals bis zum 31. März d. J. höchsten Ortes beschlossen worden ist. Schmerzlich ist es dem Oberkommando, diesen inhaltsschweren Akt zur allgemeinen Kenntnis bringen zu müssen, einen Akt, durch welchen nicht allein das mit nationaler Begeisterung ins Leben gerufene und unter den schönsten Erwartungen emporgeblühte Institut der deutschen Marine den bloßen Erinerungen anheim gegeben wird, sondern durch welchen auch die Hoffnungen so vieler tüchtiger Männer, die dem Vaterland ihre Kräfte und ihr Leben zu weihen nicht anstanden, vernichtet worden sind. Dagegen bleibt es dem Oberkommando ein wohltuendes Gefühl, den von diesen trüben Verhältnissen abgewendeten Blick mit der Überzeugung in die Vergangenheit zurückwerfen zu können, daß dieselbe ein glänzendes Beispiel dafür gewesen, was unbedingte Hingabe an eine große Idee ungeachtet aller entgegenstehenden Hindernisse hervorzubringen vermöge. Mit Stolz darf das Kommando es aussprechen, daß die deutsche Marine einen

1 Die erste Bundesflotte auf der Elbe im August 1848, von links nach rechts: Radkorvetten LÜBECK, BREMEN, Segelfregatte DEUTSCHLAND, Segelkorvette FRANKLIN, Radkorvette HAMBURG.

2. Radkorvetten BREMEN und HAMBURG der ersten Bundesflotte. Beide waren ehemalige Handelsschiffe. Sie wurden 1853 öffentlich versteigert.

3. Radefregatten BARBAROSSA und ERZHERZOG JOHANN der ersten Bundesflotte. BARBAROSSA war längere Zeit Flaggschiff von Admiral Brommy. Sie wurde 1852 von der Preußischen Marine übernommen.

4. Segelkorvette MERCUR, ehem. Ostindienfahrer, wurde von der Preußischen Marine als Transportschiff auf größeren Geschwaderreisen verwendet.

Höhepunkt erreicht hatte, der den Beweis lieferte, was Deutschland zur See unter günstigen Umständen zu leisten vermochte."

Die Geschichte der ersten deutschen Flotte wäre unvollständig, wollte man nicht auch der kleinen schleswig-holsteinischen Flotte gedenken, die 1848 von den Elbherzogtümern als Selbsthilfeaktion gegen den dänischen Druck aufgestellt wurde. Schleswig-Holstein war durch die Kampfhandlungen neben Preußen am unmittelbarsten betroffen und konnte naturgemäß nicht warten, bis die neuzubildende Bundesflotte zu ihrem Schutz bereit stand. Die provisorische Regierung der Herzogtümer stellte daher eine eigene Flotte auf, die aus einem Schrauben-Kanonenboot, drei Raddampfern, einem Kriegsschoner und elf Ruder-Kanonenbooten bestand. Trotz ihrer geringen Stärke hat diese kleine Flotte sich in einer ganzen Reihe von kleinen Gefechten wacker mit den Dänen herumgeschlagen. Im Mai 1849 vertrieben fünf dieser Kanonenboote die dänische Besatzung von den Inseln Föhr und Sylt. Gleichzeitig schlugen sich vier andere Kanonenboote und einer der Raddampfer vor der Kieler Förde mit dem dänischen Linienschiff „Skjold", ohne diesem natürlich ernsteren Schaden zufügen zu können. Im Juli 1850 wiederum zwangen zwei vor Heiligenhafen in der Ostsee kreuzende schleswig-holsteinische Kanonenboote vier dänische zum Rückzug. Einen ähnlichen Erfolg erzielte die kleine Marine im Herbst des gleichen Jahres im Fehmarn-Sund. Sie konnte es allerdings nicht verhindern, daß die Dänen wenig später mit stärkeren Kräften die Insel Föhr erneut besetzten. Im Januar 1851 aber schlug dann auch ihre Stunde. Im Zuge der politischen Entwicklung wurde die schleswig-holsteinische Marine aufgelöst, die Schiffe wurden Dänemark übergeben.

Aber noch ein zweites Unternehmen, das in engem Zusammenhang mit der kurzen Geschichte der schleswig-holsteinischen Marine steht, verdient der Vergessenheit entrissen zu werden. Im Jahre 1848 hatte der als Unteroffizier in der Armee Schleswig-Holsteins stehende bayerische Ingenieur Wilhelm Bauer den Plan eines Unterseebootes entworfen. Er fand damit die Unterstützung der Regierung, die hoffte, auf diese Weise der dänischen Blockade Abbruch tun zu können. Das Boot lief am 18. Dezember 1850 auf der damaligen Werft von Schweffel &

Howaldt in Kiel vom Stapel. Mit ihm begann eine Entwicklung, die vom Bau eines naturgemäß noch sehr primitiven Unterwasserfahrzeuges zum heutigen Atom-U-Boot führen sollte. Das Bauersche Boot war aus Eisenblech mit gewölbten Wänden gefertigt. Durch zwei mit Gummiringen abgedichtete Löcher im Bug sollten Sprengkörper an gegnerischen Schiffen befestigt werden. Der Antrieb erfolgte durch eine Schraube, die durch zwei Treträder über ein Zahnradgetriebe in Bewegung gesetzt wurden. Das Tauchen und Auftauchen sollte durch Einlassen von Wasser in Tanks bewerkstelligt werden. Die Besatzung belief sich auf drei Mann, von denen einer das Ruder, die beiden anderen die Treträder bewegten. Das Boot bewährte sich auch auf einigen Probefahrten, sank dann aber bei einem erneuten Tauchversuch, wahrscheinlich infolge von Konstruktionsfehlern. Durch ihre Geistesgegenwart vermochte sich die Besatzung zu retten. Bis zum Jahre 1888 lag das Boot dann auf dem Grund der Förde, bis es beim Bau eines neuen Hafens ausgemacht und wieder gehoben werden konnte. Das Wrack kam anschließend zunächst in den Garten der Marineakademie in Kiel und wurde später in das Museum für Meereskunde in Berlin überführt, wo es noch lange besichtigt werden konnte. Die spätere Kriegs-Marine ehrte die technische Leistung seines Konstrukteurs, indem es 1938 ein U-Boot-Begleitschiff nach ihm benannte. Auch heute noch trägt ein Schul-U-Boot der zweiten Bundesmarine den Namen „Wilhelm Bauer".

In manchen Darstellungen über die Geschichte der ersten deutschen Reichsflotte wird diese als eine „Episode" bezeichnet, im Sinne dieses griechischen Wortes also als ein „gelegentliches Geschehnis", dem keine bleibende Wirkung zukommt. Damit aber wird man dieser Gründung kaum gerecht. Wenn diese Flotte auch – und sicherlich nicht aus eigenem Unvermögen – nur eine sehr geringe militärische Bedeutung gewinnen konnte, so ist es doch zweifellos ihr Verdienst, dem deutschen Volk den Wert eines eigenen Schutzes zur See deutlich gemacht zu haben. Sie hat darüber hinaus den deutschen Flottengedanken nicht nur belebt, sondern in die Zukunft hinübergerettet, was immer man über ihren tatsächlichen Wert oder Unwert sagen mag.

War die Gründung einer deutschen Flotte um die Mitte des

vorigen Jahrhunderts verfrüht? Auch diese Frage wird man verneinen müssen, denn die Schaffung einer solchen Wehr zur See war auch im damaligen Deutschland gerechtfertigt, wie der gleichzeitig vorgenommene und erfolgreiche Aufbau der Preußischen Marine beweist.

Die erste deutsche Reichsflotte ist gescheitert, weil keiner der damaligen Bundesstaaten gewillt war, eigene Wünsche einem einheitlichen großen Gedanken zu opfern. Sie ist gescheitert, weil die führende Staatsgewalt fehlte, die die zweifellos im deutschen Volke vorhandenen Kräfte einheitlich für diese große Aufgabe zusammenzufassen verstand. Die Worte, die der damalige Reichshandelsminister Duckwitz in seinem Bericht aus dem Jahre 1849 über die Gründung der deutschen Marine schrieb, muten heute fast seherisch an:

„Gebe der Himmel, daß Deutschlands Regierungen und Völker die deutsche Flotte mit gleicher Liebe pflegen, als sie von denen gepflegt worden ist, welche zuerst sich ihrer mit Hingebung gewidmet haben. Dann wird sie gewiß eine Stütze unseres Vaterlandes werden, denn dieses besitzt Alles, was zu einer tüchtigen Flotte erforderlich ist."

PREUSSEN ERGREIFT DIE FÜHRUNG

Erste Anfänge

Das Jahr der Gründung der ersten Bundesmarine (1848) war auch das eigentliche Geburtsjahr der königlich-preußischen Marine, aus der später die Kaiserliche Marine und ihre verschiedenen Nachfolger hervorgingen. Aber schon vorher waren sich maßgebende Persönlichkeiten Preußens der Notwendigkeit und des Wertes einer eigenen Marine bewußt geworden. Preußen hatte nach den Befreiungskriegen seinen Besitzstand besonders an der Ostsee erheblich nach See zu verlagert. Die preußische Handelsmarine nahm langsam aber sicher Gestalt an. Die Handelsbeziehungen mit anderen Staaten gewannen mehr und mehr an Bedeutung. Aber nur sehr allmählich begann die Erkenntnis zu dämmern, daß eine Handelsschiffahrt auch eines Schutzes zur See bedurfte. Zwar hatte schon im Jahre 1811 der damalige Oberstleutnant von Rauch, der später noch als Kriegsminister für seine Unterstützung des Flottengedankens bekannt werden sollte, dem preußischen Staatskanzler Fürst Hardenberg eine Denkschrift vorgelegt, in der die Schaffung einer preußischen Marine vorgeschlagen wurde. Rauch forderte als erste Maßnahme den Bau armierter Wachschiffe für den Küstenschutz. Der von ihm entworfene Flottengründungsplan sah 3 größere und zwölf kleinere Einheiten vor. Die kriegerischen Ereignisse der Jahre 1812–1815 verzögerten die Verwirklichung dieses Vorhabens. Nach dem Abschluß des Wiener Kongresses trat Schweden Neu-Vorpommern und die Insel Rügen an Preußen ab. Gleichzeitig erwarb die preußische Regierung sechs in Stralsund liegende Kanonen-Schaluppen, die damit den Grundstock einer künftigen Marine bilden konnten. Da es in Preußen völlig an Offizieren fehlte, die über Kenntnisse im Marinekriegswesen verfügten, übernahm Preußen auch zur gleichen Zeit den schwedischen Marineleutnant Longé in preußische Dienste. Im Dezember 1815 wurde Longé unter Ernennung zum „Hauptmann der Marine" angestellt und als erstes mit der Ausarbeitung eines Planes für den Aufbau einer Flotte beauftragt. Als Mitarbeiter wählte er sich den ebenfalls aus schwedischen Diensten ausgeschiedenen Marineoffizier Murck. Beide Offiziere entwickelten sehr schnell eine rege Tätigkeit, die sich allerdings zunächst nur auf die Schaffung personeller und technischer Grundlagen erstrecken konnte, da es an Mitteln für den Bau von Kriegsschiffen noch fehlte. So konnte vorerst nur ein Schoner gebaut werden, der nach seiner Bauwerft den Namen „Stralsund" erhielt. Es war ein kleines Segelschiff von 250 BRT, das in erster Linie für Ausbildungszwecke Verwendung fand. Die schon erwähnten sechs schwedischen Schaluppen erwiesen sich als wenig dienstfähig und wurden daher bereits bis 1819 wieder außer Dienst gestellt. Etwa zur gleichen Zeit war auf Anordnung von König Friedrich Wilhelm III. in Danzig eine Navigationsschule errichtet worden, die allerdings in erster Linie zur Behebung des Personalmangels für die Handelsmarine gedacht war. Wie groß dieser Mangel war, geht daraus hervor, daß bis zum Jahre 1849 die Direktoren dieser Schule ausschließlich ausländische Seeoffiziere waren.

Im Jahre 1824 gab das preußische Kriegsministerium auf der Werft von J. A. Meyer in Stralsund ein Kanonenboot in Auftrag, das im Jahre darauf unter dem Namen „Danzig" in Dienst gestellt wurde. Wie die vorgenannte „Stralsund" wurde es aber ebenfalls fast nur für die Ausbildung künftiger Handelsmarineoffiziere verwendet. Wie sehr das Kriegsministerium zu dieser Zeit noch in reinem „Heeresdenken" verhaftet war, kann man aus einem damals erstatteten Gutachten an den König ersehen, in dem es u. a. hieß, „ein Bau weiterer Kriegsschiffe sei unzweckmäßig, da der Salzgehalt der Ostsee für die Schiffe ungünstig sei"! König Friedrich Wilhelm III. scheint allerdings anderer Ansicht gewesen zu sein, denn auf seinen Befehl hin war bereits im Jahre 1823 eine Kommission gebildet worden, die sich mit Fragen der Bildung einer Seewehr und eines Küstenschutzes befassen sollte. Da die Arbeiten dieser Kommission aber nicht recht vorwärts kamen, wurde 1835 eine besondere Marinekommission errichtet, zu deren Leiter der König den Prinzen

Adalbert von Preußen ernannte. Der Kommission gehörten ferner u. a. der inzwischen zum „Major der Marine" beförderte Hauptmann Longé sowie eine Reihe von Ingenieuroffizieren, Artillerieoffizieren und Schiffbaufachleuten an. Diese Kommission legte 1836 einen Flottenbauplan vor, der mehrere Dampfschiffe, eine größere Zahl von Kanonenbooten und -jollen sowie eine Segelkorvette vorschlug. Tatsächlich aber kam es – und wiederum wegen des Widerstandes des Kriegsministeriums – nur zum Bau von wenigen Einheiten. Als Grund wurde die schlechte Finanzlage Preußens angeführt, die vorerst keine Mittel zum Bau einer Flotte erlaube. Auch der früher als Befürworter eines Flottenbaus aufgetretene Kriegsminister von Rauch war inzwischen umgefallen und begründete seine neue Stellungnahme damit, daß „die Anwendung der Dampfschiffe und der Bombenkanonen" bei allen Kriegsmarinen eine Umwandlung des bisherigen Seekriegswesens erwarten lasse und man sich daher zweckmäßig mit der Schaffung einer Flotte noch Zeit lassen könne. So wurde der Flottenbauplan vorerst einmal ad acta gelegt. Immerhin wurde im Jahre 1841 der Bau einer Segelkorvette in Auftrag gegeben. Sie lief 1843 auf einer Werft bei Stettin vom Stapel, diente zunächst als Schulschiff für Navigationsschüler und machte 1844 ihre erste Auslandsreise, die bis nach Konstantinopel führte. Weitere Reisen ins Schwarze Meer und nach New York folgten. Im Jahre 1848 wurde die Korvette, die bis dahin immer noch dem Finanzministerium als Schulschiff unterstanden hatte, in die neugebildete preußische Kriegsmarine eingereiht. In der Taufe hatte sie den Namen „Amazone" erhalten, den sie auch später beibehielt. Ihre Offiziere und Steuerleute wurden in die Marine übernommen. Sie bildeten mit einigen ausländischen und in preußische Dienste übergetretenen Seeoffizieren den Stamm des neuen Offizierkorps. Man kann sich heute kaum einen Begriff davon machen, wie trübe es damals in personeller Hinsicht bei der jungen Marine aussah. Wenn es schon schwer war, selbst für die wenigen zunächst vorhandenen Schiffe die nötigen Mannschaften zu erhalten, so waren die Aussichten für das Offizierskorps noch weitaus ungünstiger. Von wirklichen Seeoffizieren gab es eigentlich nur die früheren Steuerleute der „Amazone" und eines anderen kleinen Kriegsschiffes. Von ihnen haben einige, wie z. B. der spätere Vizeadmiral Jachmann, der aus schwedischen Diensten kommende Kapitän Hyltén-Cavallius, und der holländische Kapitänleutnant Schroeder, wichtige Kommandoposten in der preußischen Marine bekleidet. Die jüngeren Dienstgrade besetzte man zum Teil mit Ingenieur- und Artillerieoffizieren der Armee, die sich freiwillig für den Marinedienst gemeldet hatten. Hinzu kamen seebefahrene Steuerleute und Kapitäne der Handelsmarine, die als sogenannte „Auxiliar"-Offiziere eingestellt wurden. Im Jahre 1850 bestand das seemännische Personal der Marine aus einem Kommodore, drei Korvettenkapitänen, acht Leutnants 1. Klasse (Kapitänleutnants), acht Leutnants 2. Klasse, neun Auxiliaroffizieren, 30 Kadetten, 5 Deckoffizieren, 50 Unteroffizieren, 378 Matrosen und 100 Schiffsjungen. Hinzu kam ein Maschinenpersonal, das sechs Maschinisten (Ingenieure), 8 Lehrlinge und 12 Heizer umfaßte. Es war eben noch die Zeit der alten Segelschiffahrt, in der sich die dampfgetriebenen Schiffe nur langsam und allmählich durchsetzten. Oberbefehlshaber der Marine wurde durch Kgl. Order vom 1. März 1849 Prinz Adalbert, unter dem der schon erwähnte Kapitän zur See und Kommodore Schroeder den Befehl über die aufzubauende Flotte übernahm. Es würde zu weit führen, in diesem Rahmen den nicht weniger schwierigen organisatorischen Aufbau der Marine zu schildern. Wichtig ist, daß schließlich im November 1853 die Bildung einer *Admiralität* befohlen wurde, die zugleich Kommando- und Verwaltungsbehörde sein sollte. Im März 1854 wurde Prinz Adalbert von seiner bisherigen Stellung als Generalinspekteur der Artillerie entbunden und zum „Admiral der preußischen Küsten" ernannt. Von besonderer Bedeutung ist weiter, daß Oldenburg im November 1854 den Jadebusen an Preußen abtrat, womit die Grundlage für den Bau des ersten Nordsee-Kriegshafens, das spätere Wilhelmshaven, geschaffen wurde.

Wie stand es nun in den ersten Jahren der jungen Preußischen Marine um die Flotte?

Vorhanden waren 1849 nur die schon erwähnte Segelkorvette „Amazone", der Aviso „Preußischer Adler", zwei kleine Privatdampfer, 21 Kanonen-Schaluppen und 6 Kanonenjollen. Die „Amazone" hat lediglich als Schulschiff gedient und besaß eine

Armierung von zwölf leichten Geschützen zum Exerzieren. Die „Preußische Adler" war ein ehemaliger Postdampfer von knapp 1100 t und war mit vier Geschützen mittleren Kalibers bewaffnet. Sie war das erste preußische Kriegsschiff, das mit den Dänen Kugeln wechselte. Im Mai 1864 nahm sie dann noch gemeinsam mit österreichischen Kriegsschiffen unter dem damaligen Kommodore v. Tegetthoff an dem Gefecht bei Helgoland teil und wurde schließlich 1879 abgewrackt.

Den ersten Zuwachs erfuhr die Preußische Flotte im Jahre 1850 mit der 580 t großen „Mercur", einem ehemaligen Handelsschiff, das 1847 als Ostindienfahrer gebaut und zunächst als Schiffsjungen-Schulschiff in Dienst gestellt wurde. Kommandant war der früher aus der schleswig-holsteinischen Marine in preußi-Dienste übergetretene Kapitän Donner. Die „Mercur" hat in den Jahren 1850/51 eine Ausbildungsreise nach Südamerika gemacht, auf der sich aber erwies, daß sie nur ein sehr schlechter Segler war. Sie wurde daher später nur noch als Transportschiff verwendet und nahm als solches auch an einer Geschwaderfahrt ins Mittelmeer teil. Im Jahre 1861 wurde sie dann ausrangiert und verkauft. Auch die beiden nächsten Zugänge, zwei in England gebaute Raddampfer, die unter den Namen „Nix" und „Salamander" als Avisos in die Flotte eingereiht wurden, hatten nur geringen Kampfwert. Sie waren 1851 in Dienst gestellt worden, wurden aber schon 1855 im Rahmen eines Tauschgeschäftes gegen die Segelfregatte „Thetis" an die britische Marine zurückgegeben. Mit diesem Schiff gewann die preußische Marine einen der damals schnellsten Segler, der ihr besonders wertvolle Dienste bei der Ausbildung des künftigen seemännischen Nachwuchses geleistet hat.

Bis dahin waren fast alle Schiffe der jungen Flotte auf ausländischen Werften gebaut worden. Mit der Inbaugabe der neuen Fregatte „Danzig" beschritt die Marine von nun ab Neuland. Das Schiff lief im November 1851 auf der Werft Klawitter in Danzig vom Stapel. Sie war das erste größere in Deutschland gebaute Kriegsschiff. Die Baupläne und auch die Maschinenanlage und die Armierung stammten allerdings aus England. Sie war ein Raddampfer mit Barktakelage und verdrängte 1450 t bei einer Geschwindigkeit von 11 Knoten.

Im Jahre 1852 erhielt die Preußische Marine mit der Fregatte „Gefion" und der Radkorvette „Barbarossa" die bisher bedeutsamste Verstärkung. Beide Schiffe kamen aus der inzwischen aufgelösten ersten deutschen Bundesflotte. Die Marineleitung benutzte diese Gelegenheit, um zum ersten Mal ein ganzes Geschwader auf Auslandsreise zu entsenden. Es bestand aus der „Gefion" als Flaggschiff des Kommodore Schroeder, der Korvette „Amazone" und dem Transportschiff „Mercur". Die Fahrt führte über Madeira, Teneriffa und Liberia nach dem La Plata. In Portsmouth vereinigte sich das Geschwader mit der dort inzwischen eingelaufenen Korvette „Danzig". „Gefion" und „Danzig" liefen weiter ins Mittelmeer, während die „Amazone" und die „Mercur" in die Heimat zurücksegelten. 1853 trat nur noch der kleine Schoner „Hela" zur Flotte. Das Schiff war aus freiwilligen Beiträgen der Danziger Bevölkerung erbaut worden. Es machte zunächst einige Auslandsreisen und wurde später nur noch als Schulschiff verwendet. Im nächsten Jahr folgte als letzte Einheit in dieser Anfangsperiode der Preußischen Marine der Schoner „Frauenlob", der aus Spenden der deutschen Frauenverbände erbaut worden war. Das recht schnelle Schiffchen, das ein erheblich besserer Segler als die vorerwähnte „Hela" war, ging leider im September 1860 auf einer Ostasienreise im Taifun verloren. Es war der erste Kriegsschiffverlust der Preußischen Marine.

Wir hatten schon gesehen, wie schwierig sich der Aufbau der Flotte in dieser ersten Phase vollzog. Der Hauptgrund waren neben personellen und technischen Problemen der ewige Geldmangel und besonders der Widerstand des Kriegsministeriums, das sich auch weiterhin gegen einen rascheren Aufbau sperrte. So kann es nicht Wunder nehmen, wenn die Flotte im Jahre 1855 noch sehr klein war und in ihrer Zusammensetzung ein wenig einheitliches Bild bot. Sie bestand bis dahin lediglich aus 2 Segelfregatten („Gefion" und „Thetis"), 2 Dampfkorvetten („Danzig" und „Barbarossa"), der Schulkorvette „Amazone", dem Transportschiff „Mercur", den Schonern „Hela" und „Frauenlob" sowie 36 Kanonenschaluppen und 6 Kanonenjollen. Aber es war wenigstens ein Anfang gemacht worden, auf den sich die weitere Flottenplanung gründen konnte. Schon zeich-

nete es sich auch deutlich ab, daß der jungen Preußischen Flotte
ein besseres Schicksal bestimmt war, als ihrer weniger glücklichen Vorgängerin, der ersten deutschen Bundesmarine.

Verstärkter Aufbau

Spiritus Rector war wie bisher auch in den nächsten
Jahren Prinz Adalbert, der sich mit unermüdlicher Geduld und
bemerkenswerter Fachkenntnis dem weiteren Aufbau widmete.
Der Prinz, der in der Schaffung einer Marine seine Lebensauf-
gabe sah, legte im Jahre 1855 ein neues Flottenbauprogramm
vor, das sich an einen von ihm schon drei Jahre vorher einge-
brachten Bauplan anlehnte. Danach sollte die neue Flotte aus
9 Segel-Linienschiffen, 6 Segelfregatten, 3 Dampfkorvetten und
42 Kanonenbooten bestehen. In der Begründung dieses Pro-
gramms hieß es u. a., „eine Preußische Flotte müsse fähig sein,
der starken dänischen Marine entgegenzutreten und, wenn nötig,
auch gewaltsam den Belt zu öffnen, um von der Ostsee in die
Nordsee zu gelangen." Das war ein Programm, das weitsichtig
schon eine spätere strategische Entwicklung voraussah, das andererseits aber zu dieser Zeit wohl noch über die vorhandenen
Möglichkeiten hinausging. Es hatte aber auch schon damals eine
reale Grundlage, denn die Handelsmarine Preußens war bereits ziemlich bedeutend und unterhielt einen regen Austausch-
verkehr mit den Nordseehäfen Hamburg und Bremen. Die
Hauptaufgabe der Flotte sah der Prinz daher auch in der
Schaffung eines leistungsfähigen Geleitschutzes und in der Sicherung der preußischen Küstengewässer gegen Angriffe von See
aus. Er forderte ferner eine homogene Flotte, die sich aus wenigen gleichartigen, aber kampfstarken Einheiten zusammensetzen müsse. Als den wahrscheinlichsten Gegner in einem
künftigen Krieg sah man damals noch Dänemark an, das eine
Flotte von 6 Linienschiffen und zahlreichen anderen Einheiten
besaß. Dieser Flotte sollte die künftige preußische zumindest
gleichwertig, wenn nicht sogar überlegen sein.

Wie die vorherigen, blieb auch dieser Flottenbauplan in den
Anfängen stecken. Tatsächlich wurden nur wenige Schiffe gebaut.
Immerhin wurde auf der Werft in Danzig der Kiel für zwei

neue Dampffregatten gestreckt, die in den Jahren 1858 und 1859 unter den Namen „Arcona" und „Gazelle" in Dienst gestellt wurden. Beides waren sogen. „Gedeckte Korvetten". Sie waren von dem aus der schwedischen Marine übernommenen Ingenieur Gjerling konstruiert worden. Während die Maschinenanlage der „Arcona" noch in England gebaut worden war, stammte die der „Gazelle" aus Deutschland. Beide Schiffe verkörperten für die damalige Zeit einen sehr modernen Typ, da sie nicht nur erheblichen Kampfwert besaßen, sondern auch wegen ihrer Bauart für den Dienst in überseeischen Gewässern besonders geeignet waren. Aus der gleichen Bauperiode stammt auch noch ein drittes Schiff, die Königliche Yacht „Grille", die auf einer französischen Werft in Le Havre gebaut worden war und sich besonders durch ihre große Geschwindigkeit auszeichnete. Die „Grille" war das langlebigste Schiff der Preußischen Marine. Sie hat nicht nur im preußisch-dänischen Krieg ihre Feuertaufe erhalten, sondern diente später besonders zu Repräsentationszwecken. So nahm 1869 der damalige Kronprinz Friedrich Wilhelm auf ihr an der Einweihung des Suezkanals teil. Im Jahre 1876 wurde sie als Kaiserliche Yacht von der ersten „Hohenzollern" abgelöst und als Aviso in die Flotte eingereiht. Später war sie Admiralstabsschiff und Schulschiff für die Ausbildung von Seekadetten. Es ist nicht uninteressant zu hören, daß auf der kleinen „Grille" sogar in den Jahren 1917/18 noch die damaligen Seeoffizieranwärter ihre erste seemännische Ausbildung erfuhren. Erst 1920 wurde sie endgültig außer Dienst gestellt und später abgewrackt.

Wenn auch der Aufbau der Flotte bis in die sechziger Jahre des vorigen Jahrhunderts nur langsam vor sich ging, hatte sich bis dahin die personelle Lage doch erheblich gebessert. Der Dienst bei der Marine war schon volkstümlich geworden. Wie heute noch, zog auch schon damals das „blaue Tuch" der Marine viele Freiwillige an. Auch das Offizierkorps hatte keine personellen Sorgen mehr, da sich zahlreiche junge Angehörige aus den besten Familien für den Beruf des Seeoffiziers entschieden. Schon 1853 war in Stettin ein vorläufiges Seekadetten-Institut errichtet worden, das später nach Danzig und zuletzt nach Berlin übersiedelte. Lehrer waren See- und Heeresoffiziere.

Auch die organisatorische Grundlage war erweitert worden. In Stettin und Stralsund gab es Marine-Depots, die für die Ausrüstung und Versorgung verantwortlich waren. Das Marine-Depot in Danzig war zur Königlichen Werft geworden. Im Jahre 1852 war auch das bisherige *Marinekorps* zum „See-Bataillon" umbenannt worden. Die Angehörigen dieser Truppe stellten nach damaligen Gebrauch die militärischen Wachen und Posten an Bord, waren also Mitglieder der Besatzung. 1853 war ferner in Danzig als neue zentrale Kommandobehörde das *Marine-Stationskommando* errichtet worden, der Vorgänger der späteren gleichnamigen Kommandobehörden der Kaiserlichen Marine in Kiel und Wilhelmshaven. Chef dieses Kommandos wurde 1854 der schon früher mehrfach erwähnte Konteradmiral Schroeder. Besonders wichtig war schließlich noch, daß die im Jahre 1853 errichtete *Admiralität* durch Kgl. Order vom 14. März 1859 in eine „Marineverwaltung" und ein „Oberkommando" geteilt wurde. Chef der *Admiralität* blieb zwar nach dieser neuen Gliederung wie bisher in zweiter Funktion der preußische Ministerpräsident. Er hatte aber nur noch Aufsichtsrechte über die „Marineverwaltung", während das „Oberkommando" in allen Kommandoangelegenheiten selbständig entscheiden konnte. Der Oberbefehlshaber der Marine, Prinz Adalbert, wurde gleichzeitig Generalinspekteur der Marine mit dem Rang eines Kommandierenden Generals, womit ihm das unmittelbare Vortragsrecht bei dem Monarchen zugestanden wurde.

Diese Neugliederung hatte allerdings nur knapp zwei Jahre Bestand, denn bereits im April 1861 wurde die *Admiralität* in ein Marineministerium umgewandelt, wobei der Kriegsminister in Personalunion auch Marineminister wurde. Das Oberkommando blieb jedoch davon unberührt.

Prinz Adalbert hatte es von Anfang an als eine seiner wichtigsten Aufgaben angesehen, nicht nur die vorhandenen Einheiten im praktischen Dienst auf See einzufahren, sondern auch die preußische Flagge so oft wie möglich im Ausland zu zeigen. Er selbst schiffte sich im Jahre 1856 auf der Dampfkorvette „Danzig" ein, um im Mittelmeer verschiedene Häfen zu besuchen. Zu dieser Zeit wurde die Handelsschiffahrt besonders an der afrikanischen Küste noch häufig durch Überfälle arabischer

Seeräuber gestört. Einen solchen Überfall auf ein Stettiner Schiff nahm der Prinz zum Anlaß, um die Küste bei Kap Tres Forcas zu besichtigen. Dabei kam es zu dem ersten Landungsgefecht der Marine, in dem die Piraten zwar vertrieben wurden, das unter Führung des Prinzen·ausgeschiffte Landungskorps jedoch auch sieben Tote und 22 Verwundete zu beklagen hatte. Friedlicher verlief die erste Ostasienreise, die ein preußisches Geschwader im Jahre 1859 nach Japan, Siam und China unternahm, um auch hier die Flagge zu zeigen und den eben aufgenommenen Handelsbeziehungen mit den dortigen Staaten Auftrieb zu geben. Das Geschwader bestand aus der Dampffregatte „Arcona", der Segelfregatte „Thetis", dem Schoner „Frauenlob" und dem Transportschiff „Elbe". Geschwaderchef war Kapitän zur See und Kommodore Sundewall, Kommandant der „Thetis" Kapitän zur See Jachmann. Die Reise führte über England, das Kap der Guten Hoffnung und durch den Indischen Ozean zunächst nach Singapur, wo sich der preußische Gesandte Graf zu Eulenburg einschiffte. Im September 1860 lief das Geschwader in Yokohama ein, leider ohne den Schoner „Frauenlob", der in einem schweren Taifun verlorenging. Nach erfolgreicher Anknüpfung diplomatischer Beziehungen gingen „Arcona" und „Thetis" dann 1861 über Nagasaki nach Shanghai und Siam, mit dessen König ebenfalls ein Handelsvertrag abgeschlossen wurde. Leider hatte die junge Marine zur etwa gleichen Zeit auch einen schweren Verlust zu ertragen, da die „Amazone" am 14. November 1861 im Sturm in der Nordsee mit der gesamten Besatzung, darunter 5 Offiziere, 1 Arzt und 18 Seekadetten, verlorenging.

Dieser Verlust wurde materialmäßig allerdings wieder durch Einstellung neuer Schiffe ausgeglichen. So traten bis 1863 zwei Dampfkorvetten, eine Segelfregatte und zwei Segelbriggs zur Flotte, von denen aber die drei letzteren nur für Ausbildungszwecke verwendbar waren. Bis zum Ausbruch des neuen deutschdänischen Krieges hatte die Flotte noch keineswegs den Stand erreicht, den Prinz Adalbert in seinem Flottenbauplan vom Jahre 1855 als wünschenswert vorgeschlagen hatte. Zahlenmäßig waren zwar schon 79 Einheiten vorhanden, von denen jedoch die ganz überwiegende Mehrzahl kaum für Verteidigungszwecke ausreichte. Es ist interessant, an dieser Stelle einmal die gegenseitigen Stärken zu vergleichen.

Die Preußische Flotte bestand im Jahre 1863 aus 5 Gedeckten Korvetten, 2 Radavisos, einer Yacht, 4 Kanonenbooten 1. Klasse, 17 Kanonenbooten 2. Klasse und 2 Radschleppdampfern ohne Geschütze, die zum Schleppen der Ruder-Kanonenjollen bestimmt waren. Vorhanden waren ferner 3 Segelfregatten, 2 Briggs und 3 Schoner sowie 36 Kanonenjollen. Das Personal bestand aus einem Admiral (Prinz Adalbert), 3 Kapitänen zur See (Jachmann, Kuhn und Heldt), 7 Korvettenkapitänen, 18 Kapitänleutnants, 34 Leutnants zur See, 15 Fähnrichen, 20 Seekadetten, 60 Deckoffizieren und rund 1300 Unteroffizieren und Mannschaften. Daneben gab es noch das Seebataillon mit 22 Offizieren und 611 Unteroffizieren und Mannschaften. Demgegenüber verfügte die dänische Kampfflotte allein über ein Linienschiff, 4 Fregatten, 3 Schraubenkorvetten, 2 Panzerschoner, 4 Raddampfer und 7 Dampfkanonenboote. Im ganzen war die dänische Flotte der preußischen mindestens um das Dreifache überlegen, zumal von den oben genannten preußischen Kriegsschiffen eine Dampfkorvette bei Kriegsausbruch in Ostasien und zwei weitere noch in der Ausrüstung waren. Auch der Radaviso „Preußischer Adler" und die Dampfkanonenboote „Blitz" und „Basilisk" befanden sich im Mittelmeer.

Der deutsch-dänische Krieg von 1864

Die numerische Schwäche der preußischen Flotte gegenüber der dänischen verbot von vornherein ein offensives Vorgehen und beschränkte ihre Tätigkeit auf den Küstenschutz und gelegentliche Vorstöße. Trotzdem hat die Marine auch hierbei ihre gute Ausbildung und die Einsatzbereitschaft der Besatzungen mehrfach unter Beweis gestellt. Mitte März 1864 hatte Dänemark die Blockade der preußischen Ostseehäfen verkündet. Wenig später wurde sie auch auf die Elbemündung ausgedehnt.

Admiral Prinz Adalbert hatte in klarer Erkenntnis der Sachlage der Flotte bereits im Dezember 1863 ihre Aufgaben in einem Kriege mit Dänemark zugewiesen:

„Verteidigung der Küsten gegen feindliche Angriffe und Landungen,
Erschwerung der dänischen Blockade,
Flankenschutz für die gegen die dänischen Gebiete vorgehende Armee."

Auch das schon waren Aufgaben, die die Kräfte der kleinen Flotte voll in Anspruch nehmen mußten. Sie hatte dabei das Glück, neben Prinz Adalbert in dem Kommodore und Kapitän zur See Jachmann einen Führer zu besitzen, der Wagemut und Draufgängertum mit der notwendigen Übersicht zu verbinden verstand. Sofort nach Erklärung der dänischen Blockade lief Jachmann mit den beiden Korvetten „Arcona" und „Nymphe" zu einem Erkundungsvorstoß aus, der von Swinemünde bis in die Höhe von Rügen führte. Am 17. März 1864 kam es dabei bei Jasmund zu einem mehrstündigen Gefecht mit stark überlegenen dänischen Seestreitkräften, die sich aus einem Linienschiff, zwei Fregatten und zwei Korvetten zusammensetzten. Das deutsche Geschwader, zu dem noch der Aviso „Loreley" getreten war, drehte nach zweistündigem Feuerwechsel ab und lief in den Abendstunden wieder in seinen Heimathafen ein. Wenn ihm auch ein entscheidender Erfolg versagt blieb, so machte doch allein schon die Tatsache, daß es drei preußische Schiffe gewagt hatten, sich einem weit überlegenen Gegner zu stellen, im In- und Ausland großes Aufsehen und trug nicht wenig zu dem Selbstbewußtsein der preußischen Schiffsbesatzungen bei. Schon im April 1864 stellte sich die armierte Jacht „Grille", auf der sich auch Prinz Adalbert eingeschifft hatte, erneut der dänischen Flotte. Dank ihrer Geschwindigkeit und guten Führung konnte sie in einem kurzen, aber heftigen Gefecht die dänische Korvette „Tordenskjold" zum Rückzug zwingen. Die bei Kriegsausbruch noch in der Ausrüstung befindliche neue Korvette „Vineta", die in Danzig lag, durchbrach dort die von einem dänischen Linienschiff und einem armierten Dampfer gebildete Blockadelinie und kam unbeschädigt nach Swinemünde. Inzwischen hatte sich auch die preußische Mittelmeer-Division, die aus dem Aviso „Preußischer Adler" und den Kanonenbooten „Blitz" und „Basilisk" bestand, in der Nordsee mit einem österreichischen Geschwader unter dem Kommodore von Tegetthoff vereinigt. Bei Helgoland kam es zum Gefecht mit dem dort liegenden dänischen Blockadegeschwader, das sich aus zwei Dampffregatten und einer Dampfkorvette zusammensetzte. In dem Passiergefecht gelang es dabei den Dänen, das Flaggschiff Tegetthoffs, „Schwarzenberg", in Brand zu schießen, so daß die Österreicher sich in die neutralen Gewässer Helgolands zurückziehen mußten. Wenige Tage später trat der Waffenstillstand in Kraft.

Die preußischen Seestreitkräfte in der Nordsee konnten aber noch zum Abschluß einen beachtenswerten Erfolg für sich buchen, da es ihnen gelang, die an der friesischen Küste befindlichen dänischen Blockadestreitkräfte einzuschließen und zur Übergabe zu zwingen.

Jetzt endlich war auch die Zeit gekommen, den weiteren Aufbau der Flotte verstärkt in Angriff zu nehmen.

Bis zur Norddeutschen Bundesflotte

Der Verlauf des deutsch-dänischen Krieges von 1864 hatte gezeigt, daß sich die Kampfhandlungen erheblich rascher und weniger verlustreich abgewickelt hätten, wenn die Armee bei ihrem Vorgehen durch eine leistungsfähigere Flotte unterstützt worden wäre. Was half alle Einsatzbereitschaft der Besatzungen und Kommandanten, wenn sie schon allein zahlen- wie materialmäßig durch einen übermächtigen Gegner erdrückt wurden. Die Admiralität hatte bereits 1862 einen Flottenbauplan vorgelegt, der besonders der neuen Entwicklung im Kriegsschiffbau Rechnung trug. Darin waren 8 Panzerfregatten, 8 Panzerkanonenboote, 12 Korvetten, 8 Avisos und 78 Kanonenboote gefordert worden. Mit seiner Verwirklichung hätte Preußen den Rang einer Seemacht zweiten Ranges erreicht. Jetzt, nach den wenig erfreulichen Erfahrungen des letzten Krieges, wurde der Plan erneut und erweitert vorgelegt. In seiner Begründung vor dem Preußischen Abgeordnetenhaus führte der Kriegs- und Marineminister General von Roon aus, daß der Ausbau der Marine angesichts der wachsenden Handelsbeziehungen Preußens mit Übersee eine Lebensnotwendigkeit sei. Für den Schutz dieser Beziehungen benötigte die Marine besonders Korvetten. Sie

5. Seegefecht bei Helgoland am 9. Mai 1864 zwischen einer österreichisch-preußischen Flottenabteilung und dänischen Kriegsschiffen. Das österreichische Flaggschiff SCHWARZENBERG wurde dabei in Brand geschossen. Das Gefecht blieb unentschieden.

6. Kanonenboot VON DER TANN der schleswig-holsteinischen Marine. Das Boot geriet 1850 im Gefecht mit dänischen Kriegsschiffen auf Grund und wurde von der eigenen Besatzung in Brand gesteckt.

7. Gedeckte Korvette ELISABETH der Norddeutschen Bundesmarine. War maßgeblich an den deutschen Kolonialerwerbungen in den achtziger Jahren beteiligt.

brauche aber auch moderne Panzerschiffe, die notfalls den Kampf mit einer anderen Flotte aufnehmen könnten.

Leider aber bewies sich auch bei dieser Gelegenheit wieder, daß die Zeit für die Verwirklichung eines solchen Vorhabens noch nicht reif war. Der Plan verfiel im Abgeordnetenhaus der Ablehnung und wurde erst nach Schaffung der Marine des Norddeutschen Bundes im Jahre 1867 gebilligt. Tatsächlich aber kam er wegen des deutsch-französischen Krieges erst im Jahre 1873 zur Ausführung.

Immerhin erhielt die Flotte bis zum Ausbruch des deutsch-österreichischen Krieges von 1866 erheblichen Zuwachs durch eine Reihe neuer Schiffe. In England war für Preußen das Panzerfahrzeug „Arminius" gebaut worden, das erste preußische Panzerschiff und zugleich erste Kriegsschiff ohne Besegelung. In Frankreich wurden die Glattdeckskorvetten „Augusta" und „Victoria" erworben, die ursprünglich für die Konföderierten Staaten von Amerika bestimmt waren. Weniger glücklich war der Erwerb eines weiteren Panzerfahrzeugs, das unter dem Namen „Cheops" ebenfalls für die amerikanischen Südstaaten gebaut worden war und nun in der Preußischen Marine als „Prinz Adalbert" in Dienst gestellt wurde. Das Schiff erwies sich als wenig verwendungsfähig und wurde bereits 1878 abgewrackt, da sich kein Käufer fand.

Auch der organisatorische Aufbau der Marine hatte weitere wesentliche Fortschritte gemacht. Nachdem Dänemark im Frieden von Wien Schleswig, Holstein und Lauenburg an den Deutschen Bund abgetreten hatte, war Kiel mit österreichischer Zustimmung an Preußen gefallen, das nun in rascher Folge die bisherigen Dienststellen der Marine aus Danzig nach dort verlegte. Kiel wurde damit nicht nur Sitz des Marinestationskommandos der Ostsee, sondern auch Hauptkriegshafen der Marine. Das Seekadetten-Institut in Berlin wurde aufgelöst und zur Marineschule umgewandelt.

Der im Juni 1866 ausbrechende preußisch-österreichische Krieg bot der preußischen Marine wegen ihrer starken Unterlegenheit gegenüber der österreichischen Flotte wenig Möglichkeiten zu einer offensiven Betätigung. Da die österreichische Flotte mit ihren Hauptkräften im Mittelmeer stationiert und dort durch die italienische Flotte gebunden war, andererseits aber auch eine Dislozierung preußischer Schiffe ins Mittelmeer sinnlos gewesen wäre, richtete sich die Kampftätigkeit ausschließlich gegen das mit Österreich verbündete Königreich Hannover. So unterstützte das Panzerfahrzeug „Arminius" gemeinsam mit zwei Kanonenbooten den Übergang preußischer Heeresabteilungen über die Elbe bei Hamburg. Landungsabteilungen anderer Einheiten der Flotte besetzten die von den Hannoveranern verlassenen Forts bei Geestemünde, wo kurz darauf das erste Marinedepot an der Nordsee errichtet wurde. Damit erschöpfte sich aber auch im großen und ganzen die Tätigkeit der Marine.

Im Frieden von Prag im August 1866 schied Österreich aus dem deutschen Staatsverband aus. Preußen wurde zur Vormacht in dem neugegründeten Norddeutschen Bund. Die Preußische Marine wurde zum Grundstock der neuen, wenn auch nur kurzlebigen Norddeutschen Bundesflotte, aus der nach 1871 die *Kaiserliche Marine* hervorging. Ihr Aufgabenkreis und ihre Organisation wurden durch den Artikel 53 der Verfassung des Norddeutschen Bundes bestimmt. Darin heißt es:

„Die Bundeskriegsmarine ist eine einheitliche unter preußischem Oberbefehl. Die Organisation und Zusammensetzung derselben liegt S. M. dem König von Preußen ob, welcher die Offiziere und Beamten der Marine ernennt und für welchen dieselben nebst den Mannschaften eidlich in Pflicht zu nehmen sind. Der Kieler Hafen und der Jadehafen sind Bundeskriegshäfen. Der zur Gründung und Erhaltung der Kriegsflotte und der damit zusammenhängenden Anstalten erforderliche Aufwand wird aus der Bundeskasse bestritten."

In einem weiteren Artikel heißt es:

„Die Flagge der Kriegs- und Handelsmarine ist schwarz-weiß-rot."

DIE MARINE
DES NORDDEUTSCHEN BUNDES

Neue Schiffe

Am 1. Oktober 1867 hatten alle Kriegsschiffe und Landforma-
tionen der Marine die neue Flagge geheißt. Damit begann die
erfolgreichste Epoche der Geschichte der deutschen Flotte, die sie
bis zur Stellung der zweitstärksten Seemacht aufsteigen ließ.
Schon im Winter 1867/68 brachte der Bundeskanzler Fürst Bismarck den neuen Flottenbauplan im Reichstag ein. Er sah den
Bau von 16 Panzerschiffen, 20 Korvetten, 8 Avisos und 22 Kanonenbooten vor. Hinzu sollten noch 3 Transportschiffe und 7
Schulschiffe treten. Der Plan sollte in einem Zeitraum von 10
Jahren verwirklicht werden. In seiner Begründung wurden als
Hauptaufgaben der Flotte der Schutz des deutschen Handels, die
Verteidigung der Küsten, aber auch die Fähigkeit aufgeführt, sich
einem möglichen Gegner in offener Schlacht zu stellen.

Der Plan wurde vom Bundestag angenommen, erfuhr jedoch
durch den deutsch-französischen Krieg eine erhebliche Verspätung. Immerhin erhielt die Flotte in dem kurzen Zeitraum von
1867–1870 durch den Hinzutritt einer Reihe von Schiffen eine
wesentliche Verstärkung, die sie allerdings – wie hier schon vor-
ausgeschickt werden muß – noch keineswegs zu einem offensiven
Vorgehen gegen die französische Flotte befähigte.

Da die deutschen Werften noch nicht über die genügende
Erfahrung im Bau von Panzerschiffen verfügten, mußte die
Marine zwangsläufig auf Käufe im Ausland zurückgreifen. Wir
haben hier einen ähnlichen Vorgang wie in der Gegenwart, da
die heutige Bundesmarine sich zu einem gleichen Vorgehen entschließen mußte. In den Jahren 1868/69 wurde in Frankreich
die Panzerfregatte „Prinz Friedrich Carl" erworben. Aus England kamen die Panzerfregatten „Kronprinz" und die „König
Wilhelm", die zur damaligen Zeit als das größte und stärkste

Kriegsschiff der Welt galt. Sie war ursprünglich von der türkischen Regierung bestellt worden, konnte aber aus finanziellen Gründen von dieser nicht abgenommen werden. Von der kgl. Werft in Danzig kamen etwa zur gleichen Zeit die kleine Panzerkorvette „Hansa", die Gedeckte Korvette „Elisabeth" und die Glattdeckskorvette „Ariadne" zur Ablieferung. Die „Hansa" war, was nicht uninteressant ist, kein eigentliches Panzerschiff, vielmehr war sie aus Holz gebaut und mit aufgeschraubten Panzerplatten verkleidet. Kurz vor Kriegsausbruch wurde dann in England noch ein ungepanzertes Schraubenschiff „Renown" erworben, das aber nur als Artillerieschulschiff Verwendung fand.

Tätigkeit zwischen 1867 und 1870

Auch die Flotte des Norddeutschen Bundes hat in der kurzen Zeit ihres Bestehens eine rege Tätigkeit entfaltet. Von Bedeutung war, daß von dieser Zeit an die Auslandsstationen der Marine festgelegt wurden. Danach sollten deutsche Kriegsschiffe künftig ständig in folgenden Bereichen stationiert sein:
1. Ostasien, Ostafrika, Ostindien
2. An der Ostküste Nordamerikas und in Westindien
3. An der Westküste Amerikas
4. An der Ostküste Südamerikas
5. Im Mittelmeer
Diese Einteilung wurde im Laufe der Jahre mehrfach geändert, blieb aber in ihren wesentlichen Punkten bestehen.

Im Dezember 1867 leisteten die Gedeckte Korvette „Hertha" und das Kanonenboot „Blitz" Hilfe bei der Abbringung der französischen Korvette „Roland", die in der Straße von Chios auf ein Riff aufgelaufen war. Die Gedeckte Korvette „Vineta" löste die „Gazelle" auf der Ostasien-Station ab und kehrte 1868 über das Kap der Guten Hoffnung wieder nach der Heimat zurück. Sie war das erste preußische Kriegsschiff, das sowohl unter der preußischen als auch unter der neuen Flagge des Norddeutschen Bundes eine Weltreise gemacht hat.

Die Glattdeckskorvette „Augusta" stand 1868 auf der Westindischen Station, die „Medusa" in Ostasien, wo sie an einer Flottendemonstration in Japan teilnahm.

Im November 1869 fand die feierliche Einweihung des Suez-Kanals statt. Im Rahmen einer großen internationalen Flotte war der Norddeutsche Bund durch die Gedeckten Korvetten „Hertha", „Arcona" und „Elisabeth", die königliche Yacht „Grille" und das Kanonenboot „Delphin" vertreten. Auf der „Grille" hatte sich der damalige Kronprinz Friedrich Wilhelm, der spätere Kaiser Friedrich III., eingeschifft. Hinter der kaiserlich-französischen Yacht „Aigle", auf der sich die Kaiserin Eugenie befand, und der k. u. k. Yacht „Greif" mit dem Kaiser Franz Joseph I., lief die „Grille" an der Spitze einer zahlreichen Flotte der verschiedenen Seemächte in den Kanal als erste ein. Die „Hertha" fuhr von dort als erstes deutsches Kriegsschiff durch den Kanal ins Rote Meer und weiter nach Ostasien. Am 16. Juli 1870 erhielt die Flotte den Mobilmachungsbefehl. Der deutsch-französische Krieg von 1870/71 begann.

Der Seekrieg 1870/71

Bei Ausbruch des Krieges war die deutsche Flotte erheblich stärker als die kleine preußische vom Jahre 1864, sie war aber der französischen, die damals zum Spitzengremium der führenden Seemächte zählte, noch immer weit unterlegen. Ihre Aufgaben mußten sich daher auf den Küstenschutz und gelegentliche Vorstöße beschränken. Zum Kampf in offener Seeschlacht war sie nicht in der Lage.

Vorhanden waren:

- 3 Panzerfregatten („König Wilhelm", „Friedrich Carl", „Kronprinz"),
- 1 Panzerkorvette („Hansa"),
- 2 Panzerfahrzeuge („Arminius" und „Prinz Adalbert"),
- 5 Gedeckte Korvetten („Elisabeth", „Hertha", „Vineta", „Arcona", „Gazelle"),
- 5 Glattdeckskorvetten („Medusa", „Nymphe", „Augusta", „Victoria", Ariadne"),
- 1 Yacht („Grille"),
- 8 Kanonenboote 1. Klasse,
- 14 Kanonenboote 2. Klasse,
- 1 Artillerieschulschiff,

3 Raddampfer (Avisos), („Barbarossa", Preußischer Adler", „Loreley"),

7 Segelschulschiffe („Gefion", „Thetis", „Niobe", „Musquito", „Rover", „Undine" und „Hela").

Demgegenüber zählte die französische Flotte allein 12 Panzerfregatten, 2 Panzerkorvetten und eine große Zahl von Kanonenbooten, Avisos und anderen Kleinkampfschiffen. Sie war in drei Divisionen gegliedert, von denen die 1. Division unter dem Vizeadmiral Graf Bouet-Villaumez in Stärke von 5 Panzerfregatten in der Ostsee stand, während der Rest unter Vizeadmiral Fourichon in der Nordsee kreuzte.

Das Seeoffizierkorps der Norddeutschen Marine bestand damals aus einem Admiral (Prinz Adalbert), einem Vizeadmiral (Jachmann), zwei Konteradmiralen (Heldt und Kuhn), 5 Kapitänen zur See, 19 Korvettenkapitänen, 33 Kapitänleutnants, 52 Leutnants zur See und 49 Unterleutnants zur See. Der gesamte Mannschaftsbestand bezifferte sich auf 3655 Köpfe.

Von der Flotte standen im Ausland: „Hertha" und „Medusa" in Ostasien, „Arcona" und das Kanonenboot „Meteor" in Westindien. Die anderen Einheiten waren auf die Nordsee und die Ostsee verteilt.

Angesichts der Unterlegenheit der deutschen Flotte gegenüber der französischen hatte Admiral Prinz Adalbert König Wilhelm gebeten, am Landfeldzug teilnehmen zu dürfen. Der König entsprach dieser Bitte und erließ gleichzeitig eine Kabinettsorder, die eine besondere Gliederung der Führungsspitze der Marine für die Kriegsdauer vorsah. Danach wurde der Vizeadmiral Jachmann mit der Führung der Seestreitkräfte in der Nordsee beauftragt. Seine Vertretung im Marineministerium übernahm der Konteradmiral Kuhn. Die Geschäfte der Marine gingen an das Marineministerium über, in dem eine besondere Abteilung für Kommando-Angelegenheiten unter dem Chef des Stabes des Oberkommandos, Kapitän zur See Batsch, gebildet wurde. Den Oberbefehl über die Seestreitkräfte in der Ostsee erhielt Konteradmiral Heldt.

Mit der obigen Kabinettsorder wurde gleichzeitig bestimmt, daß der Chef des Stabes des Oberkommandos seine operativen Weisungen aus dem Hauptquartier unter der Verantwortung des Marineministers von Roon erhalten sollte. Damit war eine Einheitsbehörde geschaffen worden, an der es leider im ersten Weltkrieg gefehlt hat. Die damals erst 1918 vorgenommene Bildung der Seekriegsleitung unter Admiral Scheer erfolgte zum Schaden der Marine zu spät.

Die französische Marine hatte sofort nach Kriegsausbruch zwei Geschwader aufgestellt, von denen das eine die Jade- und Elbe-Mündung blockieren sollte. Ein stärkeres Geschwader sollte den deutschen Schiffsverkehr in der Ostsee lahmlegen. Ein glücklicher Zufall verdient hier besondere Erwähnung. Noch kurz vor Eröffnung der Feindseligkeiten war ein preußisches Geschwader aus 3 Panzerschiffen ausgelaufen, um eine Übungsreise nach den Azoren zu unternehmen. In Kenntnis dieser Tatsache versuchten die Franzosen, dieses Geschwader abzufangen und stellten zu diesem Zweck einen Verband von nicht weniger als zwanzig Schiffen auf, um die deutschen Einheiten auf dem vermuteten Kurs südlich Irlands aufzusuchen. Da der Kommandant des Panzerfahrzeuges „Prinz Adalbert" aber beim Einlaufen in den Hafen von Dartmouth noch eben rechtzeitig von dieser Absicht erfuhr, konnte er den Prinzadmiral, der mit den anderen Schiffen noch im Kanal stand, warnen. Prinz Adalbert kehrte sofort um und lief noch am 16. Juli, drei Tage vor der offiziellen Kriegserklärung, wohlbehalten in Wilhelmshaven ein.

Am 29. Juli 1870 traf das französische Ostseegeschwader in der Nordsee ein, wo ihm leider eine größere Zahl deutscher Handelsschiffe zum Opfer fiel. Am 9. August folgte das französische Nordseegeschwader und blockierte sofort die Jademündung. Da diese Kräfte den deutschen um fast das Dreifache überlegen waren, mußte sich Admiral Jachmann ganz auf die Sicherung der Küstengewässer beschränken. Er machte zwar einmal einen Vorstoß, mußte jedoch ohne Feindberührung wieder umkehren. Von da ab lag das deutsche Nordseegeschwader in ständiger Alarmbereitschaft auf Schilling-Reede. Damit begann für die deutschen Schiffsbesatzungen eine Zeit zermürbender Untätigkeit. Mancher Teilnehmer des ersten Weltkrieges wird sich an die unerfreuliche Lage erinnern, in der sich auch damals die deutsche Hochseeflotte befand. Auch sie mußte wochen-, ja monatelang an fast der gleichen Stelle und unter den gleichen Verhältnissen vor Anker liegen, stets bereit, sich einem vielleicht vordringenden englischen Flottenverband zu stellen. Immerhin brachten kleinere Vorstöße eine gewisse Erleichterung in diesen aufreibenden Wachdienst, ohne jedoch an der Gesamtsituation etwas zu ändern. Die französische Flotte hielt sich in See zurück und vermied bewußt jedes Zusammentreffen. Admiral Jachmann seinerseits war in seinen Dispositionen sehr beschränkt, da es in Deutschland kein Dock gab, wo Schiffe repariert werden konnten. Sie hätten in ernsthaften Fällen stets nach England gehen müssen. In der Ostsee sahen die Dinge nicht viel anders aus. Kiel und Danzig waren durch das französische Ostseegeschwader blockiert. Auch hier waren nur gelegentliche Vorstöße möglich, bei denen sich besonders die Korvette „Nymphe" (Kommandant Korvettenkapitän Weikhmann) und der Aviso „Grille" (Kommandant Korvettenkapitän Graf Waldersee) auszeichneten. Dagegen haben die beiden im Ausland befindlichen Gedeckten Korvetten „Arcona" (Kommandant Korvettenkapitän Frhr. v. Schleinitz) und „Augusta" sowie das Kanonenboot „Meteor" (Kommandant Korvettenkapitän Knorr) einen anfangs erfolgreichen Handelskrieg führen können. Die „Augusta", deren Kommando inzwischen der frühere Kommandant der „Nymphe", Korvettenkapitän Weikhmann, übernommen hatte, konnte vor der Gironde-Mündung zwei französische Segelschiffe mit wertvoller Ladung aufbringen. Einen weiteren Dampfer mußte sie wegen einbrechender Dunkelheit in nächster Nähe der Küste versenken. Die beiden Prisen konnten nach gefahrvoller Fahrt in die Heimat gebracht werden. Die „Arcona", ein altes und wenig schnelles Schiff, war nicht so glücklich. Sie lag bei Kriegsausbruch bei den Azoren, lief auf der Heimreise Lissabon an, wurde dort aber bis zum Kriegsende von zwei französischen Kreuzern blockiert. Das Kanonenboot „Meteor" konnte dagegen als einziges der deutschen Auslandsschiffe einen Gefechtserfolg buchen. Es traf am 9. 11 1870 von Havanna mit dem erheblich größeren französischen Aviso „Bouvet" zusammen und konnte diesen trotz eigener schwerer Beschädigung durch einen glücklichen Treffer in die Maschine kampfunfähig machen.

Das Fazit der kriegerischen Tätigkeit der Marine war, gemessen an den großen Erfolgen der Armee, zweifellos nur gering.

Man hat ihr damals von verschiedenen Seiten sogar Mangel an Einsatzfreudigkeit vorgeworfen. Es wurden auch Stimmen laut, die sie als wertlos bezeichneten. In beiden Fällen tat man ihr unrecht. Man vergaß, daß die Marine noch ganz in den Kinderschuhen ihrer Entwicklung steckte, und daß es keineswegs Schuld ihrer Führung war, wenn diese nicht über mehr und bessere Schiffe verfügen konnte. Auch die Verkennung ihres tatsächlichen Wertes machte nur deutlich, wie wenig man sich auch damals noch der Tatsache bewußt war, daß ein Staat, der welt- und handelspolitisch eine Rolle spielen wollte, auch einer Kriegsmarine bedurfte. Wie zutreffend diese Folgerung war, sollte die Zukunft beweisen.

TRABANT DES HEERES

Am 18. Januar 1871 war im Spiegelsaal des Schlosses zu Versailles das Deutsche Kaiserreich ausgerufen wurden. Die am 20. April des gleichen Jahres beschlossene Verfassung behandelte in ihrem Artikel 53 auch die Kriegsmarine. Er hatte den gleichen Inhalt wie der schon in einem früheren Kapitel angeführte Arkel über die Norddeutsche Bundesmarine, mit dem Unterschied, daß die Marine unter dem Oberbefehl des *Kaisers* stand. Aus der Norddeutschen Bundesmarine war die *Kaiserliche Marine* geworden. Damit kam zum Ausdruck, daß die Marine eine Sache des ganzen Reiches war, während die verschiedenen größeren Bundesstaaten auch weiter ihre eigenen Heereskontingente behielten, die allerdings in einem Kriegsfalle wieder unter einheitlichen Oberbefehl traten. In der Flotte dienten dagegen unterschiedlos Angehörige aller deutschen Staaten. Sie wurde damit – verwenden wir ruhig einen leider etwas abgewerteten Ausdruck – zum „Schmelztiegel" der ganzen deutschen Nation.

Aber ehe die Marine die ihr angesichts der rasch wachsenden politischen Bedeutung des Reiches und seiner handelspolitischen Beziehungen zukommende Stellung errang, war noch ein weiter Weg. Noch längere Zeit sollte sie militärisch nur die Rolle eines Trabanten der Armee spielen müssen, was angesichts der überragenden Bedeutung dieses Wehrmachtteils in der damaligen Zeitepoche verständlich ist.

Mit kgl. Order vom 29. Juli 1870 war, wie schon erwähnt, das Oberkommando der Marine aufgehoben worden. Seine Geschäfte waren an das Marineministerium übergegangen. Gleichzeitig war in diesem neben den Abteilungen für die Verwaltung eine besondere „Abteilung für Kommandoangelegenheiten der Marine" gebildet worden. Am 15. Juni 1871 befahl eine neue Kaiserliche Order eine Neuorganisation der Marine. Danach blieb das Oberkommando der Marine als gesonderte Behörde auch weiterhin aufgehoben. Die Funktionen des früheren Oberbefehlshabers und des Oberkommandos der Marine gingen auf den Marineminister bzw. das Marineministerium über. Dieser hatte fortan die Geschäfte des Oberkommandos und der Verwaltung der Marine nach Maßgabe eines von Seiner Majestät dem Kaiser genehmigten Regulativs zu leiten.

Aus diesem *Regulativ*, das die Geschäftsführung der oberen Marinebehörden regelt, geht deutlich die Abhängigkeit der Marine von der Heeresführung hervor, obwohl es ihr andererseits auch eine größere Selbständigkeit zugesteht. Danach fungierte die im Juli 1870 provisorisch eingesetzte „Kommandoabteilung" fortan nur als integrierender Teil des Marineministeriums bzw. als Organ des Marineministers. Aber dieser Marineminister war zugleich der Kriegsminister, also ein General. Im Jahre 1871 bekleidete diesen Posten der damalige General der Infanterie Graf v. Roon. Ihm wurde von jetzt ab auch die Ausübung aller dem bisherigen Oberkommando zustehenden Dienstbefugnisse, einschließlich der höheren Militärgerichtsbarkeit und der Disziplinarstrafgewalt, übertragen. Praktisch allerdings wurden unter ihm die Geschäfte des Marineministeriums von einem neuernannten *Präses* geleitet, der zugleich der ständige Vertreter des Ministers war. Dieser sollte jeweils ein Fachmann, also ein Marineoffizier, sein. Nach seinem Rücktritt vom Oberbefehl war Prinz Adalbert zum „Generalinspekteur der Marine" ernannt worden, ein Posten, der ihm aber nur sehr eingeschränkte Befugnisse zuteilte. Wir haben hier einen ähnlichen Fall, wie er sich nach dem Rücktritt des Großadmirals Raeder im Jahre 1943 ergab. Auch dieser verlor damit trotz des gewichtig klingenden Titels praktisch jede Einflußnahme auf die Führung der Marine.

Es war ein Glück für die neugeschaffene Kaiserliche Marine, daß ihr in dem damaligen *Präses* ein wirklicher Fachmann und Kenner in dem Vizeadmiral Jachmann zur Verfügung stand. Obwohl der „Marineminister" formell noch der General von Roon war, war er doch in der eigentlichen Führung der Geschäfte immer mehr durch Jachmann entlastet worden. Das hatte nicht zuletzt seinen Grund darin, daß Roon selbst das von ihm gewissermaßen nur nebenamtlich verwaltete Ressort des Marineministers immer mehr als eine Bürde empfinden mußte, da ihn sein Amt als Kriegsminister über Gebühr in Anspruch nahm. Trotzdem blieb das Primat des Heeres bestehen und machte sich auch oftmals in der Führung der Marinegeschäfte erheblich hemmend bemerkbar. Dieser wenig befriedigende Zustand führte schließlich dazu, daß das Marineministerium mit Wirkung vom 1. Januar 1872 in die *Kaiserliche Admiralität* umgewandelt wurde und einen eigenen Chef erhielt, der „die Verwaltung unter der Verantwortlichkeit des Reichskanzlers und den Oberbefehl nach den Anweisungen des Kaisers führen sollte". Erster „Chef der Admiralität" wurde der damalige Generalleutnant von Stosch, also wiederum ein Heeres- und nicht ein Marineoffizier. Diese Tatsache erregte naturgemäß in der Marine große Enttäuschung. Man hatte fest erwartet, daß die Leitung nunmehr einem Seeoffizier übertragen würde. Ein solcher stand in Admiral Jachmann auch vollwertig zur Verfügung.

Er war ein bewährter Flottenführer und in der Marine beliebt und anerkannt. Auch Roon hatte ihn anfangs zu seinem Nachfolger ausersehen. Wenn jetzt für die gegen früher wesentlich gehobenere Stellung des „Chefs der Admiralität" trotzdem wieder ein Heeresoffizier, also ein Nichtfachmann, auf diesen Posten berufen wurde, so ist das nur aus der damaligen Situation zu verstehen. Die Marine hatte in den letzten Kriegen, die fast ausschließlich zu Lande ausgefochten wurden, eine nur sehr begrenzte Tätigkeit entfaltet und auch entfalten können. Ihre Leistungen standen damit – wenn auch ganz ohne ihr Verschulden – weit unter denen des Heeres. Hinzu kam, daß die Disziplin in der Marine bei der Armee, in Unkenntnis der ganz anders gelagerten Verhältnisse, nur sehr gering eingeschätzt wurde. Man glaubte also vielleicht auch, die Marine gewissermaßen „auf Richtung" bringen zu müssen. Ausschlaggebend aber war wohl die rein kontinentale Einstellung der damaligen Reichsführung, die in der Marine nur einen „Trabanten" der ihrer Ansicht nach kriegsentscheidenden Armee sah. Wenn man vielleicht auch die Führung der Flotte einem Seeoffizier anvertrauen zu können glaubte, so bedingte doch die Stellung des Postens eines Chefs der Admiralität nach dieser Ansicht auch eine völlige Vertrautheit mit der Leitung eines großen Verwaltungsapparates. Für diese Aufgaben schien der General von Stosch der geeignete Mann zu sein. Stosch war 1866 Oberquartiermeister der

Armee des preußischen Kronprinzen gewesen. Er hatte ferner große Erfahrungen als Direktor des Verwaltungsdepartements im preußischen Kriegsministerium und als General-Intendant im deutsch-französischen Krieg von 1870/71 sammeln können. Er war also für eine solche Aufgabe in allen Sätteln gerecht. Diese Anschauung mag auch dazu beigetragen haben, daß ihn der Kaiser auf Vorschlag des Reichskanzlers und des Kriegsministers auf diesen Posten berief.

Durch kaiserliche Order vom 31. Dezember 1871 wurde der General-Leutnant von Stosch, bisher zur Disposition des Kriegs- und Marineministers, vom 1. Januar 1872 ab zum Chef der Admiralität mit dem „Charakter eines Staatsministers und mit der Befugnis, den Sitzungen des Staatsministeriums beizuwohnen", ernannt.

Vizeadmiral v. Jachmann, der sich nicht zu Unrecht zurückgesetzt fühlte, nahm seinen Abschied. Das Ausscheiden dieses in Krieg und Frieden bewährten Seeoffiziers war für die Marine ein großer Verlust.

Stosch hat sich während seiner Dienstzeit als Chef der Admiralität voll und ganz für die ihm bis dahin wesensfremde Waffe eingesetzt. Er blieb aber, was nur natürlich ist, im Grunde seines Herzens Heeresoffizier und billigte dementsprechend der Marine nur die Rolle eines Helfers der Armee zu. So sah er ihre Aufgabe in erster Linie im Schutz der überseeischen Interessen des Reiches und setzte sich dementsprechend besonders für den Bau hierfür geeigneter Schiffe ein. Er befürwortete auch einen starken Küstenschutz. Die Zeit für die Schaffung einer großen Schlachtflotte hielt er jedoch noch nicht für gekommen, da die deutsche Flotte seiner Ansicht nach „noch lange nicht dazu berufen war, eine Seeschlacht zu schlagen".

Obwohl Stosch sich als Chef der Admiralität stets rückhaltlos für die Weiterentwicklung der Flotte eingesetzt hat, blieb er trotz seiner politischen Einsicht doch ganz dem kontinentalen Empfinden verhaftet. Für ihn war die Armee das Instrument, das die ganze Kraft des Reiches versinnbildlichte, während er der Marine nur die Aufgabe zumaß, „nach den ihr gegebenen Möglichkeiten ihr Scherflein zur Entscheidung beizutragen".

Auch unter seinem Nachfolger, dem Generalleutnant v. Caprivi, blieb die Linie die gleiche. Caprivi war Generalstäbler, und er sah die Marine von einem rein-soldatischen Gesichtswinkel aus. Für ihn war, noch mehr als für Stosch, die Armee das tragende Element der Verteidigungs- und Kampfkraft der Nation. Er war der Ansicht, daß es in Kürze zu einem Zweifrontenkrieg mit Frankreich und Rußland kommen werde. Dementsprechend beschränkte er sich darauf, eine starke Küstenverteidigung vorzubereiten, zu der aber nach seiner Ansicht auch Panzerschiffe gehören sollten. Trotzdem wurde die vorhandene Panzerschiff-Flotte nicht vermehrt. Auch unter Caprivi verblieb der Marine nur die Rolle eines Flankenschutzes der Armee.

DIE ÄRA STOSCH

Der Flottengründungsplan vom Jahre 1873

Schon bevor der General v. Stosch seinen Posten als Chef der Admiralität antrat, war die Gliederung der Marine teils durch den Fortfall einiger Dienststellen gestrafft, teils durch die Errichtung neuer Kommandos erweitert worden. Die bisherigen Marinedepots in Stralsund und Geestemünde waren aufgelöst worden. Die nur teilweise vollzogene Trennung der beiden Stationskommandos der Ostsee und der Nordsee wurde endgültig durchgeführt, gleichzeitig erhielten beide Kommandos in den Intendanturen eigene Verwaltungsbehörden. Das Seebataillon wurde nach Wilhelmshaven verlegt. Dort wurde auch am 26. Oktober 1871 eine Torpedo-Abteilung gebildet, aus der später die Inspektion des Torpedowesens hervorging. Erster Kommandeur wurde der Korvettenkapitän Graf v. Monts, der am 5. Juli 1888 als erster Seeoffizier Chef der Admiralität wurde. Im März 1872 wurde in Kiel die Marine-Akademie errichtet, die ausschließlich der wissenschaftlichen Fortbildung des Seeoffizierkorps dienen sollte. Ihr folgte im Mai des gleichen Jahres die Bildung eines besonderen Maschinen-Ingenieurkorps der Marine, das später zum Marine-Ingenieurkorps wurde. Es bildete ein besonderes Offizierkorps neben dem Seeoffizierkorps. Auch die Sanitätsoffiziere wurden in einem Korps zusammengefaßt, das den anderen Offizierkorps gleichgestellt war.

Wie der neuernannte Chef der Admiralität über den weiteren Ausbau der Marine dachte, zeigt eine Denkschrift, die er im Sommer 1872 vorlegte. In ihr wurden als Hauptaufgaben der Marine der Schutz der eigenen Küsten, die Stärkung der Kampfkraft der Flotte und besonders die Sicherung der überseeischen Handelsbeziehungen und der deutschen Handelsschiffahrt bezeichnet.

In dieser Denkschrift hieß es unter anderem: „Die deutsche

Flotte hat nicht die Aufgabe, gegen die großen europäischen Mächte offensiv zu verfahren, sondern sie soll nur dahin unsere Macht tragen, wo wir kleinere Interessen zu vertreten haben, und wo wir die eigentliche Macht unseres Staates, die *Landmacht,* nicht anders hinbringen können. Wir müssen die Mittel haben, schützend auftreten zu können, wo unsere deutschen Interessen unmotiviert verletzt worden sind."

Dementsprechend forderte Stosch für den Schutz der heimischen Küsten eine „Ausfall-Flotte" aus Panzerschiffen und die dauernde Besetzung wichtiger Auslandstationen durch ein besonderes Kreuzergeschwader und mehrere Einzelschiffe.

Im Frühjahr 1873 reichte die Admiralität dem Reichstag einen Flottengrüdungsplan ein, der sich im wesentlichen an das im Jahre 1867 für die Norddeutsche Bundesmarine aufgestellte Bauprogramm anlehnte. Danach sollte die künftige Flotte sich aus den folgenden Einheiten zusammensetzen:

8 Panzerfregatten,

6 Panzerkorvetten,

7 Panzerkanonenbooten,

2 Panzerbatterien,

20 Kreuzern,

6 Avisos,

18 Kanonenbooten,

28 Torpedofahrzeugen.

Auf diesen Plan sollten die bereits vorhandenen Kriegsschiffe angerechnet werden. Der Plan selbst sollte bis zum Jahre 1882 verwirklicht sein. An Ausgaben wurden rund 219 Millionen Mark vorgesehen, zu denen jährliche Instandhaltungskosten in Höhe von vier Millionen Mark treten sollten. Vorhanden waren zu dieser Zeit bereits 7 Panzerschiffe, 11 Korvetten, 5 Avisos, 19 Kanonenboote und 6 Schulschiffe. Ein Teil dieser Einheiten entsprach jedoch nicht den in dem neuen Flottengründungsprogramm festgelegten Grundsätzen und mußte daher durch Neubauten ersetzt werden. An Stelle der geforderten Panzerbatterien wurden die mit einem einzigen kurzen 30,5-cm-Geschütz ausgerüsteten Panzerkanonenboote der „Wespe"-Klasse gebaut. An neuen Avisos traten neben der Kaiserjacht „Hohenzollern", die später in „Kaiseradler" umbenannt wurde, drei weitere Einhei-

8. Panzerfregatte PREUS-
SEN auf einer Flottenparade
in Kiel im Jahre 1881. Ursprünglich als Vollschiff geta-
kelt, fiel die Takelage später
fort. PREUSSEN war eines der
ersten Panzerschiffe der Kaiserlichen Marine.

9. Flottendemonstration vor
Sansibar. Ein deutsches Ge-
schwader unter Kommodore
Paschen zwingt den Sultan von
Sansibar zur Anerkennung der
deutschen Schutzrechte.

10. Kreuzerfregatte STEIN der Kaiserlichen Marine. Sie war zunächst im Flottendienst tätig und diente um die Jahrhundertwende mit mehreren Schwesterschiffen als Seekadetten-Schulschiff.

ten hinzu, von denen zwei schließlich als Auslands-Kanonen-boote Verwendung fanden.

Der Flottengründungsplan wurde am 7. März 1873 vom Reichstag angenommen. Stosch hat viel für die Ausbildung der Flotte getan. Er hat es auch an taktischen Versuchen nicht fehlen lassen. Ungünstig für die seemännische Ausbildung der Besatzungen mußte sich allerdings sein Bestreben auswirken, diese nach landmilitärischen Gesichtspunkten auszurichten. So wurde unter ihm in der Marine z. B. die dreijährige Dienstzeit eingeführt, die aber für Bordverhältnisse keineswegs ausreichte. Bis dahin hatte die Marine genau wie die britische mit langdienendem Personal gearbeitet. Der durch diese Neuerung eintretende Nachteil hätte sich ausgleichen lassen, wenn die Einheiten der Heimatflotte nicht, wie es allerdings damals in allen Marinen üblich war, im Winter außer Dienst gestellt worden wären. So mußte schon zwangsläufig der Dienst auf den Auslandsschiffen zur eigentlichen Schule der Seemannschaft werden.

Wie stellte sich nun in den ersten Jahren der Amtsperiode von General v. Stosch die Gliederung der Marine dar und welchen Bestand hatte die Flotte?

Die Gliederung der Marine im Jahre 1874

Chef der Admiralität war der Generalleutnant v. Stosch.

Ihm unmittelbar unterstellt war die *Zentral*-Abteilung unter dem Korvettenkapitän Hollmann.

Die Admiralität selbst gliederte sich in die *Militärische Abteilung,* die *Technische Abteilung* und die *Allgemeine Abteilung,* die ihrerseits in Fachdezernate unterteilt waren.

Die *Militärische Abteilung* unter dem Chef des Stabes Kapitän zur See Batsch bearbeitete alle seemännischen und militärischen Angelegenheiten, die Fragen der Kriegsbereitschaft und der Mobilmachung der Flotte, das Unterrichtswesen, das Nachrichtenwesen, die Fragen der Küstenverteidigung und das Sanitätswesen.

Der *Technischen Abteilung* unter dem Direktor der Admiralität Konteradmiral Henk war zuständig für alle Werft- und

Ausrüstungsfragen, das Artillerie- und Waffenwesen, den Schiffbau und die Hafenbefestigungen.

Der *Allgemeinen Abteilung* oblag die Aufsicht über alle Kassen- und Etatsfragen, das Garnisonwesen und die Justitiariatsangelegenheiten der Marine. Außerdem gab es noch ein besonderes Hydrographisches Büro.

Chef der Marinestation der Ostsee in Kiel war der Konteradmiral Heldt. Ihm waren unterstellt:

die I. Matrosen-Division mit der Schiffsjungen-Abteilung,
die I. Werft-Division,
das Seebataillon, die See-Artillerie, die Marine-Akademie und die Marine-Schule, die Werften in Danzig und Kiel, das gesamte Verwaltungswesen der Ostsee-Station und die Festungsbaudirektion Friedrichsort.

Chef der Marinestation der Nordsee in Wilhelmshaven war der Konteradmiral Klatt. Ihm unterstanden ähnlich wie der Ostsee-Station die

II. Matrosen-Division,   II. Werft-Division,

die Werft Wilhelmshaven, das Marine-Artillerie-Depot, das Lotsen-Kommando der Jade, das Verwaltungswesen der Nordsee-Station und die Festungsbau-Direktion für das Jadegebiet.

Die Flotte setzte sich um 1874 aus folgenden Einheiten zusammen:

Panzerfregatten: „König Wilhelm", „Kronprinz", „Friedrich Carl",

Panzerkorvette: „Hansa",

Panzerfahrzeug: „Arminius",

noch im Bau waren in Deutschland die Panzerschiffe „Großer Kurfürst", „Preußen", „Friedrich der Große".

Gedeckte Korvetten: „Hertha", „Vineta", „Elisabeth", „Arcona", „Gazelle",

Glattdeckskorvetten: „Medusa", „Luise", „Victoria", „Ariadne", „Nymphe", „Augusta",

noch im Bau war die Glattdeckskorvette „Freya",

Avisos: „Pommerania", „Falke", „Loreley", „Preußischer Adler",

Kanonenboote 1. Klasse: „Albatross", „Nautilus", „Delphin", „Salamander", „Blitz", „Comet", „Cyclop", „Basilisk",

Kanonenboote 2. Klasse: „Scorpion", „Sperber", „Wolf", „Fuchs", „Habicht", „Hay", „Natter",

Schulschiffe: Segelbriggs „Undine", „Musquito", „Rover", „Niobe", Artillerieschulschiff „Renown",

Kaiserl. Jacht „Grille".

Im Bau waren ferner in England zwei Panzerfregatten, „Kaiser" und „Deutschland". Sie waren die letzten großen Schiffe der deutschen Flotte, die im Ausland gebaut wurden.

Außerdem traten in der Amtszeit von Stosch die sogenannten „Ausfall"-Korvetten der „Sachsen"-Klasse zur Flotte, ferner die Korvetten „Freya", „Leipzig", „Prinz Adalbert", „Bismarck", „Blücher", „Gneisenau", „Carola" und „Sophie". Hinzu kamen schließlich noch, zum Teil als Ersatzbauten überalterter Schiffe, das Artillerieschulschiff „Mars", die Korvette „Stein" und die Kanonenboote „Iltis" und „Wolf".

Ein Teil dieser Einheiten befand sich in der Reserve oder wurde nur zeitweise in Dienst gestellt. Im Ausland befanden sich in diesen Jahren u. a. die Korvetten „Elisabeth", „Arcona", „Gazelle" und „Augusta", das Dampfkanonenboot „Meteor" und das Schiffsjungenschulschiff „Rover". Im Jahre 1873 nahm ein Geschwader unter Konteradmiral Henk an den Krönungsfeierlichkeiten anläßlich der Thronbesteigung des Königs Oscar von Schweden teil. Dem Geschwader gehörten die Korvetten „Hertha", „Vineta", „Ariadne" und „Arcona" sowie der Aviso „Nautilus" an. Der Deutsche Kronprinz, der Kaiser Wilhelm I. vertrat, hatte sich auf der Yacht „Grille" eingeschifft.

Ende September 1875 fand vor Warnemünde eine Flottenbesichtigung durch den Kaiser statt. An ihr waren das Panzergeschwader unter Konteradmiral Henk mit den Panzerfregatten „König Wilhelm" (Kdt. Kapitän zur See Przewisinsky), „Kronprinz" (Kdt. Kapitän zur See v. Livonius), „Kaiser" (Kdt. Kapitän zur See Kinderling), „Hansa" (Kdt. Kapitän zur See Berger) beteiligt. Ferner nahmen teil die Segelschulschiffe „Niobe" (Kdt. Kapitän zur See v. Wickede), „Rover" (Kdt. Korvettenkapitän v. Kall), „Musquito" (Kdt. Korvettenkapitän Deinhard) und „Undine" (Kdt. Korvettenkapitän Koester) und der Aviso „Falke" (Kdt. Korvettenkapitän v. Treuenfeldt). Der Kaiser selbst hatte sich auf der Yacht „Grille" eingeschifft.

Im April 1877 trat der Bruder des späteren Kaisers Wilhelm II., Prinz Heinrich v. Preußen, auf dem Kadettenschulschiff „Niobe" seine seemännische Laufbahn als Unterleutnant zur See an. Kommandant der „Niobe" war zu diesem Zeitpunkt Kapitän zur See Ulffers, 1. Offizier der damalige Korvettenkapitän Koester, der später als Großadmiral der Lehrmeister der deutschen Flotte werden sollte.

Im Sommer 1873 war der eigentliche Schöpfer der preußischen Marine, Admiral Prinz Adalbert von Preußen, plötzlich an einem Herzschlag verschieden. Mit ihm ging nicht nur der tatkräftige Förderer des deutschen Marinegedankens, sondern auch ein Mann dahin, der sein ganzes Herz an die junge Waffe gehängt hatte.

Bemerkenswert aus der Amtszeit von Stosch ist noch, daß durch Kaiserliche Order vom 14. Dezember 1875 die Bildung eines Admiralstabes der Marine befohlen wurde. In ihn sollten Offiziere berufen werden, die später in die führenden Stellungen der Marine aufrückten. Dieser Admiralsstab hat aber nie die Bedeutung erlangt wie der Generalstab des Heeres.

Im Jahre 1880 fand abermals eine Besichtigung des Panzergeschwaders statt, das zu dieser Zeit in *Übungsgeschwader* umbenannt wurde. Chef war Kapitän zur See v. Wickede, der seine Flagge auf dem Panzerschiff „Friedrich Carl" gesetzt hatte. Dem Geschwader gehörten ferner die Panzerschiffe „Sachsen" (Kdt. Kapitän zur See Stenzel), „Friedrich der Große" (Kdt. Kapitän zur See Freiherr v. Reibnitz) und „Preußen" (Kdt. Kapitän zur See Kühne) sowie der Aviso „Grille" unter dem Kommando von Korvettenkapitän v. Levetzow an. Die Besichtigung nahm der damalige Deutsche Kronprinz Friedrich Wilhelm in Begleitung seines Sohnes, des späteren Kaisers Wilhelm II., vor. Am Abend der Besichtigung zeigte eine Flottille von Torpedobooten unter Kapitänleutnant Tirpitz einen Torpedoangriff auf ein ausrangiertes Zielschiff.

Im Jahre 1881 schiffte sich Kaiser Wilhelm I. erneut zu einer Flottenübung auf der Yacht „Hohenzollern" ein. An der Übung nahmen sämtliche Einheiten der Heimatflotte teil.

In die Amtszeit von Stosch fällt auch einer der schwersten Unglücksfälle, die die Marine bisher getroffen hatte. Im Mai

1878 befand sich das Panzergeschwader der Flotte, das sich aus den Panzerschiffen „König Wilhelm", „Großer Kurfürst", „Preußen" und „Friedrich der Große" zusammensetzte, beim Evolutionieren im Kanal. In der Höhe von Folkestone kollidierten bei einem Ausweichmanöver die beiden Panzerschiffe „König Wilhelm" und „Großer Kurfürst" so unglücklich, daß die „Großer Kurfürst" innerhalb von nur 15 Minuten sank. Von der 487 Mann starken Besatzung fanden 269 Mann den Tod. Der Kommandant, Kapitän zur See Graf v. Monts, konnte besinnungslos aus den Wellen geborgen werden. Die „König Wilhelm", auf der der Geschwaderchef, Konteradmiral Batsch, seine Flagge gesetzt hatte, wurde schwer beschädigt.

Das Unglück gab Veranlassung zu einer Änderung der bisherigen Ruderkommandos. Bis dahin war das Kommando so gegeben worden, wie die Ruderpinne gelegt werden sollte. Auf das Kommando „Steuerbord" wurde die Pinne also auch steuerbord gelegt, worauf das Schiff nach backbord drehte. Nach 1878 wurde das Kommando dann so gegeben, wie der Bug drehen sollte.

Wie erheblich sich das Personal der Marine in der Amtszeit von Stosch vermehrte, geht aus folgenden Zahlen hervor:

Bei Kriegsausbruch im Jahre 1870 gab es insgesamt 162 Seeoffiziere, darunter 3 Admirale und 24 Stabsoffiziere.

Im Jahre 1883 betrug der Personalbestand 5 Admirale, 80 Stabsoffiziere, 95 Kapitänleutnants, 250 Leutnants und 920 seemännische Deckoffiziere und Unteroffiziere sowie 6500 Matrosen. Das technische Personal umfaßte 41 Ingenieure, 780 Handwerker und 1400 Mann Maschinenpersonal. Außerdem gab es 100 Seekadetten und 400 Schiffsjungen.

Der Auslandsdienst der Marine unter Stosch

Wir hatten schon im Vorhergehenden darauf hingewiesen, daß Stosch in seiner Eigenschaft als Chef der Admiralität den Schutz der Auslandsdeutschen und der überseeischen Interessen des Reiches als eine Hauptaufgabe der Marine ansah. Unter ihm hat dieser Auslandsdienst der Marine eine besondere Bedeutung gewonnen. Die Machtentfaltung des Reiches brachte es von selbst mit sich, daß von nun ab deutsche Kriegsschiffe ständig in allen Meeren kreuzten, sei es nun, um durch ihre Anwesenheit das Zusammengehörigkeitsgefühl mit den im Ausland lebenden Deutschen zu stärken, oder sei es, um berechtigten deutschen Forderungen den nötigen Nachdruck zu verleihen.

Als im Juni 1872 die Regierung der Republik Haiti die Rückzahlung von Schulden an einen Auslandsdeutschen verweigerte, erschienen die Korvetten „Vineta" (Kdt. Kapitän zur See Batsch) und „Gazelle" (Kdt. Korvettenkapitän Arendt) vor dem Hafen von Port-au-Prince, besetzten zwei dort liegende haitianische Kriegsschiffe und erzwangen auf diese Weise die sofortige Begleichung der Schuldsumme.

Im Frühjahr 1873 sah sich die Reichsregierung veranlaßt, zum Schutz der durch einen Bürgerkrieg in Spanien bedrohten Staatsangehörigen ein Geschwader in die dortigen Gewässer zu entsenden. Der Verband bestand zunächst aus dem Panzerschiff „Friedrich Carl", der Korvette „Elisabeth" (Kdt. Kpt. z. S. v. Livonius) und dem Kanonenboot „Albatros" (Kdt. Korvettenkapitän Stenzel). Wenig später kamen noch die Korvetten „Vineta" und „Gazelle" hinzu. Geschwaderchef war der Kommandant von „Friedrich Carl", Kommodore Kpt. z. S. Werner. Das Geschwader kreuzte vor der spanischen Küste und verhinderte zunächst durch sein Erscheinen vor Alicante, daß dieser Hafen durch ein Rebellen-Kriegsschiff beschossen wurde. Gemeinsam mit dem aus gleichem Grunde in spanischen Gewässern operierenden britischen Panzerschiff „Swiftsure" brachte „Friedrich Carl" dann vor Malaga das dort aufkreuzende Panzerschiff „Victoria" und die ebenfalls unter der roten Flagge segelnde spanische Fregatte „Almansa" auf, die den Hafen bombardieren wollten. Obwohl der deutsche Geschwaderchef im militärischen Sinne richtig gehandelt hatte, fand sein Vorgehen nicht die Billigung des Reichskanzlers Fürst Bismarck. Die Admiralität sah sich gezwungen, ihn abzuberufen und durch den Kapitän zur See Przewisinski zu ersetzen. Das Geschwader wurde nach Gibraltar dirigiert. Die Folge war, daß die Aufständischen nunmehr in Cartagena die Oberhand gewannen und SMS „Friedrich Carl" erneut zum Schutze der dortigen Deutschen in Marsch gesetzt werden mußte. Auch im Jahre darauf mußten verschiedentlich deutsche Kriegsschiffe an die spanischen Küsten entsandt werden, um für Übergriffe der Aufständischen gegen deutsche Handelsschiffe Genugtuung zu fordern.

Wie auch heute noch, beteiligte sich schon damals die Marine an internationalen Forschungen in der Weite des Weltmeeres. Vom Juni 1874 bis zum Mai 1876 nahm die Korvette „Gazelle" unter Kapitän zur See Frhr. v. Schleinitz an einer wissenschaftlichen Expedition teil, die bis in den Südatlantik und die Südsee führte. Aufgabe dieser Expedition war die Beobachtung des Venus-Durchgangs durch die Sonne an verschiedenen Stellen der Erde. Die Korvette lief von Kiel über Madeira und Kap Verden zunächst nach Montevideo. Von dort ging es über die Insel Ascension im Südatlantik nach der Kongomündung, den Pinguin-Inseln bis nach den Kerguelen im Indischen Ozean. Nach einem Aufenthalt dort und in Mauritius lief SMS „Gazelle" Australien, die Insel Amboina (heute bekannt geworden durch Errichtung einer sowjetischen Forschungsstation) und Neu-Guinea an. Die Rückreise führte über die Fidschi-Inseln und durch die Magellan-Straße wieder in die Heimat. Insgesamt wurden auf der 23monatigen Reise in 450 Seetagen rund 30 000 Seemeilen zurückgelegt, von denen über 20 000 Seemeilen nur gesegelt wurde. Auf der Rückreise traf die „Gazelle" in der Magellan-Straße zufällig die nach Ostasien ausreisende „Vineta", die mit Seekadetten unter dem Kommando von Kapitän z. S. Graf v. Monts eine Weltumsegelung machte. Zur gleichen Zeit waren auch die beiden Schulbriggs „Rover" (Kdt. Kptlt. Schering) und „Undine" (Kdt. Kapitänlt. Koester) auf einer 15monatigen Ausbildungsreise in Süd- und Mittelamerika.

Das Jahr 1876 wurde ein besonders hartes Jahr für die Auslandschiffe. Gemeinsam mit den Kriegsschiffen verschiedener anderer Großmächte beteiligte sich auch das Deutsche Reich an einer Flottendemonstration vor den chinesischen Küsten. Zweck war, die chinesische Regierung zu tatkräftigem Vorgehen gegen das dort übliche Unwesen chinesischer Piraten zu zwingen. An der Demonstration nahmen die Korvetten „Hertha", „Vineta", „Ariadne" und „Luise" sowie die Kanonenboote „Cyclop" und „Nautilus" teil.

In Haiti mußte die Korvette „Victoria" bei einem erneuten

Aufstand den dort wohnenden deutschen Staatsangehörigen Beistand leisten. Zu einer größeren Demonstration kam es im Mittelmeer, als im Sommer 1876 in Saloniki der deutsche und der französische Konsul von aufrührerischen Mohammedanern ermordet wurden. Die Reichsregierung entsandte ein Geschwader aus den Panzerfregatten „Deutschland", „Friedrich Carl" und „Kronprinz", der Korvette „Medusa" und den Kanonenbooten „Meteor" und „Comet" unter dem Befehl von Konteradmiral Batsch. Nachdem die türkische Regierung Genugtuung geleistet hatte, konnte das Geschwader wieder in die Heimat zurückberufen werden.

Im Frühjahr 1878 erzwangen die Korvetten „Elisabeth", „Ariadne" und „Leipzig" unter dem Befehl von Kapitän zur See v. Wickede von der Regierung der mittelamerikanischen Republik Nicaragua die Rückzahlung einer Schuldsumme und Genugtuung für die Mißhandlung des deutschen Konsuls in Managua. Die Regierung gab erst nach, als der Geschwaderchef mit der Einsetzung eines Landungskorps drohte.

Im sogenannten peruanisch-chilenischen Salpeterkrieg im Jahre 1879 kreuzte ein deutscher Verband aus den Korvetten „Hansa" und „Freya" unter dem Kommando von Kapitän zur See Heusner vor der peruanischen Küste. Durch das energische Auftreten des deutschen Geschwaderchefs wurden die chilenischen Streitkräfte daran gehindert, den Hafen zu bombardieren, wodurch auch viel deutsches Eigentum vernichtet worden wäre. SMS „Hansa" zwang gleichzeitig ein chilenisches Kriegsschiff, einen widerrechtlich beschlagnahmten deutschen Dampfer wieder freizugeben.

1881 sah sich die Reichsregierung erneut zur Teilnahme an einer internationalen Flottendemonstration im Mittelmeer veranlaßt. Nach Auflösung des unter britischem Kommando stehenden Verbandes wurde die Korvette „Victoria" (Kdt. Korvettenkapitän Valois) nach Liberia entsandt, um dort aufständische Neger wegen der Plünderung eines deutschen Handelsschiffes zu bestrafen.

Auch im Jahre 1882 mußten deutsche Kriegsschiffe an verschiedenen Punkten der Erde zum Schutz deutscher Interessen eingesetzt werden. In Alexandrien mußte das dortige deutsche

Konsulat und ein Hospital durch ein Landungskorps der Kanonenboote „Habicht" und „Möwe" geschützt werden. In Amoy konnten die Korvetten „Stosch" und „Elisabeth" Streitigkeiten zwischen Chinesen und Deutschen schlichten. Im gleichen Jahr nahm SMS „Moltke" an einer wissenschaftlichen Expedition nach Südgeorgien teil.

DIE MARINE UNTER DEM GENERAL v. CAPRIVI

Weiter Trabant des Heeres

Am 20. März 1883 trat Stosch von seinem Posten als Chef der Admiralität zurück. Der tiefere Grund waren seine ständigen politischen Reibungen mit dem Reichskanzler Fürst Bismarck, der besonders hinsichtlich der Verwendung deutscher Kriegsschiffe im Ausland andere Gesichtspunkte als Stosch vertrat. Zu seinem Nachfolger wurde der Generalleutnant v. Caprivi ernannt. Wieder hatte die Marine keinen Chef aus ihren Reihen erhalten. Stosch hatte sich als Nachfolger den Vizeadmiral Batsch gewünscht. Dieser war zweifellos für diesen Posten am besten geeignet, da er sowohl die seemännischen und organisatorischen Fähigkeiten als auch das nötige Ansehen in der Marine besaß. Man war aber an höchster Stelle anscheinend anderer Ansicht. Admiral Batsch hatte als Geschwaderchef im Jahre 1878 die Übungen geleitet, die zu jenem unglücklichen Zusammenstoß zwischen den beiden Panzerschiffen „König Wilhelm" und „Großer Kurfürst" im englischen Kanal geführt hatten. Man meinte daher, er sei für eine führende Stellung nicht mehr geeignet. Diese Einstellung erscheint heute unbegreiflich. Sie ist auch nur aus der rein landmilitärischen Einstellung der damals maßgebenden Kreise zu verstehen. Keine Marine der Welt ist von Unglücksfällen verschont geblieben. Der Dienst auf See ist eben ein ganz anderer als auf Land. Beide unter den gleichen Nenner zu bringen, ist eine Unmöglichkeit, da die Wucht der Elemente und ihr Einfluß auf die Schiffsführung in vielen Fällen unwägbar sind.

Für die Weiterentwicklung der Marine bedeutete daher diese Entscheidung abermals wie seinerzeit im Falle des Admirals Jachmann eine sehr große und bittere Enttäuschung. Admiral Batsch zog die Konsequenzen aus dieser Lage, indem er seinen Abschied nahm.

General v. Caprivi war ein hochqualifizierter Offizier, der in seiner bisherigen Laufbahn wichtige Stabsstellungen eingenommen hatte. Aber die Marine war ihm ihrer ganzen Art nach völlig wesensfremd. Er ist in ihr auch, im Gegensatz zu seinem Vorgänger, der schon im Jahre 1875 den Titel eines Admirals erhalten hatte, nie heimisch geworden. Er war und blieb, was er von Berufung aus war, Generalstäbler, und sah die Dinge nur mit den Augen des Armeeführers. Trotzdem ist seine Tätigkeit als Chef der Admiralität gerade in jenen Jahren für die Marine von hohem Wert gewesen.

Caprivi hat dem Ausbau der Marine neue Impulse verliehen. Er veranlaßte Maßnahmen, die eine rasche Mobilmachung der Seestreitkräfte im Falle eines Krieges gewährleisteten, vereinfachte die Organisation, befürwortete eine sorgfältige Ausbildung des Offizierskorps und suchte die Flotte durch Abhaltung von Manövern, an denen er selbst teilnahm, so weit als möglich zu schulen. Wie wir schon früher andeuteten, war er der Ansicht, daß in absehbarer Zeit ein Zweifrontenkrieg mit Frankreich und Rußland drohe. Der Marine teilte er für einen solchen Fall nur die Rückendeckung der Armee zu. Dementsprechend sorgte er in erster Linie für eine starke Küstenverteidigung. Trotzdem sah er die Betätigung der Marine keineswegs nur in defensiven Aufgaben. Wenn unter seiner Leitung der Panzerschiffbau auch keine besondere Förderung erfuhr, so sah er diese Schiffe doch als den Kern der Flotte an. Dagegen setzte er sich sehr stark für den Ausbau der eben aufgekommenen Torpedowaffe ein, in der er die Waffe der Zukunft sah.

Caprivi hat anders als Stosch keinen neuen Flottenbauplan vorgelegt. Er hat aber schon kurz nach seinem Amtsantritt seine Ansichten über den Ausbau und die Aufgaben der Marine in zwei Denkschriften aufgezeichnet. In der ersten dieser Denkschriften betonte Caprivi die Notwendigkeit einer engen Zusammenarbeit von Heer und Marine in einem möglichen Kriegsfall, wobei er der Marine in der unmittelbaren Küstenverteidigung den Vorrang zubilligte. In der zweiten Denkschrift, in der er sich mit der Weiterentwicklung der Marine beschäftigte, trat er neben der Förderung des Ausbaues der Torpedowaffe auch für die Panzerschiffe ein. „Ohne den Hintergrund von gepanzerten Schlachtschiffen, ohne die Sicherheit, in einer gesammelten kampfbereiten Hochseeflotte nötigenfalls ausgiebige Unterstützung finden zu können, würde ein der Weltstellung des deutschen Kaiserreiches angemessenes Auftreten jener Schiffe des politischen Dienstes (Auslandsschiffe) auf die Dauer nicht gewährleistet sein." Weiter hieß es darin: „Wenn in einem größeren Kriege gegen zur See überlegene Mächte die deutsche Flagge allein sich auf dem Meere nicht behaupten könnte, so würde sie ohne Panzerschiffe für maritime Bundesgenossen keinen Wert haben. Man scheint neuerlich hier und da geneigt, sich eine wirkungsvolle Küstenverteidigung auch ohne gepanzerte Schiffe zu denken. Abgesehen davon, daß die wirksamste Weise der Verteidigung der vaterländischen Küste unter allen Umständen der Sieg in einer Seeschlacht auf hoher See bleiben wird, würde eine Küstenverteidigung sich immer nur mit dem negativen Vorteil der reinen Abwehr begnügen und auf die Ausnutzung errungener Vorteile verzichten müssen, wenn sie keine Schiffe besäße, die imstande sind, Momente der Schwäche beim Gegner auszunutzen, ihn anzugreifen. Es kann mithin darüber kein Zweifel sein, daß gepanzerte Schiffe auch bei den bescheidensten Ansprüchen für die deutsche Flotte nicht zu entbehren sind."

Hier zeigt sich, daß der Hochseegedanke auch schon unter Caprivi langsam Fortschritte machte, wenn auch die Folgerungen aus dieser Erkenntnis unter ihm noch nicht gezogen wurden. Immer aber stand für ihn das Bestreben im Vordergrund, die Flotte für den Ernstfall auf einen höchstmöglichen Stand zu bringen. Dafür zeugt auch ein Schreiben, das er noch kurz vor seinem Rücktritt an den damaligen Chef des Übungsgeschwaders, Konteradmiral v. Knorr, richtete. Darin heißt es:

„Ich kann mich des Eindrucks nicht erwehren, daß das Sinnen und Denken unseres Offizierkorps immer noch nicht genug auf den Krieg und das, was er insbesondere von der deutschen Marine fordern wird, gerichtet ist. Von dem Grade aber, in welchem klare Vorstellungen hierüber bei den Offizieren Eingang gefunden haben, wird der Erfolg nicht unwesentlich abhängen. Das, was von der Marine im Kriege erwartet wird, sind nicht Opfer, sondern *Taten,* und das, was wir im Frieden heranzubilden haben, sind *Sieger* und nicht Märtyrer. Zum Siegen gehört aber außer den höchsten moralischen Eigenschaften, vollends für eine kleine Marine, das klare Bewußtsein von der Wirkung der Waffen und die feste Überzeugung von der Richtigkeit der gewählten Mittel. Wer im Kriege führen will, muß, wenn er nicht gefährlichen Überraschungen ausgesetzt sein will, sich ein Bild von dem, was da kommen wird und kann, schon im Frieden gemacht haben."

Die gleiche Anschauung zeigen auch zwölf Fragen über die taktische Führung eines Geschwaders, die Caprivi zu dieser Zeit den Flaggoffizieren und höheren Stabsoffizieren der Marine mit dem Befehl zur Stellungnahme zuleitete. Darin wurde darauf hingewiesen, daß der Zweck einer Seeschlacht nur die Vernichtung des Gegners sein dürfe. Der Erfolg werde stets mehr von einem entschlossenen Wagen als von rein verstandesmäßig bedingtem Handeln abhängen. „Lieber dem Feind den Bug zukehren als das Heck. Lieber rammen, als gerammt werden."

Die Flotte unter Caprivi

Obwohl sich General v. Caprivi dem Bau von Panzerschiffen gegenüber während seiner Amtszeit abwartend verhalten hatte, und obwohl man sich damals über die Art der neuen Schiffe auch in anderen Marinen noch keine klaren Vorstellungen machte, hat er zu Ende seiner Dienstzeit als Chef der Admiralität noch in einer Denkschrift den Bau von 10 Panzerschiffen gefordert. Diese sollten allerdings reinen Defensivzwecken dienen. Diese Einheiten sind die sogenannte „Siegfried"-Klasse, reine Küstenpanzerschiffe, von denen das erste dann 1889 vom Stapel lief.

Zu Ende der achtziger Jahre des vorigen Jahrhunderts hatte die deutsche Flotte schon eine beachtliche Stärke erreicht. Es waren vorhanden:

13 Panzerschiffe („König Wilhelm", „Kaiser", „Deutschland", „Friedrich der Große", „Preußen", „Friedrich Carl", „Kronprinz", „Bayern", „Sachsen", „Württemberg", „Baden", „Oldenburg" und „Hansa"),

8 Kreuzerfregatten („Leipzig", „Prinz Adalbert", „Charlotte", „Bismarck", „Moltke", „Stosch", „Stein" und „Gneisenau"),

10 Kreuzerkorvetten („Prinzess Wilhelm", „Irene", „Alexandrine", „Arcona", „Carola", „Olga", „Marie", „Sophie", „Freya" und „Victoria"),

14 Panzerfahrzeuge („Arminius" und 13 Einheiten der „Wespe"-Klasse,

5 Ungeschützte Kreuzer („Schwalbe", „Adler", „Möwe", „Habicht" und „Nautilus"),

5 Kanonenboote („Eber", „Wolf", „Hyäne", „Iltis" und „Cyclop"),

6 Avisos („Greif", „Pfeil", „Blitz", „Wacht", „Zieten" und „Grille"),

10 Schulschiffe („Mars", „Blücher", „Niobe", „Nixe", „Ariadne", „Louise", „Rover", „Musquito", „Hai" und „Ulan"),

9 Spezialschiffe („Hohenzollern", „Falke", „Albatross", „Loreley", „Pommerania", „Drache", „Rhein", „Otter" und „Nachtigall").

Der Personalbestand bezifferte sich 1887 auf 534 Seeoffiziere und insgesamt 15 480 Mann. Er war also fast genau so groß wie derjenige der *Reichsmarine,* wie er dieser im Versailler Vertrag 1919 zugebilligt worden war.

Leider hatte die Flotte auch in den Jahren 1884 und 1885 wieder eine Reihe von Unglücksfällen zu beklagen. Am 28. Oktober 1884 strandete das Schiffsjungenschulschiff „Undine" (Kdt. Korvettenkapitän Cochius) in der Jammerbucht. Die Mannschaft konnte trotz des starken Seeganges mit Hilfe der dänischen Küstenbevölkerung geborgen werden. Im Juni 1885 ging im Roten Meer die Korvette „Augusta" (Kdt. Korvettenkapitän v. Gloeden) mit der gesamten Besatzung von 9 Offizieren und 217 Mann auf der Reise nach Australien in einem Taifun verloren. Schließlich sank noch am 9. September 1885 das Torpedoboot „V 3" infolge eines Zusammenstoßes mit einem Rottenboot.

Im Jahre 1887 fand unter der Beteiligung starker Verbände der Flotte in Kiel die Grundsteinlegung zum Bau des Nordostsee-Kanals durch Kaiser Wilhelm I. statt. Zu diesem Zwecke waren das Panzergeschwader, das Reservegeschwader, das Schulgeschwader und zahlreiche Schulschiffe zusammengezogen worden. Nach der Grundsteinlegung fand eine Flottenparade statt.

Im gleichen Jahr wurde die zweite Hafeneinfahrt in Wilhelmshaven eingeweiht.

Von Bedeutung für die künftige Entwicklung der jungen Torpedowaffe war, daß durch Kabinettsorder am 16. März 1886 die Bildung der Torpedo-Inspektion befohlen wurde. Erster Inspekteur wurde der damalige Korvettenkapitän Tirpitz.

Auslandstätigkeit der Flotte unter Caprivi

Auch unter Caprivi hat die Marine eine rege Auslandstätigkeit entfaltet, die noch durch die 1884 einsetzende Erwerbung von Kolonien verstärkt wurde.

Nachdem schon in den siebziger Jahren mehrfach deutsche Kriegsschiffe durch Verhandlungen oder Anwendung von Druck die Einhaltung von Verpflichtungen gegenüber deutschen Staatsangehörigen erwirkt hatten, schaltete sich das Deutsche Reich im Jahre 1884 auch in die Bestrebungen anderer Großmächte ein, sich in Übersee Kolonien zu erwerben. Zu diesem Zweck wurde die Flotte voll eingesetzt.

Ende Januar 1884 hatte die Korvette „Sophie" (Kdt. Korvettenkapitän Stubenrauch) die Ruinen der einstmals unter dem Großen Kurfürsten errichteten Feste Groß-Friedrichsburg an der Westküste Afrikas besucht. Von dort lief das Schiff an die Küste von Togo, um Streitigkeiten zwischen dort ansässigen deutschen Kaufleuten mit den Negerhäuptlingen zu schlichten. Nach Aussetzung eines Landungskorps konnten die deutschen Forderungen verwirklicht werden. Wenig später konnte das Kanonenboot „Möwe" (Kdt. Korvettenkapitän Hoffmann), auf dem sich der neuernannte Reichskommissar Nachtigall eingeschifft hatte, nach einem Abkommen mit den maßgebenden Häuptlingen in Bageida/Togo die deutsche Flagge heissen und das Gebiet unter den Schutz des Reiches stellen. Im Juli 1884 vollzog sich das gleiche auch in dem Gebiet der heutigen Republik Kamerun. Im August 1884 ankerten die Kreuzerfregatten (Gedeckten Korvetten) „Elisabeth" (Kdt. Kapitän z. S. Schering) und „Leipzig" (Kdt. Kapitän z. S. Herbig) in der Lüderitz-Bucht und ein paar Tage später das Kanonenboot „Wolf" (Kdt. Korvettenkapitän v. Raven) vor Sandwich-Hafen und setzten auch dort die Reichsflagge. Damit kam das ganze Gebiet der ehemaligen Kolonie Deutsch-Südwestafrika unter deutschen Schutz.

Inzwischen hatten sich in einem weitentfernten Gebiet, dem späteren Bismarck-Archipel, und auf Neu-Guinea Schwierigkeiten zwischen der eben gegründeten Neu-Guinea-Kompagnie und Eingeborenen ergeben. Auf Veranlassung des Reichskanzlers wurde SMS „Elisabeth", die inzwischen nach der Flaggenheißung in Angrapequena nach Kapstadt gelaufen war, von dort nach Australien dirigiert. Nach 35tägiger Reise lief die Fregatte in Sydney ein, ging von dort in das bedrohte Gebiet und stellte dieses gemeinsam mit dem inzwischen ebenfalls eingetroffenen Kanonenboot „Hyäne" unter den Schutz des Reiches.

Welchen Anstrengungen die deutschen Schiffsbesatzungen in jener Zeit im Auslandsdienst unterworfen waren, zeigt sich auch darin, daß im Dezember 1884 die Kreuzerfregatte „Bismarck" und die Korvette „Olga" aus der Heimat nach Kamerun in Marsch gesetzt werden mußten, um dort Streitigkeiten zwischen den verschiedenen Negerstämmen zu klären, durch die auch deutsche Kolonisten in Mitleidenschaft gezogen wurden. Erst durch den Einsatz eines starken Landungskorps unter dem Befehl des Kommandanten der „Bismarck", Kapitän zur See Karcher, konnte die Ruhe nach heftigen Kämpfen wieder hergewerden.

Im Februar 1885 unterdrückte SMS „Olga" einen Aufruhr Eingeborener in Togo. Als im Sommer des gleichen Jahres Streitigkeiten mit dem Sultan von Sansibar wegen der Anerkennung der deutschen Schutzrechte an der gegenüberliegenden ostafrikanischen Küste aufkamen, wurde vor der Insel ein starkes Geschwader aus den Kreuzerfregatten „Prinz Adalbert", „Gneisenau", „Stosch" und „Elisabeth" unter dem Befehl des Kommodore und Kapitän zur See Paschen zusammengezogen. Wenig später traf auch Konteradmiral Knorr auf SMS „Bismarck" vor Sansibar ein und übernahm das Kommando. Das Ergebnis der von ihm eingeleiteten Verhandlungen war die Anerkennung der deutschen Schutzherrschaft über das Sultanat Witu, wo das Reich gleichzeitig den vorzüglichen Hafen von Daressalam gewann.

11. Großer Kreuzer FÜRST BISMARCK. Gehörte um die Jahrhundertwende zum Kreuzergeschwader in Ostasien und war an der Niederwerfung des Boxeraufstandes beiteiligt.

12. Kleiner Kreuzer HELA (1895). Wurde im September 1914 in der Nordsee durch ein englisches U-Boot versenkt.

13. Die SCHWABEN war eines der ältesten Linienschiffe der Kaiserlichen Marine. Sie wurde zuletzt in der Reichsmarine als Mutterschiff für Räumboote verwendet.

14. Das Kononenboot JAGUAR war Stationär in Ostasien.

Zu Ausgang des Jahres 1885 standen deutsche Kriegsschiffe erneut bei den Karolinen- und den Marshall-Inseln im Pazifik und heißten dort ebenfalls die deutsche Flagge. An diesen Unternehmungen waren die Kanonenboote „Nautilus" (Kdt. Korvettenkapitän Röttger) und „Albatross" (Kapitänleutnant Graf v. Baudissin) beteiligt.

Dem Leser wird vielleicht aufgefallen sein, daß die Bezeichnung der damaligen Schiffsgattungen mehrfach wechselte. Dies ist unter den Zeitumständen zu verstehen. So wurden die verschiedenen gepanzerten Einheiten (Panzerfregatten – Panzerkorvetten – Panzerfahrzeuge) zuletzt unter der Bezeichnung „Panzerschiffe" zusammengefaßt. Aus den *Gedeckten Korvetten* wurden Kreuzerfregatten, aus den *Glattdecks-Korvetten* „Ungeschützte Kreuzer". Die *Panzerschiffe* der „Sachsen"-Klasse waren die ursprünglichen „Ausfallkorvetten".

Nach dem Regierungsantritt Kaiser Wilhelm II. trat General v. Caprivi von seinem Posten als Chef der Admiralität zurück. Sein Nachfolger wurde als erster Seeoffizier auf diesem Platz der Vizeadmiral Graf v. Monts, der uns schon 1878 als Kommandant des Panzerschiffes „Großer Kurfürst" begegnet ist.

DIE MARINE ZWISCHEN 1888 UND 1897

Neuorganisation

Am 9. März 1888 war Kaiser Wilhelm I. gestorben. Ihm folgte sein Sohn, Kaiser Friedrich III., der aber bereits am 15. Juni 1888 nach einer Regierung von nur 99 Tagen das Zeitliche segnete.

Mit dem Regierungsantritt Kaiser Wilhelm II. brach eine neue Epoche in der Geschichte der deutschen Flotte an. Schon in seiner Jugend hatte der Kaiser große Begeisterung für alle Fragen der See und damit der Marine empfunden. Er hatte auch klar erkannt, daß das aufstrebende Deutsche Reich zum Schutze seiner ständig wachsenden Handelsbeziehungen einer starken Flotte bedurfte. Es war unter diesem Gesichtspunkt gesehen nur natürlich, daß er ihrer weiteren Entwicklung größte Aufmerksamkeit schenkte und sie nach den ihm durch die Verfassung gegebenen Rechten weitgehend zu fördern suchte.

Am 5. Juli 1888 wurde der Vizeadmiral Graf v. Monts zum Chef der Admiralität ernannt. Damit trat zum ersten Mal ein Seeoffizier an die Spitze der Marine. Graf v. Monts war 1849 als Seekadett im Alter von 17 Jahren in die damalige Kgl. Preußische Marine eingetreten und hatte auch zu den wenigen Kadetten gezählt, die zur seemännischen Ausbildung in die englische Marine kommandiert wurden. Im Jahre 1878 war er Kommandant des schon im Vorhergehenden erwähnten Panzerschiffes „Großer Kurfürst" gewesen, das damals nach einer Rammung mit der „König Wilhelm" im Englischen Kanal gesunken war. Graf v. Monts war ein hochbegabter Offizier und für den ihm nun übertragenen hohen Posten seemännisch wie organisatorisch sehr geeignet. Leider blieb es ihm versagt, auf die Entwicklung der Marine maßgeblichen Einfluß zu gewinnen, da er bereits im Januar 1889 einer schweren Krankheit erlag. Sein Nachfolger wurde der Vizeadmiral Freiherr v. d. Goltz.

Am 30. März 1889 wurde durch Kaiserliche Order die Admiralität aufgelöst und in das *Oberkommando der Marine* und das neugeschaffene *Reichs-Marineamt* umgewandelt. Zum Chef des neuen Oberkommandos wurde ein *Kommandierender Admiral* ernannt, dessen Pflichten und Rechte nach der Kaiserl. Order denjenigen eines Kommandierenden Generals der Armee entsprechen sollten.

Die gesamte Verwaltung der Marine wurde unter der Verantwortlichkeit des Reichskanzlers dem Staatssekretär des Reichs-Marine-Amtes übertragen, der die Befugnisse eines Chefs einer obersten Reichsbehörde hatte. Die Neuordnung wurde noch ergänzt durch die auf kaiserlichen Wunsch erfolgte Errichtung eines *Marinekabinetts,* das entsprechend dem schon unter dem alten Kaiser gebildeten *Militärkabinett* besonders für die Personalien und die Kommandierungen der Seeoffiziere zuständig war. Zum Chef dieses Marinekabinetts wurde der bisherige Flügeladjutant des Kaisers, der Kapitän zur See Freiherr von Senden-Bibran, ernannt. Mit dem Oberkommando wurde Vizeadmiral Freiherr v. d. Goltz betraut, während Staatssekretär des Reichs-Marine-Amtes der Konteradmiral Heusner wurde. Chef des Stabes des Oberkommandos wurde Konteradmiral Karcher.

Über die Zweckmäßigkeit der 1889 vorgenommenen Umorganisation sind die Urteile sehr unterschiedlich. In der verhältnismäßig kurzen Zeit von 1859 bis 1889 hat die Organisation der Marine eine ganze Reihe von Wandlungen durchgemacht. Damals schon war die frühere Preußische Admiralität in ein Oberkommando und eine Verwaltung gegliedert worden. Zwei Jahre später wurden die Verwaltungsangelegenheiten einem Marineministerium übertragen, wobei der damalige Kriegsminister, General v. Roon, in Personalunion gleichzeitig Marineminister war. Das Oberkommando blieb daneben allerdings bestehen. Nachdem aber schon während des deutsch-französischen Krieges von 1870/71 durch die Teilnahme des Prinzen Adalbert an den Operationen des Heeres wieder eine vorläufige Vereinigung der Befehlsgewalten eingetreten war, wurde schließlich im Juni 1871 das Oberkommando endgültig aufgehoben, wobei zugleich die Funktionen des Oberbefehlshabers an den Marineminister übergingen. Mit dem 1. Januar 1872 wurde dann das bisherige Marineministerium in die Kaiserliche Admiralität umgewandelt. Damit war eine Spitzenbehörde geschaffen worden, deren Geschäftsführung sich ungeachtet gewisser Gegensätze zu der ihr übergeordneten obersten Reichsstelle durchaus bewährt hatte. Die neue Zweiteilung der Befehlsgewalten, wie sie sich nach 1889 ergeben mußte, konnte sich nur wenig günstig auswirken, zumal es in dem neugeschaffenen Marinekabinett praktisch auch noch eine dritte Immediatstelle gab, der durch den ständigen Konnex mit dem Kaiser unter Umständen ein erheblicher Einfluß zufallen mußte. In der Organisation der *Flotte* trat ferner eine wesentliche Änderung ein. Durch Kaiserlichen Erlaß vom vom 25. August 1891 wurde das bisher nur in den Sommer- und Herbstmonaten aufgestellte *Kommando der Manöverflotte* ein s t ä n d i g e s Kommando. Ihm waren unterstellt die der Manöverflotte durch die Indiensthaltungspläne zugewiesenen Schiffe und Fahrzeuge bzw. Verbände von Schiffen und Fahrzeugen sowie die ihr nach Auswahl durch den Reichskanzler (Reichs-Marine-Amt) im Einverständnis mit dem Kommandierenden Admiral (Oberkommando) zu überweisenden Reserveschiffe. Der Chef der Manöverflotte wurde dem Kommandierenden Admiral unmittelbar unterstellt. In technischen und Verwaltungsangelegenheiten allerdings konnte der Staatssekretär der RMA unmittelbar mit dem Chef der Manöverflotte verkehren.

Dieser Erlaß bedeutete praktisch die Geburtsstunde des späteren *Flottenkommandos,* wenn diese Bezeichnung vorläufig auch noch nicht in Erscheinung trat.

Die Flotte vor 1897

Bereits im Sommer 1890 hatte das Oberkommando eine Denkschrift vorgelegt, die im wesentlichen an die Gedankengänge von Stosch und Caprivi anknüpfte. Ziel der Flotte sollte danach in erster Linie eine aktive Küstenverteidigung sein. An ein offensives Vorgehen könne bei dem damaligen Stand der deutschen Seerüstung und der überragenden Bedeutung des Heeres als des Hauptkampfmittels nur „bei richtiger Ausnutzung günstiger Gelegenheiten" gedacht werden.

Ein weitgehender Einfluß auf die künftige Entwicklung der Flotte kam einer Denkschrift zu, die der damalige Kapitän zur See Tirpitz in seiner Eigenschaft als Chef des Stabes der Ostsee-Station seinem Vorgesetzten Vizeadmiral Knorr vorlegte, und die von diesem an das Oberkommando weitergeleitet wurde. In dieser Denkschrift trat Tirpitz einmal für den Bau einer Schlachtflotte, zum anderen für die Stärkung der Stellung des Oberkommandos gegenüber dem Reichs-Marine-Amt ein. „Wenn das Deutsche Reich zu einer Weltmacht werden solle, so müsse es auch eine Seemacht ersten Ranges werden und eine entsprechende Flotte bauen". Eine Stärkung der Stellung des Oberkommandos sah Tirpitz besonders deshalb als notwendig an, weil nach seiner Ansicht der Kommandierende Admiral in einem Kriegsfalle als Flottenchef die Flotte in der Entscheidungsschlacht führen müsse. „Die Marine müsse die Entscheidung in der offenen Seeschlacht suchen. Es sei daher dringend notwendig, diese künftige Seeschlacht als das unverrückbare Ziel bei der Taktik, der Personalausbildung und der Organisation im Auge zu behalten."

In Auswirkung dieser Gedankengänge hat sich Tirpitz, der im Frühjahr 1892 zum Chef des Stabes des Oberkommandos ernannt worden war, besonders für eine Neuorganisation der Panzerflotte eingesetzt. Aber die Zeit für eine Verwirklichung dieser Pläne war noch nicht gekommen. Im Jahre 1895 wurde Tirpitz auf seinen Wunsch von seinem Posten abberufen und wenig später als Nachfolger von Konteradmiral Hoffmann zum Chef der Auslands-Kreuzerdivision ernannt. In dieser Eigenschaft hat er maßgebenden Einfluß auf die Erwerbung von Kiautschou im Jahre 1897 genommen.

Die Flotte selbst hatte ihren Bestand seit dem Rücktritt des Generals v. Caprivi vom Posten des Chefs der Admiralität nur wenig geändert. Außer den vier Panzerschiffen der sog. „Brandenburg"-Klasse, die in den Jahren 1893/94 in Dienst gestellt wurden und deren Bau wesentlich dem Eintreten von Kaiser Wilhelm II. zu verdanken war, kamen nur die acht bereits bewilligten Küstenpanzerschiffe der „Siegfried"-Klasse zur Flotte. Im Bau waren drei Linienschiffe der „Kaiser"-Klasse, der Panzerkreuzer „Fürst Bismarck" und die fünf Geschützten Kreuzer

der „Hertha"-Klasse, die ursprünglich als Große Kreuzer geplant waren, schließlich aber wegen ihres geringen Kohlenvor-
rates, der sie für einen Kreuzerkrieg als ungeeignet erscheinen
ließ, nur als Schulschiffe Verwendung fanden.

Das alles stellte eine wenig befriedigende Lösung der immer
mehr in den Vordergrund rückenden Frage dar, wie sich denn
nun in der nächsten Zukunft die Flotte entwicklen sollte. Ein
langfristiger Bauplan war seit 1873 nicht mehr entworfen worden. Vielmehr mußten Schiffsneubauten jeweils pro Jahr vom
Reichstag bewilligt werden. Hinzu kam, daß zwischen dem
Oberkommando und dem Reichs-Marine-Amt grundsätzliche
Meinungsverschiedenheiten über die Art der neu zu bauenden
Schiffe bestanden. Das Oberkommando hatte sich unter dem
Einfluß von Tirpitz immer mehr für den Bau von Panzerschiffen entschieden. Dagegen stellte das Reichs-Marine-Amt unter
Admiral Hollmann die Förderung des Kreuzerbaus in den Vordergrund. Er ließ sich dabei von den Ideen leiten, die gerade
damals von der sogenannten „Jeune école" in französischen
Marinekreisen vertreten wurden. Diese befürwortete im Hinblick auf einen möglichen Krieg zwischen Frankreich und England den Bau von zahlreichen starken und schnellen Kreuzern,
die als Handelsstörer auftreten sollten. Der Panzerflotte sollte
dabei angesichts der großen englischen Übermacht zur See nur
die zweite Rolle zufallen, da man eine Seeschlacht für aussichtslos
hielt und statt ihrer an einen Kleinkrieg mit Torpedobooten
dachte. Zweifellos hatte dieser Gedanke für Frankreich, das in
seinen Kolonien über zahlreiche Stützpunkte für diese Handelsstörer verfügte, etwas Bestechendes. Das Reich dagegen befand sich in einer ganz anderen Lage. Man hielt hier damals
einen Krieg mit England für ausgeschlossen und sah die möglichen
Gegner nur in Frankreich und Rußland. Gegen diese beiden
Mächte aber bot ein Kreuzerkrieg so gut wie keine Aussichten.
Die Planung des Oberkommandos war also unter den damaligen Gesichtspunkten die richtigere, denn gegen diese beiden letzteren Mächte war in der Ostsee wie in der Nordsee auch ein
offensives Vorgehen keineswegs aussichtslos.

Es ist eine andere Sache, ob es für die Seekriegführung im
Ersten Weltkrieg nicht günstiger gewesen wäre, wenn das Reich

zu dieser Zeit mehr und besonders schnellere und stärker bewaffnete Kreuzer in Übersee gehabt hätte. Den 1914 so erfolgreichen deutschen Auslandskreuzern, wie besonders der „Emden" und der „Karlsruhe", wäre vielleicht eine noch größere Wirksamkeit und Lebensdauer beschieden gewesen. Auch das Kreuzergeschwader unter dem Admiral Graf Spee wäre zweifellos eine schwerere Belastung für die englische Seekriegsführung gewesen, als es unter den gegebenen Verhältnissen darstellen konnte.

Im Jahre 1897 bestand die Flotte aus:

  4 Panzerschiffen der „Brandenburg"-Klasse,
  4 Panzerschiffen der „Sachsen"-Klasse,
  8 Küstenpanzerschiffen der „Siegfried"-Klasse,
  9 Großen Kreuzern (davon mehrere noch im Bau)
 22 Kleinen Kreuzern,
  2 Kanonenbooten,
 10 Torpedo-Divisionsbooten,
100 Torpedobooten,
  3 Spezialschiffen.

Ein Teil dieser Schiffe war aber bereits überaltert. So waren die früheren Panzerschiffe „König Wilhelm", „Deutschland" und „Kaiser", die zunächst als Panzerfregatten rangiert waren, inzwischen in die Gruppe der Großen Kreuzer eingegliedert worden, während ein Teil der Kleinen Kreuzer noch Takelage führte.

Während die Heimatflotte ständig durch Übungen und Manöver geschult wurde, waren zahlreiche Kreuzer und andere Einheiten im Auslandsdienst eingesetzt. Im Jahre 1893 war das bisherige Kreuzer-Geschwader aufgelöst und ein Jahr darauf die Kreuzer-Division formiert worden. Zu dieser Zeit verfügte die Flotte bereits über eine Reihe von Flaggoffizieren, die sich um ihre Ausbildung sehr verdient gemacht hatten.

Chef des heimischen Manövergeschwaders waren zwischen 1889 und 1897:
Vizeadmiral Kall (1889), Konteradmiral Hollmann (1890), Vizeadmiral Deinhard (1891), Vizeadmiral Schröder (1892), Vizeadmiral Koester (1893–96), Vizeadmiral Thomsen (1897).

Chef des Kreuzergeschwaders bzw. der Kreuzerdivision:
Konteradmiral Deinhard (1889), Konteradmiral Valois (1890/

92), Konteradmiral v. Pawelss (1892/93), Konteradmiral Hoffmann (1894/96), Konteradmiral Tirpitz (1896/97).

Auslandsdienst zwischen 1889 und 1897

In den Jahren zwischen 1889 und 1897 mußten deutsche Auslandskreuzer in zahlreichen Fällen in Übersee zum Schutz der deutschen Interessen und dort ansässiger Staatsangehöriger eingreifen. Von besonderer Bedeutung war auch ihre Teilnahme an internationalen Flottendemonstrationen zur Verhinderung der Ausfuhr von Sklaven und der Einfuhr von Waffen für aufständische Negerstämme.

Schon im Dezember 1888 war das Kreuzergeschwader unter Konteradmiral Deinhard nach Sansibar detachiert, um gemeinsam mit englischen Einheiten die ostafrikanische Küste zu blokkieren und den Sklavenhandel zu unterbinden. Das Geschwader bestand aus der Kreuzerfregatte „Leipzig", den Korvetten „Sophie" und „Carola" sowie dem Kanonenboot „Möwe". Später kamen noch der Ungeschützte Kreuzer „Sperber" und der Aviso „Pfeil" hinzu. Da sich die Schiffe der Sklavenhändler dicht unter der Küste hielten, mußte von den Kreuzern ein regelrechter Wachdienst durch Dampfpinassen und von diesen geschleppte Ruderjollen eingerichtet werden, der höchste Anforderungen an die Besatzungen stellte. Anfang 1889 weitete sich der Schmuggel zu einem Aufstand aus, der heftigste Kämpfe zwischen den Landungskorps der verschiedenen Schiffe und den von dem Häuptling Buschiri geführten Arabern zeitigte. Erst nach Erstürmung des befestigten Lagers von Buschiri konnte der Aufstand von einem Marine-Landungskorps unter Korvettenkapitän Hirschberg und der Schutztruppe unter Hauptmann v. Wissmann niedergeschlagen werden. Die Kämpfe lebten jedoch wenig später wieder auf, so daß erneute Landungsexpeditionen notwendig wurden. Erst im Mai 1890 war die ganze Küste von Deutsch-Ostafrika in deutscher Hand, so daß das Geschwader abgezogen werden konnte.

Zur etwa gleichen Zeit, in der die Blockade Ostafrikas aufgenommen werden mußte, waren in Samoa Aufstände ausgebrochen, zu deren Niederschlagung ebenfalls deutsche Kriegsschiffe entsandt werden mußten. An dieser Unternehmung waren die Korvette „Olga" und die Kanonenboote „Eber" und „Adler" beteiligt. Da die Frage der Hoheitsrechte über die Samoa-Inseln damals noch nicht geklärt war, wurden sie nach einem Übereinkommen zwischen dem Reich, den USA und England unter ein gemeinsames Protektorat gestellt. Die Schiffe blieben im dortigen Bereich. Hier sollte sich wenige Monate später eines der schwersten Unglücke ereignen, von denen die Marine betroffen wurde.

Im Frühjahr 1890 stand das Kreuzergeschwader unter Konteradmiral Valois in Ostasien. Wegen des in Chile ausgebrochenen Bürgerkrieges mußte es beschleunigt nach Valpareiso in Marsch gesetzt. Das Geschwader bestand damals aus der Kreuzerfregatte „Leipzig" und den Korvetten „Sophie" und „Alexandrine". Im Einvernehmen mit der rechtmäßigen chilenischen Regierung wurde zum Schutz von Leben und Eigentum der Chile-Deutschen ein Landungskorps ausgesetzt, das die Sicherung des Europäerviertels übernahm. Das Geschwader, dessen Kommando inzwischen Konteradmiral v. Pawelss übernommen hatte, ging anschließend durch die Magellan-Straße über das Kap der Guten Hoffnung und durch den Indischen Ozean nach Ostasien, mußte von dort aber wieder zurück nach Sansibar detachiert werden, da dort neue Unruhen ausgebrochen waren. Diese langen Seereisen hatten die Schiffe so stark in Anspruch genommen, daß die meisten von ihnen in die Heimat zwecks unaufschiebbarer Reparaturen zurückgerufen werden mußten. Das Kreuzergeschwader wurde damit bis zum November 1894 aufgelöst und die verbliebenen Einheiten auf die verschiedenen Stationen verteilt.

In den folgenden Jahren standen deutsche Auslandskreuzer in der Südsee, an den Küsten Ost- und Westafrikas, in Ostasien und in Südamerika. Im Januar 1892 unternahm der Ungeschützte Kreuzer „Sperber" unter Korvettenkapitän Fischer eine Strafexpedition gegen die Bewohner der Gilbert-Inseln in Mikronesien, im April des gleichen Jahres mußte der Ungeschützte Kreuzer „Bussard" unter Korvettenkapitän Gertz wegen Ermordung eines Deutschen gegen Eingeborene eines Dorfes auf Neu-Guinea vorgehen. Im Dezember 1893 nahmen die Korvetten „Arcona" (Kdt. Korvettenkapitän Hofmeier) und „Alexandrine" (Kdt. Korvettenkapitän Schmidt) an einer internationalen Flottendemonstration anläßlich des in Brasilien ausgebrochenen Bürgerkrieges teil. Die Unruhen dauerten fast sieben Monate, in denen die Besatzungen durch ständigen Wachdienst unter überaus schlechten klimatischen Verhältnissen stark beansprucht wurden. 1894 mußten die Kreuzer „Bussard" und „Falke" erneut bei Aufständen in Samoa eingreifen, während der Kreuzer „Seeadler" und das Kanonenboot „Möwe" bei Unruhen in Portugiesisch-Ostafrika die deutschen Interessen wahrnehmen mußten. Im Japanisch-chinesischen Krieg von 1894/95 nahmen die Korvette „Irene" und die Kanonenboote „Wolf" und „Iltis" an einer internationalen Flottendemonstration vor der Insel Taiwan teil. Kommandant der „Iltis" war der damalige Korvettenkapitän Ingenohl, der 1914 der erste Flottenchef der Hochseeflotte war. Im Jahre 1895 wurden die Küstenpanzer „Hagen" und die Korvetten „Augusta" und „Marie" sowie das Schulschiff „Stosch" nach Marokko geschickt, um dort die Entschädigung für die Ermordung zweier deutscher Kaufleute durchzusetzen. Im Oktober 1896 brachte der Ungeschützte Kreuzer „Seeadler" (Kdt. Korvettenkapitän Coerper, der spätere Admiral) den in das deutsche Konsulat geflüchteten Thronprätendenten von Sansibar nach Daressalam in Sicherheit.

Das wichtigste Ereignis in diesen Jahren aber war neben der Inbesitznahme von Helgoland am 10. August 1890 die Erwerbung von Kiautschou, die sich unter maßgeblicher Beteiligung der Marine im November 1897 vollzog. An dieser Aktion war das Kreuzergeschwader unter Vizeadmiral v. Diederichs beteiligt, das später noch durch ein weiteres Geschwader unter dem Kommando des Konteradmirals Prinz Heinrich v. Preußen, dem Bruder Kaiser Wilhelms II., verstärkt wurde. Mit dieser Erwerbung erhielt die Flotte auch auf dem ostasiatischen Festland einen Stützpunkt, der besonders dem Kreuzergeschwader in den nächsten Jahren einen wesentlichen Rückhalt bot.

Aber auch Einheiten und Verbände der heimischen Seestreitkräfte haben in den ersten Jahren nach dem Regierungsantritt Kaiser Wilhelms II. die Flagge in verschiedenen Häfen der Nordsee und der Ostsee gezeigt. Sie begleiteten dabei den Kaiser auf seinen ersten Antrittsbesuchen bei den Staatsoberhäuptern befreundeter Länder. So waren das Manövergeschwader unter Konteradmiral Knorr und das Schulgeschwader unter Konteradmiral v. Kall mit in Kronstadt, Stockholm und Kopenhagen. Das Manövergeschwader unter Konteradmiral v. Kall begleitete im Juli 1889 den auf der Yacht „Hohenzollern" eingeschifften Kaiser auf seiner ersten Reise nach England. Im Herbst 1889 ging das gleiche Geschwader ins Mittelmeer und auf der Rückreise nach Vendig.

Leider blieb die Flotte auch in den Jahren von 1889 bis 1897 nicht von schweren Unfällen verschont.

Weitere Schiffsverluste bis 1897

Während der Samoa-Unruhen in den Jahren 1888/89 hatten neben Deutschland auch die Vereinigten Staaten und England mehrere Kriegsschiffe in den dortigen Gewässern stationiert. Anfang März 1889 lagen aus diesem Anlaß im Hafen von Apia die Korvette „Olga" (Kdt. Korvettenkapitän Frhr. v. Ehrhardt) und die Kanonenboote „Eber" (Kdt. Kapitänleutnant Wallis) und „Adler" (Kdt. Kapitänleutnant Fritze) sowie der englische Kreuzer „Calliope" und die amerikanischen Kriegsschiffe „Vandalia", „Trenton" und „Nipsic" vor Anker. Am 14. März verschlechterte sich das Wetter zusehends und wuchs sich rasch zum Orkan aus. Obwohl alle Schiffe beschleunigt Dampf aufmachten, um noch rechtzeitig aus dem engen Fahrwasser herauszukommen und die freie See zu gewinnen, gelang dies nicht mehr. Die „Eber" wurde auf ein Riff geworfen und ging mit fast der ganzen Besatzung verloren. Lediglich ein Offizier und 9 Mann konnten sich auf Land retten. Ein ähnliches Schicksal traf das Kanonenboot „Adler". Die Korvette „Olga" kollidierte mit den treibenden amerikanischen Schiffen „Vandalia" und „Nipsic" und wenig später auch noch mit der „Trenton". Alle drei amerikanischen Schiffe gingen verloren, jedoch gelang es dem Kommandanten der „Olga" noch in letzter Minute, sein Schiff trotz schwerer Beschädigungen auf Strand zu setzen. Insgesamt fanden bei diesem Unglück 3 Offiziere, 1 Arzt, 1 Zahlmeister und 88 Mann den Seemannstod.

Sehr schwer wog auch der Verlust des Kanonenbootes „Iltis"
(Kdt. Kapitänleutnant Braun), das im Juli 1896 in einem Orkan
vor Kap Schantung von riesigen Wellen überrollt wurde und
in zwei Teile zerbrach. Von der Besatzung konnten nur 13 Mann
gerettet werden. Der Kommandant und sämtliche Offiziere gingen mit der „Iltis" unter.

Außer diesen größeren Schiffen, die im Ausland verlorengingen, hatte auch die Heimatflotte den Verlust von drei Torpedobooten zu beklagen. Im August 1895 kenterte bei schwerem
Sturm vor Skagen das Torpedoboot „S 41" (Kdt. Leutnant zur
See Langemak). Das gleiche Schicksal traf im September 1897 in
der Elbmündung das Torpedoboot „S 28" (Kdt. Herzog Friedrich Wilhelm v. Mecklenburg-Schwerin). Schließlich kollidierten
noch im März 1896 die beiden Torpedoboote „S 46" und „S 48"
auf der Jade, wobei „S 48" infolge schwerer Beschädigungen
sank.

AUF DEM WEG ZUR SCHLACHTFLOTTE

Tirpitz wird Staatssekretär des Reichs-Marine-Amtes

Am 18. Juni 1897 ernannte Kaiser Wilhelm II. den damaligen Konteradmiral Alfred Tirpitz zum Staatssekretär des Reichs-Marine-Amtes. Damit setzte eine völlig neue Epoche in der Geschichte der deutschen Flotte ein, in der sie in der Folge zur zweitstärksten Seemacht der damaligen Welt werden sollte.

Tirpitz war vor seiner Berufung zum Staatssekretär Chef des Kreuzergeschwaders in Ostasien gewesen. Bei der Erwerbung von Kiautschou hatte er eine führende Rolle gespielt. Er hatte in dieser Tätigkeit auch die Bedeutung Englands als der führenden Seemacht aus eigener Anschauung kennengelernt. Dies mag für seine Gedanken über die künftige Planung der deutschen Flotte wegweisend gewesen sein. Man hat den späteren Großadmiral oft als den *Baumeister* der Flotte des Kaiserreiches bezeichnet und ihn als den alleinigen Schöpfer dieser Flotte bewertet. Aber seine Bewunderer vergaßen dabei vielleicht doch, daß zu einem solchen Werk nicht nur ein Baumeister, sondern auch ein *Bauherr* gehört. Dieser *Bauherr* war, da es die damalige politische Führung des Reiches nicht sein wollte oder konnte, der *Kaiser*. Ohne die großartige Leistung des Großadmirals zu verkleinern, erfordert die Gerechtigkeit doch die Feststellung, daß sie ihm wohl kaum in dem späteren Umfange gelungen wäre, wenn er nicht der Unterstützung und der politischen Einsicht des Kaiser gewiß gewesen wäre.

Tirpitz ging sofort nach seiner Amtsübernahme mit voller Energie an die Arbeit. Ihm kam es zunächst in erster Linie darauf an, ein festes Fundament für den künftigen Aufbau der Flotte zu schaffen. Seit dem Jahre 1873, in dem der damalige Chef der Admiralität, Admiral v. Stosch, dem Reichstag einen Plan für den Ausbau der Flotte vorgelegt hatte, war kein eigentliches Bauprogramm mehr aufgestellt worden. Wohl hatte sein Nachfolger, der General v. Caprivi, zu Ende seiner Amtszeit im Jahre 1887 gewisse Nachträge, wie die Verstärkung der Panzerflotte, eingebracht, aber etwas wirklich Richtungweisendes war nicht geschehen. Die Flotte hatte quasi von der Hand in den Mund gelebt. Tirpitz ließ im Reichs-Marine-Amt sofort den Entwurf für ein neues Flottenbauprogramm erarbeiten, dessen Hauptziel es war, anstelle der bisherigen Handhabung einen gesetzmäßig sichergestellten Ausbau der Flotte zu gewährleisten. Das sollte dadurch erreicht werden, daß die Mittel für den Aufbau der Flotte künftig nicht mehr in jedem Jahr vom Reichstag neu bewilligt werden mußten. Auch sollte ein bestimmtes Dienstalter für jede Schiffsgattung festgelegt werden, nach dessen Ablauf das betreffende Schiff als überaltert nach Möglichkeit außer Dienst zu stellen war. Im großen und ganzen bedeutete das 1. Flottengesetz vom Jahre 1898 noch keineswegs die Schaffung einer Hochsee-Flotte, vielmehr sollte sich der Schiffsbestand in dem Rahmen halten, der den begrenzten Aufgaben der Flotte auch schon bisher gestellt war.

Der Gesetzentwurf wurde nach Billigung durch das Reichskabinett schon im Dezember 1897 den zuständigen Ausschüssen des Reichstages zur Beratung zugeleitet und bei dieser Gelegenheit auch vom Reichskanzler eingehend begründet. Vorher aber schon hatte das Reichs-Marine-Amt auf Anweisung von Tirpitz eine rege Propaganda für den Aufbau der Flotte entfaltet. Sie wurde verstärkt durch die Mitarbeit verschiedener neugegründeter Verbände und Vereine, die ihre Aufgabe darin sahen, dem Volk die Notwendigkeit einer deutschen Wehr zur See deutlich zu machen.

Schon kurz nach seiner Amtsübernahme hatte Admiral Tirpitz innerhalb seines Geschäftsbereiches ein *Nachrichtenbüro* errichtet, zu dessen Leiter der Korvettenkapitän v. Heeringen, der spätere Admiralstabschef, bestellt wurde. Als Mitarbeiter wurden zwei Kapitänleutnants (Eckermann und Boedicker) sowie ein Beamter des RMA kommandiert. Zu ihnen traten im Laufe der Zeit noch mehrere sachkundige zivile Mitarbeiter. Aufgabe dieses Nachrichtenbüros sollte es sein, einmal durch eigene Beiträge oder durch die Unterstützung geeigneter Aufklärungsmittel die Bedeutung deutscher Seegeltung und damit die Notwendigkeit einer Flotte der Öffentlichkeit nahezubringen, zum anderen Verbände oder Vereine zu fördern, die sich dieser Aufgabe widmen wollten. Die Tätigkeit dieses Büros ist am ehesten mit derjenigen zu vergleichen, die später auch den Marine-Pressestellen im Reichswehrministerium und Reichskriegsministerium in den Jahren zwischen 1920 und 1938 zufiel. Das Nachrichtenbüro gab u. a. den *Nautikus* heraus, das auch heute noch bestehende Jahrbuch für Seefahrt und Weltwirtschaft, das schließlich internationalen Ruf erwarb. Ferner wurden die Universitäten und bekannte Wissenschaftler in die Mitarbeit eingespannt. Mit den führenden Zeitungen wurde eine enge Verbindung angeknüpft. Das Nachrichtenbüro veröffentlichte auch eigene Denkschriften, die sich natürlich in erster Linie mit der Propaganda für die Flottengesetze, aber auch mit allgemeinen internationalen Fragen maritimer Bedeutung befaßten.

Eine besondere Aufgabe fiel dem Büro schon anläßlich der Besetzung des Kiautschou-Gebietes 1897 zu, deren Bedeutung der Bevölkerung durch die Presse verständlich gemacht wurde. Dem Reichstag wurden ferner zwei Denkschriften zugeleitet, die sich eingehend mit der wirtschaftlichen Notwendigkeit einer deutschen Flotte beschäftigten. Auf diese und andere Weise wurden auch die Hanse- und Seestädte, die Industrie und natürlich auch die verschiedenen Marinevereine über die Planungen des Reichs-Marine-Amtes unterrichtet und an einer Mitarbeit interessiert.

Nach Annahme des 1. Flottengesetzes wurde das Nachrichtenbüro zu einem Referat der Zentralabteilung des Reichs-Marine-Amtes umgewandelt. Chef blieb der inzwischen zum Kapitän zur See aufgerückte bisherige Leiter. Die eigentliche Werbetätigkeit wurde weitgehend abgeblasen, dagegen wurde die Zusammenarbeit mit der Presse weiter beibehalten und daneben alles unterstützt, was dem Interesse an der Kriegsmarine dienlich sein konnte.

Trotz der regen Propaganda und der keinesfalls überhöhten Forderungen für die Flotte ging das Gesetz nicht reibungslos über die Bühne des Reichstages. Gegen seine Annahme wandte sich neben der Sozialdemokratie besonders die Freisinnige Partei unter Führung des Abgeordneten Eugen Richter. Die Sozialdemokraten bemängelten die nach ihrer Ansicht damit dem Volk erneut aufgebürdeten hohen Lasten. Daneben spielte ihr grundsätzlicher Gegensatz zum Kaiser eine besondere Rolle. „Einem solchen System des persönlichen Regiments auch nur einen Mann oder einen Groschen zu bewilligen", erklärte der Sprecher der Sozialdemokraten in der Begründung der ablehnenden Stellungnahme seiner Fraktion, „ist der schwerste Frevel an den Lebensinteressen des arbeitenden Volkes". Nicht weniger scharf drückte sich der Abgeordnete Richter aus, wenn er in diesem Zusammenhang sogar von „uferlosen Flottenplänen" sprach. Das aber gerade konnte man bei diesem Gesetz weder dem Kaiser noch Tirpitz vorwerfen.

Im Gegensatz zu diesen beiden Parteien sprachen sich die Nationalliberalen und die Konservativen *für* das Gesetz aus. Den Ausschlag gab dann das Zentrum, dessen Sprecher, der Abgeordnete Dr. Lieber, den Vorwurf zurückwies, daß der Reichstag noch an die frühere Denkschrift des Admirals v. Stosch gebunden sei. Die Zeiten hätten sich seitdem grundlegend geändert. Gegenwärtig sei für die weltpolitische Stellung eines Staates in erster Linie die Stärke seiner Verteidigungskraft das Entscheidende.

Nach weiteren Beratungen in einer besonders hierfür gebildeten Kommission wurde das 1. Flottengesetz schließlich in dritter Lesung am 28. März 1898 vom Reichstag mit 212 gegen 139 Stimmen angenommen und am 10. April des gleichen Jahres im Reichsanzeiger verkündet, nachdem auch der Bundesrat seine Zustimmung gegeben hatte.

Das 1. Flottengesetz vom Jahre 1898

In seinen wesentlichen Punkten bestimmte das Gesetz, daß die Flotte neben einer Materialreserve von 2 Linienschiffen, 3 Großen und 4 Kleinen Kreuzern folgende Einheiten als verwendungsbereit umfassen sollte:

    1 Flottenflaggschiff,
    2 Geschwader zu je 8 Linienschiffen,
    2 Divisionen zu je 4 Küstenpanzerschiffen.

Als Aufklärungsschiffe sollten zu dieser Heimatflotte 6 Große

15. Die Hochseeflotte läuft aus. An der Spitze das Linienschiff PREUSSEN mit der Flagge des Chefs des II. Geschwaders, Vizeadmiral Scheer.

16. Das Linienschiff POMMERN, erbaut 1906, nahm noch an der Skagerrakschlacht teil und wurde in der Nacht zum 1. 6. 1916 durch Torpedos englischer Zerstörer mit der gesamten Besatzung versenkt.

17. Großkampfschiff PRINZREGENT LUITPOLD war eines der modernsten Schiffe der Hochseeflotte. Es wurde am 21. 6. 1919 in Scapa Flow von der eigenen Besatzung versenkt.

Kreuzer und 16 Kleine Kreuzer treten. Für den Auslandsdienst waren 3 Große und 10 kleine Kreuzer vorgesehen. Man sieht hieraus, welche Bedeutung dem Auslandsdienst der Marine damals zugemessen wurde.

Von den am 1. April 1898 vorhandenen oder im Bau befindlichen Schiffen sollten auf diesen Bestand in Anrechnung kommen:

  12 Linienschiffe,
   8 Küstenpanzerschiffe,
  10 Große Kreuzer,
  13 Kleine Kreuzer.

Die Linienschiffe und die Küstenpanzerschiffe sollten nach 25 Jahren, die Großen Kreuzer nach 20 Jahren und die Kleinen Kreuzer nach 15 Jahren ersetzt werden. Die Fristen für den Ersatz überalterter Schiffe sollten vom Jahre der Bewilligung der ersten Rate des zu ersetzenden Schiffes bis zur Bewilligung der ersten Rate für das Ersatzschiff laufen. Etwaige Bewilligungen von Ersatzschiffen vor Ablauf der gesetzlichen Lebensdauer sollten durch Zurückstellung anderer Ersatzbauten ausgeglichen werden.

An Personal für die Flotte sollten vorhanden sein:
die eineinhalbfache Besatzung für die Auslandsschiffe,
die volle Besatzung für die Heimatflotte und
die Hälfte der Torpedoboote, die Schulschiffe und Spezialschiffe sowie für die Reserveformationen. Außerdem der erforderliche Landbedarf und ein Zuschlag von 5 Prozent zu dem Gesamtbedarf.

Zu den Kosten bestimmte das Gesetz, daß sie für die Dauer der nächsten sechs Jahre den Betrag von 408 900 000 Mark nicht überschreiten sollten. Die fortdauernden Ausgaben wurden als durchschnittliche Steigerung mit 4 900 000 Mark jährlich veranschlagt.

Im großen und ganzen bedeutete das Gesetz zwar eine Erhöhung des Sollbestandes gegenüber der früheren Denkschrift von Admiral v. Stosch und eine durch die Zeitumstände bedingte Weiterentwicklung der von ihm skizzierten Bauplanung. Es forderte aber nicht mehr, als für die angesichts der ständig wachsenden politischen und wirtschaftlichen Bedeutung des Reiches unerläßliche Wehrkraft zur See notwendig erschien. Praktisch bestand die aktive Heimatflotte zu dieser Zeit auch nur aus dem I. Geschwader unter Admiral Thomsen, das sich aus den vier Linienschiffen der „Brandenburg"-Klasse und einem Aviso zusammensetzte. Außerdem gab es noch eine 2. Division dieses Geschwaders aus drei älteren Linienschiffen und einem Aviso unter dem Befehl von Admiral Prinz Heinrich v. Preußen. Die übrigen vorhandenen Einheiten befanden sich in der Reserve. Daneben stand eine größere Zahl von Kreuzern im Auslandsdienst.

Die Flotte um die Jahrhundertwende

Im Jahre 1900 wurden die im aktiven Dienst befindlichen Linienschiffe zu einer „Übungsflotte" zusammengefaßt. Diese bestand zunächst aus dem I. Geschwader mit vier Schiffen der „Brandenburg"-Klasse und je zwei Schiffen der „Kaiser"- bzw. „Sachsen"-Klasse. Hinzu kamen als II. Geschwader sechs Küstenpanzerschiffe der „Siegfried"-Klasse. Flottenchef und Chef des I. Geschwaders war Admiral v. Koester, Chef des II. Geschwaders Admiral v. Arnim. Einen Aufklärungsverband gab es noch nicht, seine Aufgaben übernahmen vorerst mehrere Avisos und Tender. In den Jahren 1901 und 1902 nahm die Übungsflotte an Stärke zu. Sie bestand zuletzt aus fünf Einheiten der „Kaiser"-Klasse und drei Schiffen der „Brandenburg"-Klasse. Flottenchef war weiterhin Admiral v. Koester, der aber das Kommando über das I. Geschwader an Admiral Prinz Heinrich v. Preußen abgetreten hatte. Das II. Geschwader setzte sich aus zwei Schiffen der „Sachsen"-Klasse und vier Küstenpanzerschiffen zusammen. Die 1900 zum I. Geschwader gehörenden vier Linienschiffe der „Brandenburg"-Klasse waren unter dem Kommando von Admiral Geißler anläßlich der China-Unruhen nach Ostasien entsandt worden. Auch ein Aufklärungsverband, bestehend aus den Großen Kreuzern „Prinz Heinrich" und „Victoria Luise" sowie vier Kleinen Kreuzern war zur Übungsflotte getreten. Im Jahre 1903 wurden die drei Linienschiffe der „Brandenburg"-Klasse durch drei Einheiten der neuen „Wittelsbach"-Klasse ersetzt.

Während die Übungsflotte im Herbst zu ständigen Manövern zusammengezogen wurde, kam auch den Auslandsschiffen eine rege Tätigkeit zu. Als in China Anfang 1900 der Boxerkrieg ausbrach, befand sich in den dortigen Gewässern zunächst nur das Kreuzergeschwader unter Vizeadmiral Bendemann, das sich aus den Großen Kreuzern „Hertha" (Kdt. Kapitän zur See v. Usedom), „Hansa" (Kdt. Kapitän zur See Pohl), den Kleinen Kreuzern „Irene" (Kdt. Fregattenkapitän Stein) und „Gefion" (Kdt. Fregattenkapitän Rollmann), sowie dem Kanonenboot „Iltis" (Kdt. Korvettenkapitän Lans) zusammensetzte. Später traten noch der Große Kreuzer „Fürst Bismarck" und der Kleine Kreuzer „Hela" hinzu. Da die Lage in Tientsin für die europäischen Staatsangehörigen sehr bald eine gefährliche Wendung nahm, wurde zu ihrem Entsatz ein internationales Landungskorps unter dem Befehl des englischen Admirals Seymour aufgestellt, dem auch ein deutsches Detachement unter dem Kommandanten der „Hertha", Kapitän zur See v. Usedom, angehörte. Nach heftigen Kämpfen, in deren Verlauf auch Tientsin erobert wurde, konnte das internationale Landungskorps schließlich im Juli 1900 wieder aufgelöst werden. In den einzelnen Gefechten hatte sich das deutsche Detachement besonders ausgezeichnet. Aus dieser Zeit stammt auch der bekannte Ruf „The Germans to the Front". Vorher schon hatten mehrere Kanonenboote der internationalen Seestreitkräfte die den Weg nach Peking versperrenden Taku-Forts niedergekämpft. Hierbei hatte sich besonders SMS „Iltis" unter seinem Kommandanten Korvettenkapitän Lans ausgezeichnet. Im August 1900 fiel Peking, wobei die dort blockierten Gesandtschaften endlich befreit wurden. Inzwischen waren auch die deutschen Seestreitkräfte in Ostasien erheblich verstärkt worden. Zu dem Kreuzergeschwader war im Sommer 1900 noch die aus der Heimat nach China entsandte 1. Division des I. Geschwaders, bestehend aus vier Linienschiffen der „Brandenburg"-Klasse sowie den Kreuzern „Fürst Bismarck", „Hela", „Schwalbe", „Bussard" und „Geier", gekommen, deren Teilnahme an der internationalen Blockade der chinesischen Küsten wesentlich zur Beendigung der Kämpfe beitrug.

Im Jahre 1902 mußten erneut mehrere Auslandsschiffe bei

Unruhen in Haiti und Venezuela eingreifen, bei denen deutsche Staatsangehörige schwere Schäden erlitten hatten. Dabei versenkte das Kanonenboot „Panther" (Kdt. Korvettenkapitän Eckermann) auf der Reede von Gonaives den haitanischen Kreuzer „Crète-à-Pierrot", der einen deutschen Dampfer beschlagnahmt hatte. In Venezuela mußten deutsche Schiffe gemeinsam mit englischen Kreuzern eingreifen, um die Bezahlung von Schulden an Kaufleute beider Staaten zu sichern. Infolge des Widerstandes der venezolanischen Regierung mußte zeitweilig sogar ein ganzes Geschwader gebildet werden, dem die Kreuzer „Vineta". „Gazelle", „Panther", „Falke", „Sperber" sowie die Schulschiffe „Stosch" und „Charlotte" angehörten. Die von deutschen und englischen Kriegsschiffen eingerichtete Blockade der venezolanischen Küsten und Häfen konnte erst Anfang 1903 aufgehoben werden.

Einen schweren Verlust erlitt die Flotte im Dezember 1900, als auf der Reede von Malaga das dort liegende Schulschiff „Gneisenau" in einem plötzlich aufkommenden Sturm auf die Mole geworfen wurde und strandete. Dabei fanden mit dem Kommandanten Kapitän zur See Kretzschmann und dem Ersten Offizier der „Gneisenau", Kapitänleutnant Berninghaus, 38 Mann der Besatzung den Seemannstod. Im September 1901 ging der Aviso „Wacht" vor Rügen nach einer Kollosion mit dem Linienschiff „Sachsen" verloren.

Die Zerschlagung des Oberkommandos

Noch ehe Tirpitz im Reichstag sein 2. Flottengesetz einbrachte, vollzog sich, sehr wesentlich von ihm bestimmt, erneut eine Änderung in der Organisation der Marine. Seit seiner Berufung zum Staatssekretär des Reichs-Marine-Amtes hatten sich die Meinungsverschiedenheiten zwischen diesem Amt und dem Oberkommando wesentlich verschärft. Sie waren nicht zuletzt auch im Persönlichen begründet, da der Kommandierende Admiral v. Knorr, der 1892 als Chef der Marinestation der Ostsee der direkte Vorgesetzte des damaligen Kapitäns zur See Tirpitz gewesen war, nicht der Mann war, der sich an die Wand drücken ließ. In diesem Kampf siegte schließlich Tirpitz.

Am 10. März 1899 hatte Tirpitz Kaiser Wilhelm II. auf dessen Wunsch Vorschläge für eine Neuorganisation der Spitzengliederung der Marine vorgelegt. In ihnen vertrat er die Ansicht, daß es nach Schaffung der Flottentaktik nunmehr die Aufgabe sei, die neue Flotte nach Maßgabe der Flottengesetze zu bauen. Diese Aufgabe könne nur dem Reichs-Marine-Amt zufallen. Es sei auch notwendig, daß der Kaiser als Oberster Befehlshaber der Armee im Kriegsfalle auch die Entscheidungen für den Einsatz der Flotte treffe. Damit sei das Oberkommando überflüssig. Auf diesen Gedankengängen fußte die Kaiserliche Order vom 14. März 1899, die für die künftige Entwicklung der Marine von ausschlaggebender Bedeutung war. Ihre wichtigsten Bestimmungen waren folgende:

1. Das Oberkommando der Marine wurde aufgelöst.

2. Die bisherige Admiralstabs-Abteilung im Oberkommando wurde zu einer Immediatbehörde unter der Bezeichnung „Admiralstab der Marine" umgestaltet. In ihr sollten außer den Admiralstabsgeschäften die militärpolitischen Angelegenheiten aller Auslandsschiffe bearbeitet werden. Alle übrigen Abteilungen des Oberkommandos wurden aufgelöst.

3. Dem Kaiser als Oberbefehlshaber der Marine wurden unmittelbar unterstellt:
Die Chefs der Marinestationen der Ostsee und der Nordsee,
Der Inspekteur des Bildungswesens der Marine,
Der Chef des I. Geschwaders,
Der Chef des Kreuzergeschwaders,
ferner die Kommandanten aller selbständig im Ausland wirkenden Einheiten der Flotte, denen der Kaiser künftig seine Befehle über den Chef des Admiralstabes zuleiten sollte.

Der Kaiser behielt sich in dem Erlaß ferner die Ernennung eines Generalinspekteurs der Marine vor, dem er seine Befehle für Inspizierungen jeweils zugehen lassen wollte.

Nach Ausbruch der Mobilmachung sowie jährlich für die Dauer der Herbstmanöver sollte ein Flottenchef ernannt werden.

Die verschiedenen Waffen-Inspektionen wurden den Chefs der beiden Marinestationen unterstellt, die auch für die Mobilmachung zuständig waren.

Die Kommandierungen aller Seeoffiziere und Offiziere der Marineinfanterie sollten durch den Kaiser über das Marinekabinett ausgesprochen werden.

Zum Generalinspekteur der Marine wurde gleichzeitig der Chef der Marinestation der Ostsee, Admiral Koester, unter Belassung in seiner bisherigen Dienststellung ernannt. Zum Chef des Admiralstabes avancierte der bisherige Chef des Stabes des Oberkommandos, Konteradmiral Bendemann.

Der Kommandierende Admiral v. Knorr erhielt den Abschied.

Mit dieser Neuorganisation hatte Tirpitz sein Ziel, die Schlachtflotte nach seinen Plänen zu bauen, erreicht. Aus einer Zweiteilung der Befehlsbefugnisse war aber nunmehr eine Vielheit von Immediatstellen geworden, die dem Kaiser unterstellt waren. Unter ihnen hatte das Reichs-Marine-Amt zweifelsohne den Vorrang.

Tirpitz hatte bei dieser von ihm veranlaßten Neuordnung gegenüber seinen früheren Ansichten eine genaue Kehrtwendung vollzogen, denn noch 1892 hatte er sich besonders für eine Stärkung der Stellung des Oberkommandos eingesetzt. Jetzt sollte der Kaiser die oberste Entscheidung und auch die Führung des Seekrieges haben. Damit war der Monarch ohne Zweifel überfordert. Es wäre anders gewesen, wenn er in dem Admiralstab die Stütze gehabt hätte, die der Generalstab dem Obersten Befehlshaber bot. Tatsächlich aber hat der Admiralstab niemals eine solche Bedeutung erlangen können wie der Generalstab, dessen Fundament in seiner langjährigen Kriegserfahrung beruhte.

Das 2. Flottengesetz vom Jahre 1900

Das 1. Flottengesetz vom Jahre 1898 war auf einen Zeitraum von sechs Jahren befristet. Die Flotte sollte danach einen Bestand haben, „der den begrenzten Aufgaben entsprach, die ihr in der Nordsee und der Ostsee in einem Kriegsfalle und in Übersee gestellt waren". Es zeigte sich aber bald, daß man damit nicht auskam. Die politische Weltlage hatte sich um die Jahrhundertwende grundlegend geändert. Dem Reich waren durch die Ausdehnung seiner wirtschaftlichen Interessen wesentlich größere Aufgaben als bisher erwachsen, zu deren Schutz die

Flotte in ihrer gegenwärtigen Stärke nicht ausreichte. Deutschland rangierte damals unter den Seemächten an fünfter Stelle hinter England, Frankreich, Rußland und den Vereinigten Staaten, die sämtlich erheblich größere Flottenbauprogramme in Ausführung hatten. Schon in einem Kriegsfalle mit Frankreich und Rußland wäre die deutsche Flotte hoffnungslos unterlegen gewesen, von einem Zusammenprall mit England gar nicht zu sprechen. Tirpitz entschied sich daher zur Einbringung eines zweiten Flottengesetzes, das allerdings ganz anders aussah als das gemäßigte 1. Gesetz vom Jahre 1898. Sein Grundgedanke war, die deutsche Flotte so stark zu machen, daß ein Kampf mit ihr selbst für die stärkste Seemacht ein Wagnis sein mußte. Hier trat zum ersten Mal der sogenannte „Risiko-Gedanke" in Erscheinung. Man war sich dabei in den politischen Führungsgremien des Reiches damals auch wohl der Möglichkeit bewußt, daß die durch das Gesetz bedingte Verdoppelung der Flotte von den anderen Seemächten als eine Herausforderung aufgefaßt werden könnte. Aber man hoffte auch, daß die deutsche Absicht, diese Flotte nur zu Verteidigungszwecken zu schaffen, von ihnen anerkannt würde. Hier lag die Täuschung. In England war man sich darüber klar, welche Gefahren aus der Verwirklichung dieses Planes für die eigene Seemachtsstellung zwangsläufig erwachsen mußten.

Das 2. Flottengesetz, das am 14. Juni 1900 vollzogen wurde, sah folgenden Schiffsbestand vor:
Die Schlachtflotte sollte bestehen aus
    2 Flottenflaggschiffen,
    4 Geschwadern zu je 8 Linienschiffen,
und 8 Großen und 24 Kleinen Kreuzern als Aufklärungsschiffe.
Für den Auslandsdienst waren vorgesehen
    3 Große Kreuzer,
  10 Kleine Kreuzer.
Hinzu kam eine *Materialreserve* von
    4 Linienschiffen,
    3 Großen Kreuzern,
    4 Kleinen Kreuzern.
Von der heimatlichen Schlachtflotte sollten dabei zwei Geschwader ständig im Dienst, die anderen beiden in der Reserve

gehalten werden. Zu Manövern sollten einzelne, außer Dienst befindliche Schiffe der Reserveflotte vorübergehend in Dienst gestellt werden. Die Bereitstellung der zur Ausführung des Gesetzes erforderlichen Mittel sollte der jährlichen Festsetzung durch den Reichshaushalt unterliegen.

Das 2. Flottengesetz vom Jahre 1900 wurde 1906 und 1908 durch je eine Novelle ergänzt. Mit der ersten Novelle wurden 6 Große Kreuzer gefordert und bewilligt, die bereits im 2. Flottengesetz in Ansatz gebracht, aber vom Reichstag gestrichen worden waren. Die wesentlichste Bestimmung der Novelle vom Jahre 1908 war die Herabsetzung der Lebensdauer der Linienschiffe von 25 auf 20 Jahre.

Den Schlußstrich unter diese Entwicklung zog schließlich die Novelle vom 27. Juni 1912, deren wichtigstes Merkmal die Aufstellung des III. Geschwaders war, das sich aus den modernsten Linienschiffen zusammensetzte.

Insgesamt sah die neue Novelle folgenden Schiffsbestand vor:

Aktive Flotte
- 1 Flottenflaggschiff,
- 3 Geschwader zu je 8 Linienschiffen,
- 8 Große Kreuzer,
- 18 Kleine Kreuzer.

Reserve-Flotte
- 2 Geschwader zu je 8 Linienschiffen,
- 4 Große Kreuzer,
- 12 Kleine Kreuzer.

Auslandsdienst
- 8 Große Kreuzer,
- 10 Kleine Kreuzer.

Wir werden später sehen, wie sich die Flotte aufgrund der Flottengesetze und der nachfolgenden Novellen bis zum Ausbruch des ersten Weltkrieges entwickelte. Zunächst sei noch der Bestand und die Tätigkeit bis zur Schaffung der „Aktiven Schlachtflotte" im Jahre 1903 kurz geschildert.

DIE AKTIVE SCHLACHTFLOTTE

Am 30. Dezember 1902 wurde die bisherige *Übungsflotte* in *Aktive Schlachtflotte* umbenannt. Gleichzeitig wurde die Befehlsstelle eines „Befehlshabers der Aufklärungsstreitkräfte" geschaffen. Damit begann ein neuer Abschnitt in der Geschichte der deutschen Flotte, der sich durch einen im Sinne der Flottengesetze verstärkten Aufbau kennzeichnete und schließlich zur *Hochseeflotte* der Kaiserlichen Marine führte.

Noch im Jahre 1902 hatte die damalige *Übungsflotte* aus dem I. Geschwader mit fünf Einheiten der (alten) „Kaiser"-Klasse und drei Schiffen der „Brandenburg"-Klasse (Stapellauf 1890 bis 1894) bestanden. Hinzu kam das II. Geschwader mit sechs Küstenpanzern der „Siegfried"-Klasse. An Aufklärungsstreitkräften waren die Großen Kreuzer „Victoria Luise" und „Prinz Heinrich" sowie vier Kleine Kreuzer vorhanden. Flottenchef und zugleich Chef des I. Geschwaders war Admiral v. Koester, Chef des II. Geschwaders Admiral v. Arnim, Befehlshaber der Aufklärungsstreitkräfte Vizeadmiral Schmidt. Das Kreuzergeschwader wurde von Vizeadmiral Geissler geführt. Im Jahre 1903 wurden die drei Schiffe der „Brandenburg"-Klasse durch drei Einheiten der neueren „Wittelsbach"-Klasse ersetzt.

Im Jahre 1904 bestand die Aktive Schlachtflotte zunächst aus dem I. Geschwader mit 4 Einheiten der (alten) „Kaiser"-Klasse und 4 Schiffen der „Wittelsbach"-Klasse, während dem II. Geschwader nur 4 Küstenpanzer angehörten. Die Aufklärungsstreitkräfte setzten sich aus den Großen Kreuzern „Prinz Heinrich" und „Friedrich Carl" sowie 6 Kleinen Kreuzern zusammen. Im Herbst traten dann zwei Schiffe der „Brandenburg"-Klasse sowie die neuen Linienschiffe „Elsaß" und „Braunschweig" hinzu. Dafür kamen die vier Küstenpanzer zur Reserveflotte. Im gleichen Jahr liefen die Linienschiffe „Lothringen" und „Deutschland", der Große Kreuzer „York" und die Kleinen Kreuzer „München" und „Lübeck" vom Stapel.

Durch die Vernichtung der russischen Flotte bei Tsuschima im Jahre 1905 war das Reich an die dritte Stelle unter den Seemächten nach England und Frankreich gerückt. Zur Aktiven Schlachtflotte traten in diesem Jahr die Linienschiffe „Hessen" und „Preußen", ferner die im Vorjahr vom Stapel gelaufenen Kleinen Kreuzer sowie 6 Torpedoboote. Flottenchef war weiter Admiral v. Koester, Chef des I. Geschwaders Vizeadmiral Graf v. Baudissin, des II. Geschwaders Vizeadmiral Fischel.

Das Jahr 1906 zeichnete sich durch besonders zahlreiche Indienststellungen und Stapelläufe aus. Zur Flotte traten die Linienschiffe „Lothringen" und „Deutschland", der Große Kreuzer (Panzerkreuzer) „Roon" und die Kleinen Kreuzer „Leipzig" und „Danzig". Vom Stapel liefen die Linienschiffe „Schlesien" und „Schleswig-Holstein", die Großen Kreuzer „Scharnhorst" und „Gneisenau", die Kleinen Kreuzer „Nürnberg" und „Stuttgart", das Vermessungsschiff „Möwe" und der Minenleger „Nautilus" sowie mehrere Torpedoboote. Für diese neuen Einheiten wurden ältere Schiffe ähnlicher Bestimmung aus den Listen gestrichen. Andere wurden Schul- oder Versuchsschiffe, wie z. B. der alte Große Kreuzer „Vineta". Flottenflaggschiff war 1906 das neue Linienschiff „Deutschland". In den obersten Kommandostellen änderte sich bis auf einen Wechsel in der Führung des Kreuzergeschwaders nichts. Vizeadmiral v. Prittwitz u. Gaffron trat zurück und wurde durch Vizeadmiral Breusing ersetzt.

Am 16. Februar 1907 wurde die *Aktive Schlachtflotte* in *Hochseeflotte* umbenannt. Sie sollte diese Bezeichnung bis zum Ausgang des Ersten Weltkrieges behalten. Seit dem Bestehen der Kaiserlichen Marine zu Anfang der siebziger Jahre war dies die siebte Umbenennung der Heimatflotte. Vom *Panzergeschwader* des Jahres 1873 führte der Weg über das *Übungsgeschwader* (1880), das *Manövergeschwader* (1880–1894), das *I. Geschwader* (1896/97), die *Übungsflotte* (1900/02), zu der 1903 gebildeten *Aktiven Schlachtflotte*, die kaum vier Jahre bestanden hatte.

Schon diese Benennungen kennzeichneten den Weg, den die Flotte in den vergangenen 34 Jahren genommen hatte. Sie machten auch deutlich, daß die Flotte aus dem Rahmen der reinen Küstenverteidigung gelöst worden war und im Verteidigungsfalle auch zum Kampf auf hoher See bereitstehen sollte.

Erster Chef der *Hochseeflotte* wurde der Bruder Kaiser Wilhelms II., Admiral Prinz Heinrich v. Preußen. Wieder stand damit ein Prinz aus dem deutschen Herrscherhaus an der Spitze der Flotte.

Chef des I. Geschwaders war zu dieser Zeit Vizeadmiral v. Holtzendorff, Chef des II. Geschwaders Vizeadmiral v. Fischel, Befehlshaber der Aufklärungsstreitkräfte Konteradmiral Pohl, Chef des Kreuzergeschwaders Konteradmiral Coerper.

Von Bedeutung war ferner, daß zum Chef des Marinekabinetts anstelle des zurückgetretenen Admirals v. Senden-Bibran dessen bisheriger Vertreter Konteradmiral v. Müller ernannt worden war.

GROSSADMIRAL VON KOESTER

Mit der Ernennung des Prinzen Heinrich zum Chef der neuen Hochseeflotte trat der langjährige Flottenchef, Großadmiral v. Koester, in den Ruhestand. Mit ihm schied der Flaggoffizier aus dem aktiven Dienst, dessen Wirken der Flotte jahrelang ihren Stempel aufgeprägt hatte. Sein Name ist als der des „Exerzier- und Zuchtmeisters" der deutschen Flotte in die Geschichte der Kaiserlichen Marine eingegangen.

Hans v. Koester war 1859 im Alter von 15 Jahren als Volontärkadett und Offizieranwärter in die damalige Kgl. Preußische Marine eingetreten. Die jungen Kadetten wurden zunächst auf einem Schulschiff eingeschifft und erst „nachdem sie sich während einer Probefahrt bewährt hatten", zum Besuch des Seekadetten-Instituts zugelassen. Es war ein harter und beschwerlicher Dienst, dem sich Koester genau wie seine Jahrgangskameraden unterziehen mußte. Aber er stand ihn eisern durch und rückte auch schnell in leitende Stellungen auf. Bereits im Alter von 30 Jahren war der damalige Kapitänleutnant Koester Kommandant der Schiffsjungen-Schulbrigg „Undine", die gemeinsam mit der Brigg „Rover" (Kapitänleutnant Schering) eine 15monatige Ausbildungsreise nach Nord- und Südamerika absolvierte. Im Jahre 1882 wurde Koester als Kapitän zur See Chef des Stabes der damaligen *Manöverflotte* unter Konteradmiral Knorr. 1896 wurde er als Vizeadmiral Chef des I. Geschwaders, aus dem später die *Übungsflotte* bzw. die *Aktive Schlachtflotte* hervorging. Zugleich war er Chef der Marinestation der Ostsee. Als die Aktive Schlachtflotte im Jahre 1903 gebildet wurde, war Koester als Admiral ihr erster Befehlshaber. Es war sein uneingeschränktes Verdienst, daß diese Flotte zu einem schlagkräftigen und taktisch erstklassigen Kampfinstrument erzogen wurde. Seit 1899 war Koester auch Generalinspekteur der Marine und leitete in seiner gleichzeitigen Stellung als Flottenchef mehrere Jahre lang die Herbstübungen der Flotte. Der Geist, den er allen ihm

unterstellten Besatzungen einzuflößen verstand, hat sich im Ersten
Weltkrieg auf der Hochsee-Flotte und allen Auslandsschiffen
bewährt. Nur der unerbittlichen, aber verständnisvollen Führung und Energie des inzwischen zum ersten deutschen Großadmiral der Kaiserlichen Marine beförderten Flottenchefs war
es zu verdanken, wenn sich damals alle Einheiten und Besatzungen der Flotte bei Coronel und bei den Falkland-Inseln, in der
Seeschlacht vor dem Skagerrak und in zahllosen Einzelkämpfen
ausgezeichnet schlugen und oftmals auch überlegenen gegnerischen Streitkräften gewachsen zeigten. Großadmiral v. Koester
war im Dienst gegen sich selbst und jeden ihm unterstellten Angehörigen der Flotte, vom Kommandanten bis zum jüngsten Matrosen, unerbittlich und hart, aber stets gerecht, dabei von einem
Humor und Sarkasmus, der alle Schärfen auszugleichen wußte.
Von ihm ist eine Vielzahl von Anekdoten überliefert, die besonders seine schonungslose Kritik nach Manövern bewiesen.
Hier seien nur zwei erwähnt:

Der Großadmiral besichtigte einstmals ein „Dickschiff", wobei
er von den Leistungen der Besatzung aber keineswegs befriedigt
war. Er unterdrückte während der Besichtigung jede Rüge, begann aber dann seine Kritik mit folgenden Worten:

„Meine Herren! Am besten hat mir an diesem Schiff die Aus-
sicht vom achteren Turm gefallen." Es bedarf nach dieser Bemer-
kung keiner weiteren Beschreibung mehr, wie er den Rest zer-
pflückte.

Aber Koester konnte auch loben. Dafür ein anderes Beispiel:
Diesmal war ein kleineres Schiff das Opfer seiner Inspektion.
Alles hatte vorzüglich geklappt und der Großadmiral erkannte
das auch ohne Einschränkung an. Nun war er aber, wie das
bei ihm üblich war, ohne vorherige Anmeldung an Bord erschienen und dem Kommandanten kam das Erscheinen des ge-
fürchteten Flottenchefs so unvermutet, daß er sich bei der Anmeldung von der Annäherung des Admiralbootes noch eben
schnell in Schale werfen konnte. Zum Rasieren blieb ihm aber
keine Zeit mehr. Koester unterstrich seine Zufriedenheit zunächst
mit lobenden Worten, wollte es aber nicht unterlassen, dem jungen Kommandanten für die Zukunft noch eine kleine Lehre mit
auf den Weg zu geben:

„Meine Herren! Ich bin zufrieden mit dem, was ich auf Ihrem Schiff gesehen habe. Ich bedaure es aber nur, daß die Besichtigung nicht mit dem Rasiertag des Herrn Kommandanten zusammenfiel." (Einen Elektro-Rasierapparat gab es damals leider noch nicht . . .)

In seiner Erscheinung war der Großadmiral der typische Seemann, der noch auf Segelschiffen gefahren war. Sein frisches rotes und von Wind und Wetter gegerbtes Gesicht wies ihn als alten Fahrensmann aus. Berühmt und gefürchtet war seine rasche Beobachtungsgabe, die keine Mängel übersah und bei der er das rechte Auge leicht zukniff. Seine hohen Leistungen bei der Ausbildung der Flotte wurden auch von maßgebenden Flaggoffizieren der anderen Marinen anerkannt. So sagte ihm einmal nach einer Flottenübung der als Gast teilnehmende englische Flottenchef: „Wenn die englische Flottenleitung das von den Besatzungen Seiner Majestät Schiffe fordern würde, was Sie als deutscher Flottenchef Ihren Besatzungen zumuten und was auch für die Gefechtsbereitschaft der Schiffe durchaus erforderlich ist, dann würde sich der Dienst in der englischen Flotte bald keiner großen Beliebtheit mehr erfreuen."

Dieses Zeugnis des Chefs der damals noch stärksten Marine der Welt war vielleicht die größte Anerkennung für die deutsche Flotte und ihren „Exerziermeister".

Auch nach seinem Rücktritt war Großadmiral v. Koester noch jahrelang als Präses des Deutschen Flottenvereins für die Hebung und Förderung des deutschen Seegedankens tätig. Im Ersten Weltkrieg übernahm er wegen seines hohen Alters kein Kommando mehr. Er hatte aber noch die Genugtuung, die Bewährung der von ihm geschulten Flotte in der Skagerrakschlacht zu erleben. Aber ihm blieb auch der Schmerz nicht erspart, Zeuge des Niedergangs der Flotte im Jahre 1918 zu werden.

Am 21. Februar 1928 schloß Großadmiral v. Koester seine Augen für immer.

DIE HOCHSEEFLOTTE

Der Aufstieg zur zweitstärksten Seemacht

Die Geschichte der *Hochseeflotte* umfaßt die Jahre 1907 bis 1918, also den knappen Zeitraum von elf Jahren. In dieser Zeit wuchs die Flotte, geformt durch die Flottengesetze von 1898 und 1900 und fortgebildet durch die Novellen von 1906, 1908 und 1912, zur zweitstärksten Seemacht der Welt. Wir werden später in einem besonderen Kapitel darauf eingehen, wie weit nach dem Urteil der Zeitgenossen und der Geschichte der deutsche Flottenbau zu einer der Ursachen des Ersten Weltkrieges geworden ist.

Im Jahre 1907 umfaßte der gesamte Schiffsbestand der deutschen Flotte folgende Einheiten:

- 22 Linienschiffe,
- 8 Küstenpanzerschiffe,
- 8 Panzerkreuzer,
- 28 Geschützte Kreuzer,
- 8 Kanonenboote,
- 83 Große Torpedoboote,
- 73 Kleine Torpedoboote.

Im Bau waren 9 Linienschiffe, 3 Panzerkreuzer, 6 Geschützte Kreuzer und 12 Torpedofahrzeuge. Für den beginnenden Bau von Unterseebooten waren im Etat für 1908 weitere Mittel zu Versuchen und zur Beschaffung bewilligt worden.

Die *Hochseeflotte* war wie folgt gegliedert:

I. Geschwader: 4 Linienschiffe der „Wittelsbach"-Klasse und 4 Linienschiffe der „Kaiser"-Klasse, Tender „Blitz",

II. Geschwader: 5 Linienschiffe der „Braunschweig"-Klasse und 3 Linienschiffe der „Deutschland"-Klasse, Tender „Pfeil",

Aufklärungsschiffe: 4 Panzerkreuzer und 6 Kleine Kreuzer.

Das Kreuzergeschwader bestand aus dem Großen Kreuzer „Fürst Bismarck" und den Kleinen Kreuzern „Leipzig", „Niobe" und „Arcona".

Chef der *Hochseeflotte* war Admiral Prinz Heinrich v. Preußen, unter dem das I. Geschwader von Vizeadmiral v. Holtzendorff und das II. Geschwader von Vizeadmiral v. Fischel geführt wurden. Befehlshaber der Aufklärungsstreitkräfte war Konteradmiral Pohl, Chef des Kreuzergeschwaders Konteradmiral Coerper.

Die Chefs der Marinestationen waren Vizeadmiral v. Prittwitz u. Gaffron (Ostsee) und Vizeadmiral v. Bendemann (Nordsee). Chef des Admiralstabes war Konteradmiral Büchsel und Chef des Marinekabinetts Konteradmiral v. Müller.

Das Jahr 1908 brachte die Annahme der neuen Flottennovelle, mit der die Lebensdauer der Linienschiffe von 25 auf 20 Jahre herabgesetzt wurde. Von besonderer Wichtigkeit war, daß in Beantwortung des von England aufgenommenen *Dreadnought*-Baues die anderen Seemächte entgegen der Ansicht der englischen Admiralität auf diesem Wege folgten. Mit dem Bau der „Dreadnought" war die bisherige Größe der Linienschiffe sprunghaft auf über 20 000 t gestiegen. Zugleich hatte sich die Zahl der schweren Geschütze von 30,5 cm mehr als verdoppelt. Im Jahre 1907 hatte England auch den ersten Schlachtkreuzer der „Invincible"-Klasse (20 300 t − 8:30,5 cm − 26,5 kn) auf Stapel gelegt. England hatte gehofft, sich angesichts der hohen Kosten dieser Steigerungen den Vorsprung auf See bewahren zu können. Aber Deutschland folgte bereits 1908 mit den ersten Großkampfschiffen der „Nassau"- und der „Ostfriesland"-Klasse nach. Die USA ließen ebenfalls mehrere Großkampfschiffe ähnlicher Größe und gleichen Kalibers zu Wasser und wenig später folgten auch Frankreich und Italien auf diesem Wege.Damit begann das große Wettrüsten zur See, das bis 1914 andauerte. Die *Hochsee-Flotte* wurde 1908 durch die beiden letzten Einheiten der „Deutschland"-Klasse, „Schleswig-Holstein" und „Schlesien" verstärkt. Dafür wurden zwei „Kaiser"-Schiffe außer Dienst gestellt. Für „Friedrich Carl" kam „Gneisenau". Auch der Kleine Kreuzer „Frauenlob" der Aufklärungsschiffe wurde durch die neue „Stettin" ersetzt.

18. Der Panzerkreuzer SCHARNHORST war 1914 das Flaggschiff des Kreuzergeschwaders in Ostasien. Er sank in der Seeschlacht bei den Falklandinseln am 8. 12. 1914 mit dem Geschwaderchef, Admiral Graf Spee, und der gesamten Besatzung.

19. Der Kleine Kreuzer EMDEN war unter seinem Kommandanten, Fregattenkapitän v. Müller, der erfolgreichste Auslandskreuzer des Ersten Weltkrieges.

20. Unterseeboot „U 9" (Kapitänleutnant Weddigen), versenkte am 22. 9. 1914 vor der holländischen Küste drei englische Panzer-kreuzer.

21. Vorstoß der deutschen Torpedoboote in der Skagerrakschlacht.

Die Besetzung der Kommandostellen des Chefs der Hochsee-Flotte, des I. Geschwaders und der beiden Marinestationen war die gleiche wie im Vorjahr. Befehlshaber der Aufklärungsschiffe wurde anstelle von Konteradmiral Pohl nunmehr Konteradmiral v. Heeringen und Chef des Admiralstabes Vizeadmiral Graf v. Baudissin, Chef des II. Geschwaders Konteradmiral v. Schröder.

Im Jahre 1909 wurden die Linienschiffe „Nassau" und „Westfalen", der Panzerkreuzer „Blücher" und der Kleine Kreuzer „Dresden" in Dienst gestellt. Im Frühjahr 1909 liefen die Linienschiffe „Helgoland" und „Ostfriesland", der erste Schlachtenkreuzer „v. d. Tann", die Kleinen Kreuzer „Mainz", „Köln" und „Augsburg" sowie 15 Torpedoboote vom Stapel. An den Herbstmanövern dieses Jahres nahmen auch zum ersten Mal Unterseeboote teil.

Nach dem üblichen Herbststellenwechsel 1909 wurde Admiral Prinz Heinrich v. Preußen als Chef der Hochseeflotte abgelöst und unter Beförderung zum Großadmiral zum Generalinspekteur der Marine ernannt. Sein Nachfolger wurde der bisherige Chef des I. Geschwaders, Vizeadmiral v. Holtzendorff. Chef des II. Geschwaders war wie im Vorjahr Vizeadmiral v. Schröder, Chef des Kreuzergeschwaders Konteradmiral v. Ingenohl.

Seit Schaffung der Hochseeflotte verfügte diese 1910 zum ersten Mal über eine Division moderner Großkampfschiffe in den vier Einheiten der 1908 vom Stapel gelaufenen „Nassau"-Klasse. Trotzdem waren diese den gleichalterigen englischen Großkampfschiffen unterlegen, da sie nur ein Höchstkaliber von 28 cm hatten. Erst die „Ostfriesland"-Klasse erhielt das 30,5-cm-Kaliber. Bemerkenswert war, daß das I. Geschwader nach Wilhelmshaven verlegt wurde, das bis zum Kriegsausbruch 1914 sein Heimathafen blieb. Die in den neunziger Jahren erbauten Linienschiffe „Kurfürst Friedrich Wilhelm" und „Weißenburg" schieden endgültig aus der Flotte aus und wurden an die Türkei verkauft. Dort haben sie noch bis in den ersten Weltkrieg hinein unter den Namen „Barbarossa Haireddin" und „Torgut Reiss" Dienst getan. Die Besetzung der obersten Kommandostellen der Hochseeflotte sah 1910 wie folgt aus:

Chef der Hochseeflotte: Vizeadmiral v. Holtzendorff,
Chef des I. Geschwaders: Vizeadmiral v. Pohl,
Chef des II. Geschwaders: Vizeadmiral v. Schröder,
Befehlshaber der Aufklärungsschiffe: Konteradmiral v. Heeringen,
Chef des Kreuzergeschwaders: Konteradmiral Gühler.

Im Jahre 1911 entstand eine ernste politische Lage durch die Ereignisse in Marokko. In ihrem Verlauf kam es zu der als „Panthersprung" bezeichneten Entsendung des Kanonenbootes „Panther" nach Agadir. Der Aufbau der Flotte ging nach den Flottenplänen zügig weiter. Die ersten Einheiten der neuen „Kaiser"-Klasse (24 700 ts – 10:30,5-cm-Geschütze) liefen vom Stapel. Sie erhielten die Namen „Kaiser", „Friedrich der Große" und „Kaiserin". Die „Friedrich der Große" war später in der Skagerrakschlacht das Flaggschiff von Admiral Scheer. Zu Wasser gelassen wurden ferner der Panzerkreuzer „Goeben" und die Kleinen Kreuzer „Magdeburg", „Breslau", Straßburg" und „Stralsund". Die „Goeben" war noch bis zum Jahre 1960 unter türkischer Flagge als „Yawuz" der letzte Vertreter der Groß-kampfschiff-Epoche. Die Hochseeflotte bestand zum ersten Mal aus einem Flottenflaggschiff („Deutschland") und 16 Linienschiffen, von denen sieben moderne Großkampfschiffe waren. Zum Befehlshaber der Aufklärungsschiffe traten die beiden modernen Schlachtkreuzer „v. d. Tann" und „Moltke". Flottenchef war weiterhin Admiral v. Holtzendorff, Chef des I. Geschwaders Admiral v. Pohl, während Vizeadmiral v. Schröder als Chef des II. Geschwaders durch Vizeadmiral v. Ingenohl abgelöst wurde. Befehlshaber der Aufklärungsschiffe wurde Admiral Bachmann, Chef des Kreuzergeschwaders anstelle des in Ostasien verstorbenen Admirals Gühler wurde Admiral v. Krosigk. Auch in der Besetzung des Postens des Chefs des Admiralstabes erfolgte ein Wechsel, indem Admiral v. Heeringen den Admiral v. Fischel ablöste.

Das Jahr 1912 war für die Hochseeflotte von besonderer Bedeutung, da es die Bildung des III. Geschwaders mit sich brachte. Gleichzeitig schieden die letzten Einheiten der „Vor-Dread-nought"-Periode aus, so daß das I. Geschwader nunmehr nur noch aus acht modernen Großkampfschiffen bestand. Es waren dies die je vier Einheiten der „Nassau"- und der „Ostfriesland"-Klasse. Zu den Aufklärungsschiffen traten der Panzerkreuzer „Goeben" und die Kleinen Kreuzer „Breslau", „Magdeburg", „Stettin" und „Stralsund". Die Stellenbesetzung war die gleiche wie 1911. Bemerkenswert ist für dieses Jahr die Bildung einer besonderen U-Boot-Flottille und einer Mittelmeer-Division, die durch die Unruhen auf dem Balkan notwendig geworden war. Leider hatte die Flotte in diesem Jahr den Verlust des Torpedobootes „G 171" zu tragen, das bei einer Ramming durch das alte Linienschiff „Zähringen" unterging.

Das letzte Friedensjahr 1913 sah zu den Herbstmanövern zum ersten Mal das neugebildete III. Geschwader im Verband der Hochseeflotte. Es bestand aus den Großkampfschiffen der neuen „Kaiser"-Klasse („Kaiser", „Kaiserin", „Friedrich der Große", „König Albert" und „Prinzregent Luitpold"). Zu den modernen Turbinenkreuzern traten zwei weitere Einheiten, die je 4900 ts großen „Rostock" und „Karlsruhe". Die letztere sollte einer der erfolgreichsten Auslandskreuzer im ersten Weltkrieg werden. Vom Stapel liefen 1913 die Großkampfschiffe „Markgraf", „König", „Großer Kurfürst" und Anfang 1914 „Kronprinz". Sie verdrängten je 25 800 ts und hatten eine schwere Bestückung mit zehn 30,5-cm-Geschützen. Alle vier zählten zu den modernsten Großkampfschiffen der damaligen Zeit.

Der bisherige Chef der Hochseeflotte, Admiral v. Holtzendorff, war unter Beförderung zum Großadmiral in den Ruhestand getreten und durch Vizeadmiral v. Ingenohl abgelöst worden. Chef des I. Geschwaders war Vizeadmiral v. Lans, Chef des II. Geschwaders Konteradmiral Scheer, und Chef des in der Bildung begriffenen III. Geschwaders Konteradmiral Ehrhard Schmidt. Befehlshaber der Aufklärungsschiffe war weiter Vizeadmiral Bachmann, während Konteradmiral Graf v. Spee Chef des Kreuzergeschwaders wurde. Der bisherige Chef des I. Geschwaders, Vizeadmiral v. Pohl, war zum Chef des Admiralstabes ernannt worden. Chefs der Marinestationen der Ostsee und der Nordsee waren die Admirale v. Coerper und v. Heeringen.

Auch 1913 hatte die Flotte mehrere Unglücksfälle zu beklagen. Im März des Jahres sank das Torpedoboot „S 178" nach einem

Zusammenstoß mit dem Panzerkreuzer „York". Im Herbst des gleichen Jahres gingen die beiden Marine-Luftschiffe „L 1" und „L 2" durch Explosionen verloren.

Auslandstätigkeit zwischen 1905 und 1914

In den zehn letzten Jahren vor Ausbruch des Ersten Weltkrieges entfaltete die Marine eine lebhafte Tätigkeit in Übersee. Einheiten der Auslandsschiffe sorgten bei Unruhen in den Kolonien für Wiederherstellung der Ordnung, andere sicherten die Rechte deutscher Staatsangehöriger in kleineren überseeischen Republiken, in denen Revolutionen ausbrachen. Die Heimatflotte schließlich detachierte Schlachtschiffe und Kreuzer, um das Reich bei Jahrhundertfeiern in Nord- und Südamerika zu vertreten. Den ganzen Herbst über unterstützten Landungskorps verschiedener Kreuzer die Schutztruppe bei der Niederwerfung eines Aufstandes in Deutsch-Ostafrika. Hieran waren besonders die Ungeschützten Kreuzer „Bussard" und „Seeadler" und der Kleine Kreuzer „Thetis" beteiligt. Im Januar 1906 lief das Vermessungsschiff „Planet" zu einer Forschungsreise in den Atlantik, den Indischen Ozean und den Pazifik aus. Im Mai 1907 vertraten der Panzerkreuzer „Roon" und der Kleine Kreuzer „Bremen" das Reich bei einer internationalen Flottenschau, die anläßlich der Dreihundertjahrfeier zur Gründung der ersten englischen Kolonien an der Ostküste der USA stattfand. Kurz vorher hatte das Linienschiff „Lothringen" in Vlissingen an der Feier des 300. Geburtstages des berühmten holländischen Admirals Michael de Ruyter teilgenommen. Das Kreuzergeschwader in Ostasien erreichte mit dem Zutritt des Großen Kreuzers „Fürst Bismarck" und der Kleinen Kreuzer „Leipzig", „Niobe" und „Arcona" zum ersten Mal seine etatsmäßige Stärke. Im November 1908 unterdrückte ein Landungskorps des Kanonenbootes „Jaguar" einen Aufstand von Eingeborenen auf den Karolinen-Inseln. Der Kleine Kreuzer „Bremen" verhinderte zur gleichen Zeit den Ausbruch von Unruhen in der Negerrepublik Haiti.

Als im Dezember 1908 die italienische Stadt Messina durch ein schweres Erdbeben zerstört wurde, entsandte die Marine die

Seekadettenschulschiffe „Hertha" und „Victoria Louise" ins Mittelmeer, die aus Korfu Lebensmittel und Medikamente für die Bevölkerung der Stadt Messina holten. Schwerverletzte wurden anschließend nach Neapel gebracht. Während des Aufstandes in der Türkei vertraten die Kleinen Kreuzer „Stettin", „Lübeck" und „Hamburg" die deutschen Interessen in der Levante.

Im September 1909 wurden die Kleinen Kreuzer „Dresden" und „Bremen" mit den Schulschiffen „Hertha" und „Victoria Louise" nach New York entsandt, um das Reich dort bei der Feier der 300jährigen Gründung der Stadt zu vertreten. „Dresden" war zu diesem Zweck ausdrücklich aus der Heimat nach New York gesandt worden. Einen Monat später traf in San Francisco der aus Ostasien kommende Kleine Kreuzer „Arcona" ein, um an den Feiern teilzunehmen, die dort anläßlich der 400jährigen Wiederkehr der Entdeckung der Bucht stattfanden. Die „Arcona" trat anschließend die Heimreise an und wurde durch den Kleinen Kreuzer „Emden" ersetzt, der über Buenos Aires nach Ostasien ging, nachdem er gemeinsam mit der „Bremen" an der Hundertjahrfeier der argentinischen Republik teilgenommen hatte. Beide Kreuzer vertraten auch das Reich bei der Hundertjahrfeier der Unabhängigkeit Chiles in Valpareiso. Der Große Kreuzer „Gneisenau" wurde aus der Heimat als Verstärkung des Kreuzergeschwaders nach Ostasien geschickt. Damit bestand dieses Geschwader nunmehr aus den Großen Kreuzern „Scharnhorst" und „Gneisenau" und den Kleinen Kreuzern „Nürnberg", „Leipzig" und „Emden". In der gleichen Zusammensetzung befand es sich auch bei Ausbruch des Ersten Weltkrieges.

Im Februar und März 1911 absolvierte der neue Schlachtkreuzer „v. d. Tann" seine Erprobungsfahrten auf einer Reise nach Südafrika. Bei Unruhen in China wurde im April 1911 das Kanonenboot „Iltis" nach Hankau detachiert. Das Vermessungsschiff „Möwe" trat die Ausreise nach Deutsch-Südwest-Afrika an und nahm auf dem Wege dorthin ozeanographische und metereologische Untersuchungen vor. Vom Oktober 1911 bis zum März 1912 patrouillierten die Einheiten des Kreuzergeschwaders an den chinesischen Küsten zum Schutz der dort wohnenden Europäer. Als im November 1911 der italienisch-türkische Krieg ausbrach, wurden die Kreuzer „Hertha", „Vineta" und das Kanonenboot „Geier" im östlichen Mittelmeer stationiert. Im Mai 1912 erwiderte der Schlachtkreuzer „Moltke" mit den beiden Kleinen Kreuzern „Stettin" und „Bremen" in New York den früheren Besuch eines amerikanischen Geschwaders in Kiel. Ende dieses Jahres zwangen die Unruhen auf dem Balkan zur Bildung einer besonderen Mittelmeer-Division, die unter dem Befehl von Konteradmiral Souchon aus dem Panzerkreuzer „Goeben" und den Kleinen Kreuzern „Dresden", Straßburg" und „Breslau" bestand. „Goeben" und „Breslau" blieben dann als ständige Division bis zum Ausbruch des Ersten Weltkrieges im Mittelmeer, führten dort im August 1914 Kreuzerkrieg an der algerischen Küste und liefen anschließend nach Konstantinopel, wo sie später in türkischen Besitz übergingen. Vom Dezember 1913 bis zum Juni 1914 besuchten schließlich noch die beiden neuen Schlachtschiffe „Kaiser" und „König Albert" mit dem Kleinen Kreuzer „Straßburg" die deutschen Kolonien in Afrika sowie süd- und mittelamerikanische Häfen.

Damit fand die Tätigkeit der deutschen Flotte im Auslandsdienst vor Ausbruch des Ersten Weltkrieges im wesentlichen ihren Abschluß. Ehe auf die Ereignisse im Seekrieg 1914/1918 eingegangen wird, müssen noch die deutsch-englischen Beziehungen seit dem Erlaß der deutschen Flottengesetze geschildert werden.

DIE DEUTSCH-ENGLISCHE FLOTTENRIVALITÄT

Die Beziehungen zwischen dem Britischen Weltreich und Deutschland hatten sich schon um die Jahrhundertwende erheblich verschlechtert. Seit der Gründung des Deutschen Reiches im Jahre 1871 hatte der deutsche Außenhandel einen gewaltigen Aufschwung genommen. Deutsche Kaufleute begannen sich Absatzgebiete zu erobern, die England bisher als seine Domäne angesehen hatte. Das Reich hatte Kolonien erworben und damit, wenn auch nur in begrenztem Umfange, Stützpunkte für seine Auslandsschiffe. Im Passagierverkehr nach Amerika rückten deutsche Großreedereien langsam, aber sicher an die Stelle der bisher führenden englischen Schiffahrtsgesellschaften. England hatte bisher geglaubt, die Kontrolle über den Seehandel fest in der Hand zu haben. Jetzt sah es diesen Vorteil allmählich schwinden. Die Reaktion konnte nicht ausbleiben. Schon in den neunziger Jahren hatten eine Reihe von englischen Zeitungen eine heftige Campagne gegen den wirtschaftlichen Aufschwung Deutschlands entfaltet. So schrieb die *Saturday Review* im Jahre 1897:

„Wenn Deutschland morgen aus der Welt vertilgt würde, so gäbe es übermorgen in der Welt keinen Engländer, der nicht reicher wäre. Völker haben jahrelang um eine Stadt oder eine Erbfolge gekämpft. Müssen sie nicht um einen jährlichen Handel von fünf Milliarden Krieg führen?"

Aber der Handelsneid war nur zu *einem* Teil schuld an der Verschlechterung der deutsch-englischen Beziehungen. England begann auch angesichts der mit den Flottengesetzen von Tirpitz vorgesehenen Verstärkung der deutschen Flotte für seine Vorherrschaft auf See zu fürchten. Das Flottengesetz vom Jahre 1898 vermochte England vielleicht noch hinzunehmen, denn mit ihm war ja nur eine deutsche Seerüstung geplant, die eine Verteidigung der deutschen Stellung in der Nordsee und der Ostsee zum Ziele hatte. Aber schon das Flottengesetz vom Jahre 1900 machte deutlich, daß Deutschland sich nicht mehr an diesen Rahmen gebunden fühlte. Die Engländer waren nunmehr der Ansicht, daß Deutschland eindeutig nach Seeherrschaft, ja sogar nach einer deutschen Seehegemonie strebte. Für England war dies gleichbedeutend mit einer Störung des Gleichgewichts der Welt. Der Unterstaatssekretär im britischen Außenministerium, Sir Eyre Crowe, hat diese Befürchtungen 1907 in einem Memorandum deutlich gemacht, das er damals seiner Regierung vorlegte. Darin heißt es:

„Ein kluger deutscher Staatsmann würde die Grenzen erkennen, auf die sich jede Weltpolitik beschränken muß, wenn sie keinen feindseligen Zusammenschluß sämtlicher Nationen in Waffen herausfordern soll. Er würde sich darüber klar sein, daß der Bau des Alldeutschtums mit seinen Außenbastionen in den Niederlanden, in den skandinavischen Ländern, in der Schweiz, in den deutschen Provinzen Österreichs und am Adriatischen Meer niemals auf einer anderen Grundlage als den Trümmern der Freiheiten Europas aufgeführt werden könnte. *Es muß anerkannt werden, daß eine deutsche Vorherrschaft zur See mit dem Bestehen des Britischen Reiches unvereinbar ist.* Und selbst wenn dieses Reich verschwände, würde die Vereinigung der größten Militär- mit der größten Seemacht in *einem* Staat die Welt zwingen, sich zur Beseitigung eines solchen Alpdrucks zusammenzuschließen."

Diese Äußerungen hören sich wie eine Prophezeiung an. Sir Eyre, Sohn und Ehemann einer Deutschen und selbst in Deutschland aufgewachsen, glaubte aus der Geschichte Preußens und Deutschlands das Streben nach Weltherrschaft folgern zu können. Er hat damals unrecht gehabt, denn die Politik des Kaiserreiches verfolgte zweifellos nicht ein solches Ziel. Aber war es 1939 auch noch so?

Fürst Bismarck hat durch seine kluge Politik, die Ausgleich und Sicherheit zugleich erstrebte, eine solche Entwicklung zu verhindern gewußt. Aber seine Epigonen waren unfähig, diese Gedankengänge des Meisters auch nur zu verstehen. Sie wollten und konnten wohl auch nicht erkennen, daß eine Aufgabe seiner Seemachtstellung für England auch die Aufgabe seiner Weltmachtstellung bedeuten mußte. England war schon seiner insularen Lage nach auf die See als die Ernährungsgrundlage seiner Bevölkerung angewiesen. Ein Abschneiden seiner Seeverbindungen mußte eine tödliche Wirkung haben. Aber wer machte sich klar, daß die Engländer eine solche Entwicklung niemals freiwillig hinnehmen würden? Wer machte sich klar, mit welcher Zähigkeit sie um ihren Bestand kämpfen würden? Der Zweite Weltkrieg hat noch weit mehr als der erste den Beweis hierfür erbracht. Es hat auch damals in Deutschland viele Stimmen gegeben, die gegen eine Überspannung der deutschen Seerüstung ankämpften. Aber ihre Warnungen verhallten wirkungslos. Hier sei nur in diesem Zusammenhang die Stimme eines Mannes gebracht, der es aufgrund seiner Erfahrungen wissen mußte. Der deutsche Marineattaché in London, Kapitän zur See Coerper, schrieb im Jahre 1907:

„Die stetig wachsende Seemacht Deutschlands bildet das größte Hindernis für Englands politische Aktionsfreiheit. *Das ist der Kernpunkt* des mangelhaften Verhältnisses zwischen unseren beiden Völkern. Alle anderen häufig angeführten Gründe wie die Konkurrenz im Handel, Industrie und Schiffahrt, die deutsche Parteinahme für die Buren im Transvaalkrieg und andere Differenzen sind nebensächlicher Natur."

Hier wurde einmal deutlich gesagt, wodurch England sich *in erster Linie* bedroht fühlte. Es war also nicht *nur* der Handelsneid, der zu der Entfremdung der beiden Völker führte. Das schließt nicht aus, daß er auch ein gewichtiges Wort dabei mitsprach. Aber er war nicht das Primäre. Es war der Flottenbau, der den Topf zum Überlaufen brachte.

Auf beiden Seiten sind damals Versuche gemacht worden, die gegensätzlichen Ansichten auf einen Nenner zu bringen. Sie mußten scheitern, weil weder England noch Deutschland im Grundsätzlichen nachgeben wollten und wohl auch nicht mehr konnten.

Hier drängt sich die Frage auf, ob bei einer anderen und doch den Interessen des Reiches entsprechenden Gestaltung des deutschen Flottenbaus ein Ausgleich möglich gewesen wäre. Hätte sich England auch in gleicher Weise in seiner Vormachtstellung zur See bedroht gefühlt, wenn anstelle einer starken Schlachtflotte eine Kreuzerflotte größeren Umfanges gebaut worden wäre, mit denen Deutschland seine überseeischen Besitzungen und Interessen sichern konnte? Unter den Männern, die diese Ansicht schon damals vertraten, befanden sich auch drei höhere Seeoffiziere, denen Sachkenntnis zweifellos nicht abzusprechen war. Der Vizeadmiral Galster hatte 1907 in einer Broschüre „Welche Seekriegsrüstung braucht Deutschland?" ausgeführt, daß eine große Nation zwar nicht mehr auf Linienschiffe und Panzerkreuzer verzichten könne, jedoch komme in einem möglichen Krieg mit England der Schlachtflotte nicht die Hauptrolle zu. Diese könne bei der Überlegenheit der englischen Flotte nur Teile der feindlichen Streitmacht binden und im Blockadedienst in Atem halten. Mit dem Ausbruch eines solchen Krieges höre der Seehandel Deutschlands unweigerlich auf. Die Marine dürfe deshalb nicht in der Nordsee konzentriert werden, sondern ihre Beweglichkeit müsse ausgenutzt werden, um Dislokationen des Gegners zu erzwingen. Schnelle, besser bewaffnete Kreuzer mit großem Fahrtbereich müßten als Handelsstörer überall in Übersee Verwendung finden und auch die Möglichkeit haben, sich auf befestigte Stützpunkte in den Kolonien zurückzuziehen.

Ähnliche Gedanken haben auch die Vizeadmirale Freiherr v. Schleinitz und Vizeadmiral v. Valois vertreten. Auch Kaiser Wilhelm II. war zuerst von diesen Gedanken beeindruckt worden, hatte sich aber dann für die Absichten von Tirpitz entschieden, der gerade zu dem Zeitpunkt, als die Schrift des Admirals Galster herauskam, die Flottennovelle von 1908 vorbereitete.

Die Ansichten Galsters haben etwas Bestechendes an sich, und sie sind zum Teil durch die Seekriegsereignisse im Ersten Weltkrieg bestätigt worden. In vollem Umfange konnten sie es nicht, da Deutschland die wichtigste Voraussetzung für einen erfolgreichen Kreuzerkrieg fehlte: die starken überseeischen Stützpunkte. Das aber konnte der Admiral damals noch nicht voll übersehen, zumal ihm ein Krieg mit England, aber nicht, wie es dann kam, mit der halben Welt vorschwebte.

Hätte Deutschland noch auf andere Weise zu einem Ausgleich ohne Krieg kommen können? Vielleicht, indem es sich auf eine Flotte beschränkte, die einen, dann aber unbedingten Schutz der eigenen Küsten sicherstellte? Dazu hätte es bei der Flottenplanung von 1898 bleiben müssen. Nach 1900 und besonders nach 1908 war ein Zurückweichen nicht mehr möglich.

Es gibt auch heute noch Stimmen, die behaupten, alles wäre anders gekommen, wenn man auf den Bau einer starken Schlachtflotte verzichtet und dafür U-Boote in großer Zahl gebaut hätte. Wer aber glaubt, daß sich England, dessen Dasein doch von der Sicherung seiner Lebensmittelzufuhren abhing, davon weniger bedroht gefühlt hätte?

Oder wäre es nicht vielleicht möglich gewesen, durch ein Nachgeben bei gewissen Vorschlägen Englands den Ausbruch eines Krieges zu vermeiden? Wie aber hätte dieses Nachgeben aussehen sollen? Doch wohl nur durch den Verzicht auf eine Stellung als Weltmacht. Dazu aber war es schon Anfang 1900 zu spät. Tirpitz hat wohl gehofft, Deutschland allein durch den Risiko-Gedanken *zur Weltmacht ohne Krieg* machen zu können. Das war der tragische Fehlschluß in seiner Flottenpolitik, der sich vielleicht hätte vermeiden lassen, wenn er neben oder über sich einen Staatsmann vom Format Bismarcks gehabt hätte. Das Deutsche Reich hat in der wohl wichtigsten Epoche seiner Geschichte einen solchen Staatsmann nicht gehabt. So mußte das Verhängnis seinen Lauf nehmen.

DIE DEUTSCHE FLOTTE
IM ERSTEN WELTKRIEG

Die Hochseeflotte im Kampf

Am 4. August 1914 erklärte Großbritannien dem Deutschen Reich den Krieg. Von Anfang an war klar gewesen, daß der einzige ernstzunehmende, aber auch übermächtige Gegner zur See die britische Flotte sein würde. In dieser Erkenntnis fiel der Gedanke an eine Angriffsschlacht von deutscher Seite aus, man rechnete allerdings mit offensiven Vorstößen der englischen Flotte in die Deutsche Bucht, wo sich dann, gestützt auf Helgoland, möglicherweise eine Verteidigungsschlacht hätte entwickeln können. Man rechnete auch mit einer engen Blockade Englands. Beides war nicht der Fall. England suchte die Schlacht *nicht*, sondern verlagerte das Schwergewicht der Home Fleet nach Scapa Flow und damit weit aus dem Bereich der deutschen Flotte. Und es machte keine enge, sondern eine *Fernblockade*, durch die der englische Kanal und die nördliche Nordsee abgeriegelt wurden. Einer solchen Situation war die deutsche Flotte weder gewachsen, noch war sie dafür gebaut. Ihr blieben als Aufgaben daher nur:

den Gegner durch Vorstöße an die britische Küste ständig in Unruhe zu halten,

England durch einen weitgedehnten Minen- und U-Boot-Krieg zu schädigen, einen Handelskrieg mit Hilfskreuzern zu führen, zu dem aber der Durchbruch durch die englischen Blockadelinien die Voraussetzung war, und im günstigen Falle Gelegenheiten zu schaffen, die trotz der englischen Zurückhaltung zu einer Schlacht mit möglichst ausgeglichenen Kräften führen konnte.

Diesen Aufgaben ist die deutsche Flotte mit bewunderungswürdigem Kampfgeist gerecht geworden. Über die Seekriegsführung im Ersten Weltkrieg liegen amtliche Darstellungen und zahlreiche vorzügliche Arbeiten vor. Wir können uns daher auf eine sachliche Schilderung der Kampfereignisse beschränken.

Als der Krieg ausbrach, war die deutsche Flotte wie folgt gegliedert: *Die Hochseeflotte* bestand 1914 aus:

dem I. Geschwader (Vizeadmiral v. Lans) mit 8 Großkampfschiffen, Flaggschiff SMS „Ostfriesland",

dem II. Geschwader (Vizeadmiral Scheer) mit 8 älteren Linienschiffen, Flaggschiff SMS „Preußen",

dem III. Geschwader (Konteradmiral Funke) mit zunächst 6 Großkampfschiffen, Flaggschiff SMS „Prinzregent Luitpold",

dem IV. Geschwader (Vizeadmiral Schmidt) mit 8 älteren Linienschiffen, Flaggschiff SMS „Wittelsbach",

dem V. Geschwader (Vizeadmiral v. Grapow) mit 8 älteren Linienschiffen, Flaggschiff SMS „Kaiser Wilhelm II.",

dem VI. Geschwader (Konteradmiral Eckermann) mit 8 Küstenpanzerschiffen, Flaggschiff SMS „Hildebrand".

Die Aufklärungsstreitkräfte setzten sich aus fünf Gruppen zusammen:

I. Aufklärungsgruppe (Konteradmiral Hipper) mit 4 Schlachtkreuzern, Flaggschiff SMS „Seydlitz",

II. Aufklärungsgruppe (Konteradmiral Maahs) mit 7 Kleinen Kreuzern, Flaggschiff SMS „Cöln",

III. Aufklärungsgruppe mit 5 älteren Kleinen Kreuzern, Führerschiff SMS „Ariadne",

IV. Aufklärungsgruppe (Konteradmiral v. Rebeur-Paschwitz) mit 4 älteren Panzerkreuzern, Flaggschiff SMS „Roon",

V. Aufklärungsgruppe (Konteradmiral Jasper) mit 4 Schulschiffen, Flaggschiff SMS „Hansa".

Hinzu kamen:

8 Torpedobootsflottillen mit je 11 Torpedobooten,

2 U-Boots-Flottillen mit 19 U-Booten,

8 Minen- und Hilfsminenschiffe,

3 Minensuchdivisionen mit je 15 Minensuchbooten.

Außerdem gab es eine Reihe von Hilfs- und Spezialschiffen sowie mehrere Hafenschutzflottillen.

Dies war der *Gesamtbestand* der Hochseeflotte bei Kriegsausbruch. Im Laufe des Krieges traten noch eine Reihe moderner Kampfschiffe zur Flotte. Die eigentliche Hochseeflotte, die unter Führung von Admiral Scheer am 31. Mai 1916 zur Skagerrakschlacht antrat, hatte eine andere Zusammenstellung, auf die später zurückgekommen wird.

Der Seekrieg begann von deutscher Seite mit einem Vorstoß des Hilfsminenlegers „Königin Luise" (Kdt. Korvettenkapitän Biermann) gegen die Themsemündung. Dabei wurde das Schiff, ein früherer Bäderdampfer, von dem englischen Kreuzer „Amphion" und mehreren Zerstörern gestellt und nach kurzem Gefecht von der eigenen Besatzung versenkt. Die „Amphion" lief wenig später auf eine deutsche Mine und ging ebenfalls verloren.

Zu der ersten größeren Kampfhandlung kam es am 28. August 1914 in der Deutschen Bucht. Englische Kleine Kreuzer und Zerstörer griffen nordwestlich von Helgoland die deutschen Sicherungsstreitkräfte an. Dabei wurden die zu ihrer Unterstützung herbeieilenden Kleinen Kreuzer „Cöln" (Kdt. Fregattenkapitän Meidinger), „Mainz" (Kdt. Kapitän zur See Paschen), „Ariadne" (Kdt. Fregattenkapitän Seebohm) und das Torpedoboot „V 187" (Kdt. Kapitänleutnant Lechler) von weit überlegenen englischen Seestreitkräften, darunter mehreren Schlachtkreuzern, gestellt und nach heftigem Widerstand zusammengeschossen. Mit dem Flaggschiff „Cöln" fand auch der 2. Admiral der Aufklärungsstreitkräfte, Konteradmiral Maahs, den Seemannstod. Auch der Chef der 1. Torpedobootsflottille, Korvettenkapitän Wallis, sowie die Kommandanten der „Cöln" und der „Mainz" fielen im Gefecht. Auslaufende deutsche Schlachtkreuzer trafen den Gegner nicht mehr an. Am 17. Oktober 1914 wurde die 7. Torpedoboot-Halbflottille bei dem Versuch, in der Themsemündung Minen zu legen, von stark überlegenen englischen Streitkräften angegriffen und vernichtet. Aber auch die deutsche Flotte konnte vor Ausgang des Jahres 1914 noch einige wichtige Erfolge für sich buchen. Anfang November stießen die I. und II. Aufklärungsgruppe unter Konteradmiral Hipper gegen die englische Küste bei Great Yarmouth vor und beschossen die dort liegenden englischen Küstenbatterien. Es war die erste Beschießung der englischen Küste seit etwa 250 Jahren. Die gleichen deutschen Seestreitkräfte erschienen Mitte Dezember nochmals vor der Insel und belegten diesmal Hartlepool und Scarborough mit Geschützfeuer. In beiden Fällen kam es nur zu kurzen Gefechtsberührungen mit englischen Sicherungsstreitkräften.

Zu der ersten Seeschlacht zwischen deutschen und englischen Schlachtkreuzern kam es dann am 24. Januar 1915 auf der Doggerbank. Ein stärkerer deutscher Kampfverband aus den Schlachtkreuzern „Seydlitz", „Moltke", „Derfflinger", dem Panzerkreuzer „Blücher" sowie 4 Kleinen Kreuzern und 18 Torpedobooten stieß auf der Doggerbank unter Admiral Hipper mit 5 englischen Schlachtkreuzern und zahlreichen leichten Streitkräften unter Admiral Beatty zusammen. Nach längerem und sehr heftigem Gefecht wurde die langsame „Blücher" von englischen Schlachtkreuzern niedergekämpft und ging verloren. Mit einem großen Teil der Besatzung fand auch der Kommandant, Fregattenkapitän Erdmann, den Tod. Dieses Gefecht hatte zur Folge, daß der deutsche Flottenchef, Admiral v. Ingenohl, abgelöst wurde, da man ihm vorwarf, nicht alle Sicherungsmaßnahmen, wie die Aufnahmestellung der Hochseeflotte, veranlaßt zu haben. Sein Nachfolger wurde der bisherige Chef des Admiralstabes, Admiral v. Pohl. Mit ihm trat zunächst eine längere Ruhepause in den Unternehmungen der Hochseeflotte ein, da er der Ansicht war, die Flotte für eine mögliche entscheidende Schlacht intakt halten zu müssen, andererseits auch eine Verstärkung der leichten Seestreitkräfte für notwendig hielt. Beide Gründe hatten nach den Erfahrungen, die man bisher gemacht hatte, zweifellos eine Berechtigung. Da es offensichtlich war, daß die englische Flotte nur für einen Schlagabtausch im englischen Teil der Nordsee zurückgehalten wurde, schlug Admiral v. Pohl vor, vorerst in der Nordsee nur eine Art Verteidigungsstellung einzunehmen und dafür das Schwergewicht auf die Ostsee zu verlegen, wo größere Erfolgsaussichten gegen die schwächere russische Flotte bestanden. Ab März/April 1915 fanden dann aber wieder mehrere Minenunternehmungen gegen die englische Küste statt, an denen besonders leichte deutsche Seestreitkräfte beteiligt waren. Ende März 1915 stieß auch Admiral v. Pohl mit Teilen der Hochseeflotte bis nordöstlich von Terschelling vor, traf jedoch den Gegner nicht an. Ein zweiter Vorstoß führte Ende Mai bis in die Höhe von Schiermonnigkoog. Auch eine Unternehmung Kleiner Kreuzer und Torpedoboote der Aufklärungsstreitkräfte ins Skagerrak Ende Dezember 1915 endete ohne Zusammentreffen mit dem Gegner.

Zu Beginn des Jahres 1916 traf die englische Flotte ein schwerer Verlust. Vor der schottischen Küste lief das Linienschiff „King Edward VII." auf eine von dem Hilfskreuzer „Möwe" (Kdt. Korvettenkapitän v. Dohna) gelegte Mine und sank.

Am 9. Januar mußte Admiral v. Pohl wegen einer schweren Erkrankung seine Flagge niederholen. Sein Nachfolger als Flottenchef wurde Admiral Scheer. Mit ihm begann wieder eine neue offensive Kampfführung der Hochseeflotte.

Admiral Scheer sah es als seine Hauptaufgabe an, die englische Flotte durch eigene Vorstöße aus ihrer bisherigen Zurückhaltung herauszulocken. Nachdem ihm im Februar durch Kaiser Wilhelm II. größere Bewegungsfreiheit in der Führung der Hochseeflotte zugestanden worden war, ging er sofort zu einer Unternehmung in See. Anfang März 1916 stieß er mit der Flotte bis in die Höhe von Texel vor. Bei einer weiteren Unternehmung Ende April des gleichen Jahres beschossen deutsche Schlachtkreuzer unter Admiral Hipper erneut die englische Küste bei Lowestoft. Auch die englische Heimatflotte hatte zu einem Gegenstoß angesetzt, jedoch kam es zu keinem Zusammentreffen. Erst am 31. Mai 1916 stießen beide Flotten im Skagerrak zusammen. Hier kam es dann in den Nachmittagsstunden zu der einzigen großen, wenn auch in ihrem Ergebnis nicht kriegsentscheidenden Seeschlacht des Ersten Weltkrieges.

Über die Seeschlacht vor dem Skagerrak, von den Engländern „Battle of Juitland" genannt, sind zahlreiche vorzügliche und bis ins Einzelne gehende Darstellungen von fachmännischer Seite erschienen. Hier soll daher der Verlauf dieser bedeutungsreichen Schlacht nur in großen Zügen beschrieben werden.

An der Schlacht nahmen von deutscher Seite 16 Großkampfschiffe, 5 Schlachtkreuzer, 6 ältere Linienschiffe, 11 Kleine Kreuzer und 61 Torpedoboote teil.

22. Linienschiff HANNOVER, erbaut 1905, gehörte zu den sechs Linienschiffen, die der Reichsmarine im Versailler Vertrag belassen wurden.

23. Der Kleine Kreuzer BERLIN (erbaut 1903) machte als erstes deutsches Kriegsschiff der Reichsmarine nach 1920 eine Reise nach Übersee.

24. Das Segelschulschiff NIOBE der Reichsmarine diente als Seekadetten-Schulschiff. Es sank im Juli 1932 in einer plötzlich aufgetretenen Gewitterböe im Fehmarn-Belt.

Die englische *Home Fleet* zählte 28 Großkampfschiffe, 9 Schlachtkreuzer, 9 ältere Linienschiffe, 8 Panzerkreuzer, 26 Kleine Kreuzer und 79 Torpedoboote.

Deutscher Flottenchef war Admiral Scheer auf seinem Flaggschiff „Friedrich der Große". Unter ihm führte auf dem Schlachtkreuzer „Lützow" Admiral Hipper die deutschen Aufklärungsstreitkräfte.

Chef der englischen *Home Fleet* auf dem Schlachtschiff „Iron Duke" war Admiral Jellicoe, unter dem Admiral Beatty die englischen Schlachtkreuzer befehligte.

Die Schlacht beginnt mit einem Zusammenprall der beiderseitigen Schlachtkreuzerverbände. In dem erbitterten Artilleriekampf werden die zwei englischen Schlachtkreuzer „Indefatigable" und „Queen Mary" versenkt. Inzwischen ist das V. englische Schlachtgeschwader, das sich aus 5 der modernsten englischen Schlachtschiffe zusammensetzte, herangekommen. Dadurch kommt der deutsche Verband in eine ungünstige Lage, denn nun stehen 5 deutsche Großkampfschiffe gegen 10 englische. Beide Seiten setzen zur Entlastung Torpedoboote ein. Mit dem Eingreifen der inzwischen herangekommenen Hochseeflotte beginnt der zweite Abschnitt der Schlacht. Admiral Beatty entschließt sich, nach Norden auszuweichen. Scheer setzt mit der Hochseeflotte nach, trifft dabei aber auf das herangekommene englische Gros unter Jellicoe. In diesem Gefechtsabschnitt werden der Panzerkreuzer „Defence" und der Schlachtkreuzer „Invincible" durch das deutsche Geschützfeuer versenkt. Der Panzerkreuzer „Warrior" wird schwer beschädigt und sinkt am nächsten Morgen. Um sich der Überrundung durch die englische Übermacht zu entziehen, macht Admiral Scheer eine Kehrtwendung, der Jellicoe aber nicht folgt. Überraschend für den Gegner wirft Scheer eine Viertelstunde später seine Geschwader nochmals auf Gegenkurs und setzt die Schlachtkreuzer erneut voll ein. Dies ist der Zeitpunkt, in dem der deutsche Flottenchef seinen berühmt gewordenen Befehl gab: „Schlachtkreuzer ran an den Feind, voll einsetzen!" Zur Entlastung der schweren Kampfschiffe gehen gleichzeitig die deutschen Torpedo-Flottillen mitten im schwersten Abwehrfeuer des Gegners zum Angriff vor. Nun dreht Admiral Jellicoe ab. Das Feuer seiner Schiffe verstummt und die Fühlung geht verloren. Damit ist die Tagschlacht beendet. Sie hat besonders der englischen Flotte schwere Verluste zugefügt. Auch die deutsche Flotte dreht auf Südkurs, um Horns Riff zu erreichen. In der Nachtschlacht, die sich während des Rückmarsches entspinnt, kommt es noch zu heftigen Kämpfen mit englischen Zerstörern. Dabei sinken auf deutscher Seite das alte Linienschiff „Pommern" (Kdt. Kapitän zur See Bölken), die Kleinen Kreuzer „Frauenlob" (Kdt. Fregattenkapitän Hoffmann), „Elbing" (Kdt. Fregattenkapitän Madlung), und „Rostock" (Kdt. Fregattenkapitän Feldmann) und auf englischer Seite der Panzerkreuzer „Black Prince" und 5 Zerstörer.

Schon vorher hatten der deutsche Kleine Kreuzer „Wiesbaden" (Kdt. Kapitän zur See Reiss) und der Schlachtkreuzer „Lützow", die während der Tagschlacht schwer beschädigt worden waren, aufgegeben werden müssen. Zu einer Fortsetzung der Schlacht kam es am 1. Juni nicht mehr, da beide Flotten verschiedene, auseinanderführende Kurse gelaufen waren. Die Hochseeflotte lief während des 1. Junis unbehelligt in ihre Heimathäfen ein.

Die deutschen Verluste in der Skagerrakschlacht betrugen: 1 Schlachtkreuzer, 1 älteres Linienschiff, 4 Kleine Kreuzer und 5 Torpedoboote.

die englischen: 3 Schlachtkreuzer, 3 Panzerkreuzer, 1 Flottillenführerschiff und 7 Torpedoboote.

Auf deutscher Seite fanden 2551 Mann und auf englischer Seite 6094 Mann den Seemannstod.

Die Schlacht blieb unentschieden, war aber angesichts der deutschen Unterlegenheit ein taktischer Erfolg der Hochseeflotte.

Nach der Skagerrakschlacht kam es nicht mehr zu einem Zusammentreffen der beiden Hauptflotten. Die Hochseeflotte machte zwar noch mehrere Vorstöße, darunter einen großangelegten mit Unterstützung von U-Booten und Marineluftschiffen bereits am 19. August 1916. Dabei wurden die englischen Kreuzer „Falmouth" und „Nottingham" von deutschen U-Booten versenkt. Zu einem Zusammenstoß mit der englischen Home Fleet, die ebenfalls in See stand, kam es jedoch nicht. Von diesem Zeitpunkt an wurde das englische Gros nicht mehr südlich dem Firth of Forth gesichtet. Anscheinend wollte die englische

Admiralität das Risiko einer neuen Schlacht nicht mehr eingehen, zumal man in London der Ansicht zu sein schien, daß man auch mit der Hungerblockade allein zum Ziel kommen werde. Der *Manchester Guardian* gab dieser Überzeugung auch mit den Worten Ausdruck: „Müssen wir uns noch einmal der fürchterlichen Gefahr unterziehen, aus der wir durch Gottes Vorsehung gerettet worden sind?"

Das Schwergewicht der Kämpfe in der Nordsee verlagerte sich damit mehr und mehr auf die Kleinkampfschiffe. Deutsche Torpedoboote unternahmen zahlreiche Vorstöße gegen die englische Küste, wobei sich besonders die in Flandern stationierte Flottille auszeichnete. Auch englische Torpedoboote entfalteten eine rege Kampftätigkeit. Auf beiden Seiten entstanden dabei erhebliche Verluste. Im November 1917 stießen noch einmal schwere und leichte englische Seestreitkräfte bis in die Deutsche Bucht vor und griffen die dort zur Sicherung der deutschen Minensuchverbände aufgestellte II. Aufklärungsgruppe unter Konteradmiral v. Reuter an. Als nach einem zweistündigen Geschützkampf die beiden deutschen Schlachtschiffe „Kaiser" und „Kaiserin" sowie mehrere Kreuzer und Torpedoboote auf dem Kampfplatz eintrafen, zogen sich die Engländer wieder zurück. Vom 23.–25. April 1918 unternahm die Hochseeflotte nochmals einen Vorstoß bis in die Höhe von Skagen. Es kam jedoch zu keinem Zusammentreffen mit der englischen Flotte. Mit diesem Vorstoß endete die eigentliche Kampftätigkeit der Hochseeflotte. Als die neugebildete deutsche Seekriegsleitung im Oktober 1918 noch einmal eine großangelegte Unternehmung gegen die englische Küste plante, kam es auf mehreren Einheiten zu einer Meuterei, da von politisch linksgerichteten Kreisen das Gerücht verbreitet worden war, die Flotte solle trotz eingeleiteter Verhandlungen zur Beendigung des Krieges noch nutzlos geopfert werden. Die Mannschaften verweigerten das Ankerlichten oder rissen die Feuer aus den Kesseln. Der neue Flottenchef, Admiral v. Hipper, sah sich daher gezwungen, die Unternehmung abzublasen und die Schiffe in ihre Heimathäfen zu entlassen. Wenige Tage später breitete sich dann die revolutionäre Bewegung auf die ganze Flotte und die Marinegarnisonen aus. Dabei kam es auch teilweise zu blutigen Zusammenstößen. So wurde auf dem

Schlachtschiff „König" der Kommandant, Kapitän zur See Weniger, schwer verwundet, als er sich den Meuterern, die auf seinem Schiff die rote Flagge heißen wollten, mit der Waffe entgegenstellte. Der 1. Offizier, Korvettenkapitän Heinemann, und der Adjutant, Leutnant zur See Zenker, fielen.

Der U-Boot-Krieg 1914/18

Der Erste Weltkrieg hat zum ersten Mal in der Seekriegsgeschichte das Unterseeboot als eine der wirksamsten Waffen der modernen Seekriegführung erwiesen. Man darf nicht vergessen, daß das U-Boot im Jahre 1914 noch im ersten Stadium seiner Entwicklung stand. Frankreich hatte im Jahre 1888 mit den ersten Versuchen im Bau von kriegsverwendungsfähigen U-Booten begonnen. Die anderen Seemächte waren langsam diesem Beispiel gefolgt. Das erste deutsche Unterseeboot wurde im Jahre 1906 in Bau gegeben. Nach und nach folgten dann bis 1914 eine Reihe weiterer Boote, die sich zwar für Schulungszwecke als sehr geeignet erwiesen, für eine Kriegsverwendung aber noch erhebliche Mängel aufzeigten. Erst von 1910 an konnte man von Hochsee-U-Booten sprechen, die neben einem zuverlässigen Antrieb auch die notwendige Seefähigkeit hatten.

Als Anfang 1915 die Frage der Verwendung von U-Booten als Abwehrmaßnahme gegen eine englische Hungerblockade akut wurde, standen für diesen Zweck in der Nordsee 28 U-Boote zur Verfügung. Daneben gab es eine Reihe von kleineren Booten der sogenannten UB- und UC-Serien, die besonders zur Verwendung in Flandern und im Minenkrieg bestimmt waren.

Der erste Einsatz von U-Booten erfolgte in der Woche vom 6. bis 11. August 1914. An ihm waren 10 Boote der 1. Flottille beteiligt. Der Vorstoß führte in die mittlere Nordsee. Dabei kam es zu einem Zusammentreffen mit leichten englischen Seestreitkräften, bei dem zwei Boote, „U 15" (Kdt. Kapitänleutnant Pohle) und „U 13" (Kdt. Kapitänleutnant Graf Schweinitz) verlorengingen. Am 5. September 1914 gelang „U 21" (Kdt. Kapitänleutnant Hersing) der erste Erfolg durch Versenkung des englischen Kreuzers „Pathfinder" vor dem Firth of Forth. Es war gleichzeitig der erste U-Boot-Erfolg in der Seekriegsgeschichte. Am

22. September glückte dem von Kapitänleutnant Weddigen geführten „U 9" die Versenkung von drei englischen Panzerkreuzern, die zur Sicherung von Truppentransporten im Kanal eingesetzt waren. Drei Wochen später vermochte das gleiche U-Boot an der schottischen Küste den englischen Kreuzer „Hawke" zu versenken. Damit hatte sich das U-Boot in der Seekriegsgeschichte durchgesetzt. Es darf allerdings nicht vergessen werden, daß der erste große Erfolg von „U 9" nur dadurch möglich geworden war, weil die englischen Panzerkreuzer nach altem Seemannsbrauch versuchten, die Besatzung ihres zuerst getroffenen Schwesterschiffes zu retten, wodurch dem U-Boot die besten Angriffsmöglichkeiten geboten wurden. Dieser Vorfall veranlaßte die englische Admiralität auch zu dem Befehl, daß solche Hilfeleistungen künftig bei U-Boot-Gefahr unterbleiben sollten, eine Anordnung, die den an Tradition gewöhnten englischen Seeleuten besonders schwer geworden sein dürfte.

Am 2. November 1914 erklärte England die ganze Nordsee zum Kriegsgebiet. Durch die Anlage großer Minenfelder wurde die gesamte neutrale Schiffahrt gezwungen, dicht unter der englischen Küste zu fahren und sich den dort vorgenommenen Kontrollen zu unterwerfen. Die deutsche Antwort war der mit dem 18. Februar 1915 einsetzende erste Abschnitt des U-Boot-Handelskrieges, der allerdings infolge der amerikanischen Proteste schon im September des gleichen Jahres praktisch wieder abgeblasen wurde, da sich die Reichsregierung verpflichtete, künftig nur nach Prisenordnung vorzugehen. Die strikte Einhaltung dieser Bestimmung hätte für die deutschen U-Boote angesichts der von England vorgenommenen Bewaffnung der Handelsschiffe und des Einsatzes zahlreicher U-Boot-Fallen das Todesurteil bedeutet.

Die Ursache des amerikanischen Proteste waren zwei Vorfälle, bei denen amerikanische Staatsangehörige ums Leben kamen. Am 7. Mai 1915 war vor der irischen Küste der englische Passagierdampfer „Lusitania" durch das deutsche U-Boot „U 20" (Kdt. Kapitänleutnant Schwieger) versenkt worden. Der Dampfer hatte nachweislich Munition geladen. Durch den Torpedotreffer kam es zu einer Explosion, bei der das Schiff vernichtet wurde. Von den an Bord befindlichen Passagieren verloren 785 das Leben. Der zweite bedauerliche Zwischenfall hatte sich am 19.

August 1915 ereignet. Diesmal fiel der englische Dampfer „Arabic" einem Torpedoschuß von „U 24" (Kdt. Kapitänleutnant Schneider) zum Opfer. Drei Amerikaner wurden dabei getötet. Nach diesem Vorfall erhielten die deutschen U-Boote den Befehl, Passagierdampfer nur noch nach vorheriger Warnung und Rettung der an Bord befindlichen Menschen zu versenken.

Am 18. März 1915 hatte die deutsche U-Boot-Waffe einen schweren Verlust erlitten. Bei einem Angriff auf die englische Flotte wurde das U-Boot „U 29", das der im Vorjahr so erfolgreiche Kommandant von „U 9", Kapitänleutnant Weddigen, übernommen hatte, von dem englischen Linienschiff „Dreadnought" gerammt und mit der gesamten Besatzung versenkt. Während im Jahre 1915 der U-Boot-Krieg in der Nordsee langsam zum Erliegen kam, entfalteten die in das Mittelmeer entsandten deutschen U-Boote dort eine rege Tätigkeit. So gelang vor den Dardanellen dem von Kapitänleutnant Hersing geführten „U 21" im Mai 1915 die Versenkung der englischen Linienschiffe „Triumph" und „Majestic". Insgesamt war das Mittelmeer 1915 mit 6 großen und 10 kleinen U-Booten besetzt, die von dem österreichischen Kriegshafen Pola aus operierten.

In der Nordsee dagegen kam es schon kurz nach Wiederaufnahme des Handelskriegs zu einem neuen Zwischenfall. Ende März 1916 war der französische Dampfer „Sussex" torpediert worden, wobei auch ein amerikanischer Staatsangehöriger den Tod fand. Die Folge war ein erneuter und von amerikanischer Seite in sehr heftiger Spache geführter Notenwechsel, der schließlich zu der sogenannten „Niederboxungsnote" des amerikanischen Präsidenten Wilson führte. Der Zwischenfall wurde erst erledigt, als die deutsche Marineleitung den Befehl erließ, den Handelskrieg mit U-Booten auch weiterhin streng nach Prisenordnung zu führen. Damit hatte der zweite Versuch eines Handelskrieges mit U-Booten schon nach kaum zwei Monaten wieder sein Ende gefunden. Die Versenkungsziffern gingen von da ab erheblich zurück, während gleichzeitig die Verluste an U-Booten zunahmen. Unter dem Druck der politischen Lage entschloß sich die Reichsregierung dann nach eingehenden Verhandlungen im Hauptquartier, den „Uneingeschränkten U-Boot-Krieg" aufzunehmen, der am 1. Februar 1917 begann. Am 4. Februar brachen die Vereinigten Staaten die diplomatischen Beziehungen zu Deutschland ab und erklärten sich kurz darauf mit dem Reich im Kriegszustand. Nach Beginn des „Uneingeschränkten U-Boot-Krieges" gingen die Versenkungen sprunghaft in die Höhe. Deutsche U-Boote waren nicht nur in der Nordsee und von Flandern aus tätig, sondern wirkten auch im Mittelmeer, im Eismeer und an den amerikanischen Küsten, wo sie große Erfolge erzielten. Leider stieg aber auch die Verlustliste erheblich an. Erst im Oktober 1918 wurde der U-Boot-Handelskrieg im Zusammenhang mit den deutsch-amerikanischen Waffenstillstandsbesprechungen eingestellt.

Nachstehende Zahlen geben ein Bild der Entwicklung dieser bis dahin erstmaligen Art der Seekriegführung:

Bei Kriegsbeginn waren 28 frontfähige U-Boote vorhanden.

Während des Krieges wurden 343 U-Boote in Dienst gestellt, darunter auch eine Reihe großer U-Kreuzer.

Durch Kampfhandlungen verloren gingen 198 U-Boote.

In neutralen Häfen wurden 7 U-Boote interniert.

Bei Kriegsende wurden 14 Boote in den Stützpunkten gesprengt.

Auf U-Booten starben 5132 Mann den Seemannstod, das war mehr als 50 Prozent aller U-Boots-Besatzungen.

An alliierten Handelsschiffen wurden vom August 1914 bis zum Oktober 1918 insgesamt 5554 Fahrzeuge mit zusammen 12 191 996 BRT vernichtet.

25 U-BootKommandanten versenkten über 100 000 BRT. An der Spitze standen: Kapitänleutnant v. Arnauld de la Perière (über 400 000), Forstmann (380 000) und Valentiner (300 000). Zwanzig weitere Kommandanten konnten annähernd 100 000 Tonnen an Versenkungen buchen.

Der Kreuzerkrieg 1914/18

Wie in den vergangenen Jahrzehnten befanden sich auch bei Ausbruch des Ersten Weltkrieges außer dem Ostasiatischen Kreuzergeschwader zahlreiche einzelfahrende Kriegsschiffe der Flotte in überseeischen Gewässern. Teils taten sie in den Kolonien Dienst als ständige Stationäre, teils befanden sie sich durch Ablösung auf dem Marsch zu den ihnen zugewiesenen Bereichen oder auf der Heimreise. Im Juli 1914 stellte sich die Situation wie folgt dar:

Der Chef des Kreuzergeschwaders, Vizeadmiral Graf Spee, befand sich mit den Panzerkreuzern „Scharnhorst" (Kapitän zur See Schultz) und „Gneisenau" (Kapitän zur See Maerker) sowie dem Begleitdampfer „Titania" auf einer Reise in die deutschen Schutzgebiete im Pazifik und lag Anfang August vor Ponape (Karolinen).

Von den zum Kreuzergeschwader gehörenden Kleinen Kreuzern „Emden" (Kdt. Fregattenkapitän Karl v. Müller), „Leipzig" (Kdt. Fregattenkapitän Haun) und „Nürnberg" (Kdt. Kapitän zur See v. Schönberg) war die „Emden" in Tsingtau zurückgelassen worden, um die ständige Verbindung zwischen dem Geschwaderchef und dieser Kolonie aufrechtzuerhalten. Die „Leipzig" befand sich an der mexikanischen Westküste und hatte dort soeben die „Nürnberg" abgelöst. Bei Kriegsausbruch befand sich „Nürnberg" auf dem Rückmarsch nach Tsingtau, wo sie auf der dortigen Werft zur Instandsetzung nach monatelanger Auslandsreise eindocken sollte. Im August stand der Kreuzer in der Nähe von Honolulu.

Von den einzelfahrenden Kriegsschiffen hatte der Kleine Kreuzer „Karlsruhe" (Kdt. Fregattenkapitän Köhler) soeben den Dienst auf der westindischen Station von der zur Heimat zurückbeorderten „Dresden" (Kdt. Kapitän zur See Lüdecke) übernommen. „Dresden" befand sich bei Ausbruch des Krieges in der Nähe der Azoren und erhielt dort den Befehl, selbständig im Südatlantik Kreuzerkrieg zu führen. Von den Engländern gejagt, entschloß sich der Kommandant später, Kap Horn zu runden und sich nach Möglichkeit im Pazifik mit dem anmarschierenden Kreuzergeschwader zu vereinigen. Dies erfolgte am 14. Oktober gleichzeitig mit der von Mexiko zurückkehrenden „Leipzig" bei den Osterinseln.

Der Kleine Kreuzer „Königsberg" (Kdt. Fregattenkapitän Looff) war bei Kriegsausbruch in Daressalam in Deutsch-Ostafrika.

Von den Stationären in den verschiedenen Kolonien oder überseeischen Bereichen, den Kanonenbooten „Eber" (Kdt. Korvettenkapitän Wirth), „Luchs" (Kdt. Korvettenkapitän Thieri-chens), „Cormoran" (Kdt. Korvettenkapitän Zuckschwerdt) und „Tiger", wurden bald nach Kriegsbeginn mehrere Handelsschiffe zu Hilfskreuzern ausgerüstet, da sie selbst infolge ihres geringen Fahrbereiches zu einer Kreuzerkriegführung ungeeignet waren. Die Boote selbst wurden in ihren Liegehäfen von den eigenen Besatzungen versenkt.

Im Nachfolgenden soll in kurzen Zügen die Schicksalsfahrt des Kreuzergeschwaders und der einzelfahrenden Kreuzer ge-schildert werden. Ihnen allen war infolge des Fehlens geeigneter Stützpunkte, aber auch wegen ihrer schwachen artilleristischen Bestückung nur eine kurze Tätigkeit möglich. Es ist eine offene Frage, ob sie unter anderen Umständen länger hätten wirksam bleiben können. Auf jeden Fall hätten sie äus heutiger Sicht bei einer stärkeren Bewaffnung, wie sich besonders im Fall der „Emden" später gezeigt hat, ihren Gegnern länger und erfolgrei-cher Widerstand leisten können. Auch hätte eine größere Zahl von Auslandskreuzern erheblich stärkere gegnerische Kräfte bin-den können, was sich für die Heimatflotte günstig ausgewirkt hätte.

Der Chef des Kreuzergeschwaders, Vizeadmiral Graf Spee, hatte sich bei Ausbruch der Feindseligkeiten entschlossen, nicht nach Tsingtau zurückzukehren, da seine dortige Anwesenheit in-folge der unfreundlichen Haltung Japans und der weitüberlege-nen feindlichen Seestreitkräfte in Ostasien aussichtslos erschien. Sein Plan ging dahin, Kurs nach der südamerikanischen Küste zu nehmen, um dort Kreuzerkrieg zu führen. Bei günstiger Ent-wicklung der Dinge sollte dann später ein Durchbruch in den Südatlantik und vielleicht sogar in die Heimat versucht werden. Ende September 1914 erschien das Kreuzergeschwader vor Pa-peete (Tahiti), versenkte dort das französische Kanonenboot „Zélée", und lief anschließend weiter nach der Osterinsel, wo es sich mit den dort inzwischen von Südamerika eingetroffenen Kleinen Kreuzern „Dresden" und „Leipzig" vereinigte. Von dort ging das nun erheblich verstärkte Geschwader zur südame-rikanischen Küste, wo es am 1. November 1914 in der Höhe von Coronel mit einem britischen Flottenverband, der sich aus zwei Panzerkreuzern, einem Kleinen Kreuzer und einem Hilfskreuzer zusammensetzte, zum Kampf kam. Bei schwerem Wetter wurden die beiden englischen Panzerkreuzer zusammengeschossen und später versenkt. Der Kleine Kreuzer und der Hilfskreuzer konnten nach erheblicher Beschädigung entkommen. Diese Niederlage eines englischen Geschwaders, die in der ganzen damaligen Welt starke Beachtung fand, veranlaßte die englische Admiralität, aus der Heimatflotte zwei moderne Schlachtkreuzer herauszuziehen und sie gemeinsam mit mehreren Panzerkreuzern und Kleinen Kreuzern zur Jagd auf das Kreuzergeschwader anzusetzen. Auch dies war wieder ein Beweis dafür, wie sehr wahrscheinlich stärkere und zahlreichere deutsche Auslandskreuzer die Position der englischen Heimatflotte hätten schwächen können. Vizeadmiral Graf Spee ging mit seinen Schiffen, die nur unbeträchtliche Schäden erlitten hatten („Scharnhorst" war nur zweimal und „Gneisenau nur viermal getroffen worden) zunächst nach Valpareiso und trat dann den Marsch nach dem Feuerland an. Das Kap Horn wurde am 2. Dezember 1914 gerundet. Nach Eintreffen im Südatlantik sollte der Versuch gemacht werden, in die Heimat durchzubrechen. Auf einer Kommandantenbesprechung hatte sich Graf Spee entschlossen, entgegen dem Rat der Kommandanten von „Gneisenau" und „Leipzig" vorher noch die Falklandinseln anzulaufen, um die dortige Funk- und Kohlenstation zu vernichten. Dieser Entschluß sollte sich als verhängnisvoll erweisen, da gerade am Tage vor dem Erscheinen des deutschen Geschwaders in dem Hafen von Port Stanley das zu seiner Vernichtung angesetzte englische Schlachtkreuzergeschwader unter Admiral Sturdee eingetroffen war. Diese Tatsache war dem deutschen Geschwaderchef infolge der fehlenden Nachrichtenübermittlung unbekannt geblieben. Obwohl die zur Rekognoszierung vorgeschickten Kreuzer „Gneisenau" und „Nürnberg" die Anwesenheit des englischen Geschwaders sofort meldeten und Graf Spee, der außerhalb des Hafens in See geblieben war, beschleunigt abdrehte, konnten die englischen Schlachtkreuzer dank ihrer weitüberlegenen Geschwindigkeit das Kreuzergeschwader doch nach vierstündiger Jagd einholen und zum Kampf stellen. Der deutsche Admiral versuchte zwar seine Kleinen Kreuzer noch zu retten, indem er sich dem Gegner mit seinen beiden Panzerkreuzern entgegenwarf. Nach einem aussichtslosen Kampf – die englischen

Schlachtkreuzer waren den deutschen Panzerkreuzern sowohl an Geschwindigkeit als auch artilleristisch weit überlegen – wurde zuerst „Scharnhorst" und wenig später „Gneisenau" niedergekämpft. Von den Kleinen Kreuzern vermochte sich nur die „Dresden" zu retten. Sie entkam in den Pazifik, wurde dann aber im März 1915 vor der neutralen Insel Juan Fernandez von zwei englischen Kreuzern aufgespürt und versenkt. Die Besatzung ging in die Internierung. Vizeadmiral Graf Spee fand mit der gesamten Besatzung seines Flaggschiffes den Tod. Von SMS „Gneisenau" wurden 187 Mann und von „Leipzig" und „Nürnberg" zusammen nur 28 Mann gerettet. Mit dem Admiral und seinen beiden Söhnen, die auf verschiedenen Kreuzern Dienst taten, gingen alle Kommandanten und der Chef des Stabes des Geschwaders, Kapitän zur See Fielitz, mit ihren Schiffen unter.

Der Kleine Kreuzer „Emden", lag, wie schon erwähnt, bei Kriegsausbruch in Tsingtau. Er beschlagnahmte am 4. August den russischen Dampfer „Rjäsan" und rüstete ihn mit der Besatzung des Kanonenbootes „Cormoran" zu einem Hilfskreuzer aus. Die „Emden" ging anschließend gemeinsam mit dem Hilfskreuzer „Prinz Eitel Friedrich" nach Pagan, einer Inselgruppe in den Marianen, wo sie sich mit dem Kreuzergeschwader trafen. Von dort wurde „Emden" auf Vorschlag seines Kommandanten, Fregattenkapitäns v. Müller, zur selbständigen Kreuzerkriegführung in den Indischen Ozean entlassen. „Emden" wurde auf dieser Fahrt zum erfolgreichsten Auslandskreuzer der deutschen Flotte im Ersten Weltkrieg. Mit ihrem Begleitschiff „Markommania" erreichte der Kreuzer Anfang September 1914 sein vorgesehenes Operationsgebiet im Golf von Bengalen. Dort und vor der indischen Südküste fielen ihn eine Reihe von Prisen zum Opfer. Am 22. September erschien „Emden" unvermutet vom Gegner vor dem Hafen Madras und schoß dort die Öltanklager in Brand. Die rege Tätigkeit des vorzüglich geführten Kreuzers und die Wegnahme zahlreicher Prisen brachte die ganze Schifffahrt im Golf von Bengalen zum Stocken. Ende Oktober machte der Kommandant einen erneuten Vorstoß gegen einen feindlichen Hafen. Diesmal war Penang an der Malakka-Straße das Ziel. Unter Tarnung mit einem vierten Schornstein, der der „Emden" das Aussehen eines englischen Kreuzers gab, lief sie in den Hafen ein, schoß dort den an dem Pier liegenden russischen Kreuzer „Schemtschug" zusammen und versenkte noch beim Auslaufen das französische Torpedoboot „Mousquet", das vor dem Hafen auf Vorposten stand. Der Kommandant hielt es nun angesichts der durch seine kühnen Unternehmungen hervorgerufenen Unruhe für zweckmäßig, sein Operationsgebiet zu verlegen und setzte Kurs auf die Cocos-Inseln im südöstlichen Teil des Indik. Nach Zerstörung der dortigen Funkstation wollte er wieder in den Indischen Ozean zurücklaufen, um weiter Handelskrieg zu führen. Es kam anders. Nach Ausschiffung eines Landungskorps erschien plötzlich der australische Kreuzer „Sidney", der in der Nähe gestanden und einen Alarmruf der Funkstation aufgefangen hatte. In dem sich entspinnenden Gefecht wurde die „Emden", die der „Sidney" artilleristisch stark unterlegen und durch das Fehlen der gelandeten Mannschaften erheblich geschwächt war, nach tapferem Widerstand zusammengeschossen und von ihrem Kommandanten auf ein Riff gesetzt. Dem Landungskorps unter Führung des 1. Offiziers, Kapitänleutnant v. Mücke, gelang es, auf einem gekaperten alten Schuner zu entkommen und nach langer Irrfahrt über die Türkei wieder die Heimat zu erreichen. In dem Gefecht vor den Cocos-Inseln waren 8 Offiziere und 123 Mann der „Emden"-Besatzung gefallen. Der Rest geriet mit dem Kommandanten in englische Gefangenschaft. Die tapfere und ritterliche Kampfführung Kapitän v. Müllers und seiner Besatzung wurde auch vom Gegner anerkannt, indem der englische König anordnete, daß den Offizieren ihre Waffen belassen werden sollten. Nach Rückkehr in die Heimat wurde Kapitän zur See v. Müller von Kaiser Wilhelm mit dem Orden Pour-le-Mérite ausgezeichnet.

Fünf Tage bevor die „Emden" vor den Cocos-Inseln ihr Schicksal ereilte, fand auch der im Handelskrieg nicht weniger erfolgreiche Kleine Kreuzer „Karlsruhe" im Atlantik durch einen bis heute nicht aufgeklärten Unglücksfall sein Ende. Die „Karlsruhe" war 1914 der neueste und modernste Kleine Kreuzer der deutschen Flotte. Sie war erst zwei Jahre zuvor vom Stapel gelaufen und besaß die beachtliche Geschwindigkeit von 29,3 Knoten. Leider hatte auch bei ihrer Bewaffnung noch das verhältnismäßig kleine Kaliber von 10,5-cm Verwendung gefunden. Das Schiff hatte am

26. Juli in Port-au-Prince den Kleinen Kreuzer „Dresden" abgelöst und sollte nunmehr nach Kriegsausbruch Kreuzerkrieg im
Mittelatlantik führen. Auf dem Marsch in das Operationsgebiet
begegnete „Karlsruhe" am 2. August dem englischen Panzerkreuzer „Berwick", vermied jedoch im Hinblick auf seine eigentlichen Aufgaben eine Gefechtsberührung. Am 5. August traf sie
mit dem aus New York kommenden Passagierdampfer „Kronprinz Wilhelm" mitten im Atlantik zusammen und rüstete diesen als Hilfskreuzer aus. Kommandant wurde der bisherige Na-
vigationsoffizier der „Karlsruhe", Kapitänleutnant Thierfelder.
Im August und bis zum Oktober führte der Kreuzer dann einen
überaus erfolgreichen Handelskrieg im Mittel- und Südatlantik
und wußte sich unter der geschickten Führung seines Kommandanten, des Fregattenkapitäns Koehler, allem Nachstellen der
ihn suchenden englischen Kriegsschiffe zu entziehen. Am 4. November 1914 fand um die Mittagszeit plötzlich eine heftige Explosion statt, die das Schiff in zwei Teile zerriß. Das Vorschiff
sank sofort und nahm den Kommandanten, den wachhabenden
Offizier und einen großen Teil der Besatzung mit in die Tiefe.
Die restliche Besatzung konnte durch den Begleitdampfer „Rio
Negro" geborgen werden und erreichte unter Führung des
1. Offiziers, Kapitänleutnant Studt, nach wochenlanger Irrfahrt
glücklich die Heimat. Der Untergang des Kreuzers wurde vom
deutschen Admiralstab lange Zeit verheimlicht, so daß noch bis
in das Jahr 1915 englische Schiffe nach ihm im Atlantik suchten.
    Der dritte der einzelfahrenden Auslandskreuzer, SMS „Kö-
nigsberg", befand sich bei Kriegsausbruch in Daressalam. Trotz
schärfster Bewachung dieses Hafens durch englische Kriegsschiffe
konnte „Königsberg" die Blockade durchbrechen und mit Kurs
auf den Golf von Aden entkommen. Am 3. September 1914 sah
sich der Kommandant, Fregattenkapitän Looff, jedoch gezwungen, wegen Kohlenmangel und schweren Maschinenschadens die
Rufiji-Mündung anzusteuern. Nach Behebung der Schäden lief
„Königsberg" wieder aus und überraschte vor Sansibar den dort
vor Anker liegenden englischen Kreuzer „Pegasus", den sie nach
kurzem Feuergefecht niederkämpfte. Der Kreuzer lief anschließend wieder in die Rufiji-Mündung zurück, um die Ausbesse-
rung der noch nicht ganz behobenen Schäden zu beenden, wurde

aber dort durch ein englisches Blockadegeschwader aufgefunden. Da ein erneutes Auslaufen sich als unmöglich erwies, mußte sich der Kommandant nach einem wochenlangen Abwehrkampf zur Versenkung seines schwerbeschädigten Schiffes entschließen. Die Besatzung konnte sich an Land retten und schloß sich dort der deutschen Schutztruppe unter General v. Lettow-Vorbeck an, in deren Verband sie bis zur Beendigung der Feindseligkeiten kämpfte.

Bei Kriegsbeginn befanden sich im Mittelmeer der Schlachtkreuzer „Goeben" (Kdt. Kapitän zur See Ackermann) und der Kleine Kreuzer „Breslau" (Kdt. Fregattenkapitän Kettner). Geschwaderchef war Konteradmiral Souchon. Der Verband lief sofort nach Kriegsausbruch von Messina, seinem letzten Liegehafen, an die algerische Küste, um die von dort kommenden französischen Truppentransporte zu stören. Nach der Beschießung von Philippeville und Bône kehrte Admiral Souchon kurzfristig mit seinen Schiffen nach Messina zurück, entschloß sich dann aber wegen der fraglichen Haltung Italiens nach den Dardanellen durchzubrechen. Trotz stärkster Verfolgung durch feindliche Seestreitkräfte gelang es dem Admiral, diese abzuschütteln und am 10. August 1914 in die Dardanellen einzulaufen. Nach dem Eintreffen der Schiffe in Konstantinopel traten sie mit den deutschen Besatzungen in türkische Dienste und verstärkten damit die an sich schwache türkische Flotte sehr erheblich. Unter den neuen Namen „Sultan Yawuz Selim" („Goeben") und „Midilli" („Breslau") haben beide Kreuzer dann bis zum Kriegsschluß den Hauptanteil an den Seekriegsunternehmungen im Schwarzen Meer getragen.

Die „Breslau" („Midilli") sank am 20. Januar 1918 nach einem Flottenvorstoß gegen die Insel Imbros durch Minentreffer. „Goeben" („Sultan Yawuz Selim") wurde später in „Yawuz" umgetauft und stand noch bis vor einigen Jahren als letztes Schlachtschiff im aktiven Dienst.

Die Marine hat während des Ersten Weltkrieges auch eine Reihe von Hilfskreuzern ausgerüstet, die zum Teil beträchtliche Erfolge im Handelskrieg erzielen konnten. Die wichtigsten seien nachstehend genannt:

Der Schnelldampfer „Kaiser Wilhelm der Große" des Norddeutschen Lloyd lag im August 1914 in Bremerhaven und wurde dort beschleunigt zum Hilfskreuzer ausgerüstet. Unter seinem Kommandanten, Fregattenkapitän Reymann, gelang der Durchbruch durch die feindlichen Blockadelinien nördlich Island. Am 15. August wurde bei den Kanarischen Inseln ein englischer Postdampfer angehalten, nach Zerstörung seiner Funkeinrichtung aber mit Rücksicht auf die an Bord befindlichen Frauen und Kinder wieder freigegeben. Am 16.8. 1914 wurden an der afrikanischen Westküste zwei englische Dampfer versenkt. Anschließend lief der Hilfskreuzer wegen Kohlenmangel die spanische Kolonie Rio del Oro an, wurde aber dort ungeachtet der spanischen Neutralität von dem englischen Kreuzer „Highflyer" angegriffen und nach heftigem Kampf von der eigenen Besatzung versenkt.

Erfolgreicher war der von dem Kleinen Kreuzer „Karlsruhe" im Atlantik zum Hilfskreuzer ausgerüstete Schnelldampfer „Kronprinz Wilhelm" der gleichen Reederei. Unter dem Kommando des Navigationsoffiziers der „Karlsruhe", Kapitänleutnant Thierfelder, hat das Schiff, ohne zu ankern, 251 Tage lang im Atlantik gekreuzt und zahlreiche Prisen versenkt. Am 14. April 1915 erst lief der Hilfskreuzer wegen völliger Erschöpfung seiner Vorräte den amerikanischen Hafen Newport News an und wurde dort interniert.

Die „Kap Trafalgar" der Hamburg-Südamerika Linie lag bei Kriegsausbruch in Buenos Aires, ging von dort in See und wurde Ende August 1914 von dem Kanonenboot „Eber" (Kdt. Korvettenkapitän Wirth) als Hilfskreuzer in Dienst gestellt. „Eber" ging anschließend nach Bahia und wurde dort interniert. Die „Kap Trafalgar" nahm Kurs nach Norden, wurde aber am 13. September 1914 bereits bei der Insel Trinidad im Gefecht von dem englischen Hilfskreuzer „Carmania", der selbst schwer beschädigt wurde, niedergekämpft. Der Kommandant, zwei Offiziere und 12 Mann fanden den Tod.

Der Anfang August 1914 in Ostasien befindliche Reichspostdampfer „Prinz Eitel Friedrich" wurde in Tsingtau von den Kanonenbooten „Luchs" und „Tiger" zum Hilfskreuzer ausgerüstet, begleitete zunächst das Kreuzergeschwader, wurde dann aber in Valpareiso zur selbständigen Kreuzerkriegführung in die südamerikanischen Gewässern detachiert. Nach Versenkung mehrerer Prisen mußte sich das Schiff dann aber im März 1915 in Newport News internieren lassen. Kommandant war Korvettenkapitän Thierichens.

Eine nur kurze Wirksamkeit war dem zum Hilfskreuzer ausgerüsteten ehemaligen Reichspostdampfer „Berlin" beschieden. Das Schiff hatte den Befehl, in der Irischen See Minen zu legen. Nach geglücktem Durchbruch durch die Blockadelinien warf die „Berlin" in der Nacht zum 21. Oktober bei Tory Island auch 200 Minen, durchquerte dann, nach Norden ausweichend, das Eismeer und erschien am 4. November vor Archangelks. Wegen Kohlenmangels mußte sich dann aber der Kommandant, Kapitän zur See Pfundheller, entschließen, nach Süden zurückzulaufen und sich in Drontheim internieren lassen.

Die nicht sehr glücklichen Erfahrungen, die man mit der Verwendung von großen und international bekannten Fahrgastschiffen als Hilfskreuzer gemacht hatte, bestimmten im weiteren Verlauf des Krieges die Marineleitung, zu weniger auffälligen Frachtdampfern überzugehen. Man mußte damit zwar die geringere Geschwindigkeit dieser Schiffe in Kauf nehmen, konnte andererseits aber damit rechnen, daß diese Hilfskreuzer länger unbekannt blieben.

Als erster Hilfskreuzer dieser Gruppe wurde im Mai 1915 ein ehemaliger englischer Dampfer unter dem Namen „Meteor" in Dienst gestellt. Unter dem Kommando von Korvettenkapitän v. Knorr lief das Schiff längst der norwegischen Küste bis ins Weiße Meer, legte dort Minen und gelangte glücklich wieder durch das Kattegat nach Kiel. Auf einer zweiten Fahrt kam die „Meteor" bis in den Moray Firth, legte dort wieder Minen, traf aber auf der Rückreise an der englischen Küste auf den weit stärkeren englischen Hilfskreuzer „The Ramsay", den sie nach kurzem Feuergefecht versenkte. Bei der anschließenden Jagd durch englische Kreuzer blieb „Meteor" aber auf der Strecke. Nach aussichtslosem Kampf entschloß sich Kapitän v. Knorr, sein Schiff selbst zu versenken. Die Besatzung konnte sich retten.

Die erfolgreichsten der in der Heimat ausgerüsteten Hilfskreuzer waren die „Möwe", (Kdt. Korvettenkapitän Graf zu Dohna) und „Wolf" (Kdt. Fregattenkapitän Nerger).

25. Minensuchboote der Reichsmarine bei einer Sperr-Übung.

26. Schlachtschiff BISMARCK, Flottenflaggschiff im Zweiten Welt-
krieg. Die BISMARCK war eines der größten Schlachtschiffe der
Welt. Sie sank am 27. 5. 1941 nach Vernichtung des englischen
Schlachtkreuzers HOOD im Kampf gegen einen weitüberlegenen
Gegner.

Die „Möwe" hat unter ihrem Kommandanten zwei sehr erfolgreiche Reisen gemacht. Die erste führte vom 2. Januar 1916 bis zum 4. März des gleichen Jahres durch die Biskaya an die brasilianische Küste. Auf der zweiten Fahrt, die ebenfalls in den Südatlantik ging, war der Hilfskreuzer vom 22. November 1916 bis zum 22. März 1917 unterwegs. Jedesmal wurden die englischen Blockadelinien auf der Hin- wie auf der Rückfahrt glücklich passiert, da sich „Möwe" mehrfach als alliierter Dampfer tarnte. Insgesamt hat der Hilfskreuzer auf seinen zwei Fahrten 21 Dampfer und 5 Segelschiffe versenkt. Zehn dieser Dampfer waren mit Geschützen armiert, so daß es in einigen Fällen zu einem kurzen Gefecht kam.

Die längste Kaperfahrt hat der Hilfskreuzer „Wolf" unter dem Kommando von Fregattenkapitän Nerger absolviert. „Wolf" lief am 30. November 1916 aus und kehrte erst am 18. März 1918 nach einem 445-tägigen Seetörn zurück. Die Reise führte rund um Afrika nach Australien und zurück durch den Indischen Ozean und den Atlantik nach Kiel. Auf der Fahrt wurden 14 Dampfer zu Prisen gemacht, weitere 12 wurden durch von „Wolf" gelegte Minen versenkt.

Weniger glücklich verliefen die Versuche zweier anderer Hilfskreuzer, die feindlichen Blockadelinien zu durchbrechen. Der im Dezember 1916 zum Hilfskreuzer ausgerüstete englische Dampfer „Yarrowdale", (eine Prise des Hilfskreuzers „Möwe", die in die Heimat gebracht werden konnte), ging im März 1917 unter dem Namen „Leopard" (Kdt. Korvettenkapitän v. Laffert) in See, wurde aber schon auf der Ausfahrt zwischen Island und Norwegen von dem englischen Panzerkreuzer „Achilles" gefaßt und nach schwerem Kampf mit der gesamten Besatzung versenkt.

Kurz vorher war der von Hamburg auslaufende Hilfskreuzer „Greif" (Kdt. Fregattenkapitän Tietze) südlich von Island von zwei englischen Hilfskreuzern gestellt worden, von denen er einen durch Torpedoschuß versenken konnte. „Greif" selbst aber war in dem Gefecht so schwer beschädigt worden, daß er von der eigenen Mannschaft gesprengt werden mußte.

Als letzter Hilfskreuzer wurde im Dezember 1916 ein ehemaliges amerikanisches Vollschiff unter dem Namen „Seeadler"

(Kdt. Korvettenkapitän Graf v. Luckner) auf die Reise geschickt. Durch seine geschickte Tarnung kam das Schiff bis in die Südsee, strandete aber am 2. August 1917 infolge eines Seebebens vor der Insel Mopelia (Gesellschaftsinseln) und mußte aufgegeben werden. Insgesamt hat die „Seeadler" 15 Handelsschiffe, zumeist Segelschiffe, versenken können.

Zieht man aus dieser Tätigkeit der verschiedenen Hilfskreuzer den Schluß, so muß man erkennen, daß die unauffälligen Schiffe im Ergebnis weitaus besser abgeschnitten haben als die großen Schnelldampfer. Aus dieser Erfahrung hat man dann im Zweiten Weltkrieg die notwendigen Folgerungen gezogen.

Der Seekrieg in der Ostsee

Der Ostsee kam im Verhältnis zur Nordsee als dem Hauptkriegsschauplatz nur eine zweitrangige Bedeutung zu, zumal hier der Gegner, die russische Flotte, sich von Anfang an weitgehend defensiv verhielt. Erst als sich im Verlauf des Krieges die Operationen mehr in die östliche Ostsee verlagerten, nahm auch hier die Kampftätigkeit zu.

Oberbefehlshaber des Ostsee-Streitkräfte war seit Kriegsbeginn der Bruder Kaiser Wilhelms II., Großadmiral Prinz Heinrich von Preußen. Ihm unterstanden im wesentlichen nur einige ältere Linienschiffe und Panzerkreuzer sowie leichte Seestreitkräfte und Einheiten für den Küstenschutz. Trotz ihrer numerischen und technischen Schwäche haben die Ostsee-Streitkräfte lebhaften Offensivgeist gezeigt.

Schon am 2. August 1914 liefen die beiden Kreuzer „Augsburg" (Kdt. Kapitän zur See Fischer) und „Magdeburg" (Kdt. Korvettenkapitän Habenicht) bis Libau, legten dort Minen und vernichteten die russischen Munitionslager. In den folgenden Tagen wurden die Südausgänge des Großen und des Kleinen Beltes vermint. In der zweiten August-Hälfte stießen die gleichen Kreuzer gemeinsam mit mehreren Torpedobooten bis in den Finnischen Meerbusen vor, wobei es zu einer leichten Gefechtsberührung mit russischen Seestreitkräften kam. Der Kleine Kreuzer „Magdeburg" strandete dabei am 26. 8. 1914 im dichten Nebel vor Odensholm und ging verloren. Anfang September erfolgte unter Führung von Großadmiral Prinz Heinrich ein Vorstoß stärkerer Seestreitkräfte gegen den Finnischen Meerbusen, bei dem es zu einer kurzen Feindberührung kam. Am 11. Oktober 1914 gelingt es dem U-Boot „U 26" (Kdt. Kapitänleutnant Frhr. v. Berckheim), vor dem Eingang zum Finnischen Meerbusen den russischen Panzerkreuzer „Pallada" zu versenken.

Bei einem erneuten Vorstoß gegen Libau, das von in die Ostsee eingedrungenen englischen U-Booten als Stützpunkt benutzt wurde, wird das Flaggschiff des zweiten Admirals, Konteradmiral Behring, der Panzerkreuzer „Friedrich Carl", durch mehrere Minentreffer schwer beschädigt. Der Kreuzer sinkt, nachdem die Besatzung in der Nacht durch SMS „Augsburg" geborgen werden konnte. Vom Januar bis zum Herbst herrscht in der Ostsee Ruhe, da die russischen Gewässer vereist sind. Im April 1915 werden die deutschen Seestreitkräfte in der Ostsee durch detachierte Einheiten der Hochseeflotte wesentlich verstärkt. Damit lebt die Kampftätigkeit wieder auf. Am 7. Mai 1915 wird Libau durch Einheiten des Ostheeres, die von See aus durch die Flotte unterstützt werden, eingenommen. Wenig später geht das IV. Geschwader der Hochseeflotte unter Admiral Ehrhardt Schmidt gegen die russischen Stellungen im Finnischen Meerbusen vor. Im Juli 1915 kommt es dann zu der ersten offensiven Unternehmung der russischen Flotte. In den sich entspinnenden Kämpfen zwischen fünf russischen Panzerkreuzern und leichten deutschen Seestreitkräften gerät der Minenkreuzer „Albatross" (Kdt. Fregattenkapitän West) in schweres gegnerisches Feuer und muß bei Östergarn/Gotland auf Strand gesetzt werden. Beim Herannahen deutscher Verstärkungen ziehen sich die Russen zurück. In der nächsten Zeit nimmt die Kampftätigkeit weiter zu. Mehrere Versuche, mit starken Kräften in den Rigaischen Meerbusen einzudringen und die dort liegenden russischen Schiffe niederzukämpfen, haben nur teilweise Erfolg. Am 23. Oktober 1915 wird der Panzerkreuzer „Prinz Adalbert" (Kdt. Kapitän zur See Bunnemann) vor Libau von einem englischen U-Boot versenkt. Nur drei Mann der Besatzung können gerettet werden. Anfang November geht auch der Kleine Kreuzer „Undine" nördlich Arkona durch Torpedotreffer eines englischen U-Bootes verloren. Der Kleine Kreuzer „Bremen" (Kdt. Korvettenkapitän

Walter) und das Torpedoboot „S 91" laufen vor Windau auf Minen und sinken. Wenig später trifft das gleiche Schicksal das Torpedoboot „S 177". Da sich durch den Verlust dieser Einheiten gezeigt hat, daß die älteren Kreuzer den modernen Unterwasserwaffen nicht gewachsen sind, werden die meisten von ihnen wieder zurückgezogen. Noch einmal aber müssen die deutschen Seestreitkräfte im November 1916 einen empfindlichen Verlust hinnehmen. Bei einem Angriff auf Baltischport laufen sieben von elf Booten der X. Torpedobootsflottille (Chef Korvettenkapitän Wieting) auf Minen und gehen verloren.

Am 12. März 1917 brach die russische Revolution aus. Der Zar dankte ab. Im Oktober des gleichen Jahres wurden die Inseln Ösel, Dagö und Moon durch von der Flotte herangebrachte Heerestruppen, unterstützt von den Einheiten der Ostseeflotte und aus der Nordsee entsandte Streitkräfte nach heftigen Kämpfen genommen. Befehlshaber der Heeresabteilung war General der Infanterie v. Kathen. Die Seestreitkräfte wurden von Vizeadmiral Ehrhardt Schmidt befehligt. Chef der Transportflotte war der Fregattenkapitän v. Schlick. Das russische Linienschiff „Slawa" wurde vernichtet.

Im April 1918 fand die letzte Unternehmung in der Ostsee statt. Das Ziel galt der Befreiung Finnlands vom bolschewistischen Terror. Zu diesem Zweck war ein Sonderverband unter dem Kommando von Konteradmiral Meurer zusammengezogen worden. Ihm gehörten die Großkampfschiffe „Posen", „Rheinland" und „Westfalen" des I. Geschwaders der Hochseeflotte und mehrere Kreuzer an. Nach der Besetzung der Aalandsinseln ankerte der Verband vor Hangö, das von der gelandeten Heeresabteilung unter General Graf v. d. Goltz genommen wurde. In den nächsten Tagen wurde ganz Süd-Finnland befreit und Helsingfors erobert. An der Unternehmung hatten die Landungskorps der Flotte und die Minensuchverbände unter Fregattenkapitän v. Rosenberg besonderen Anteil.

Mit dieser Unternehmung fanden die Kampfhandlungen in der Ostsee ihr Ende. Trotz ihrer numerischen Schwäche war es den Ostsee-Streitkräften der Marine gelungen, die deutschen Küsten vor jedem feindlichen Angriff zu bewahren und die wichtigen Erzzufuhren aus Schweden zu sichern.

Die Marineluftschiffe im ersten Weltkrieg

Die Schilderung der Seekriegsereignisse im Ersten Weltkrieg wäre unvollständig, wollte man nicht auch die Mitwirkung der damaligen Marineluftschiffe erwähnen. Deutschland verfügte in seinen Luftschiffen über eine Waffe, die der Gegner nicht besaß. Bei Kriegsbeginn waren allerdings nur wenige Luftschiffe einsatzbereit, aber die technischen Voraussetzungen ermöglichten sehr schnell eine wesentliche Verstärkung. Bis zum Kriegsende waren insgesamt 71 Zeppelin-Luftschiffe im Dienst. Von ihnen gingen 30 mit ihren Besatzungen verloren.

Man hat hin und wieder die Ansicht gehört, die Luftschiffe seien nicht in dem Umfange eingesetzt worden, daß sie eine entscheidende Wirkung hätten erzielen können. Ganz anders als dem modernen Flugzeug waren dem Luftschiff Grenzen gesetzt, die sich auf seine Steigfähigkeit und Wetterabhängigkeit und nicht zuletzt auf seinen verhältnismäßig geringen Aktionsradius gründeten. Auch sind die Luftschiffe 1914/18 ausschließlich zu militärischen Angriffen eingesetzt worden. Der erste Angriff erfolgte am 19. Januar 1915 durch einen Bombenabwurf auf Befestigungen an der englischen Ostküste. Im April des gleichen Jahres folgten Angriffe auf die Themsemündung und Anlagen am Tyne. Im Mai konnte ein deutsches Luftschiff zum ersten Mal ein englisches U-Boot durch Bomben vernichten. Im Sommer 1915 wurden die Angriffe auf militärische Anlagen im Raume von Harwich und Grimsby fortgesetzt. Im August 1915 griffen fünf Luftschiffe zum ersten Mal London an. Im September und Oktober wurden diese Angriffe fortgesetzt. Immer aber waren militärische Anlagen das Ziel. Der erste Großangriff richtete sich im Januar 1916 gegen die englische West- und Ostküste. Ein zweiter Großangriff gegen Edinburgh folgte im Mai 1916. Bis zum Jahresende 1916 kam es zu weiteren Angriffen, deren Hauptziel London und die englische Ostküste waren. Von da ab wurden die Angriffe seltener, da die Abwehr erheblich wirksamer geworden war. Der letzte Luftschiffangriff auf England fand am 5. August 1918 statt.

Wie hart und verlustreich der Kampf der Luftschiffe war, zeigt die nachfolgende Statistik:

Im Februar 1915 gehen „L 3" (Kptlt. Fritz) und „L 4" (Kptlt. Graf Plate) im Sturm an der dänischen Küste verloren.

Am 31. 1. 1916 muß „L 19" (Kptlt. Loewe), das an einem Großangriff gegen die englische Westküste teilgenommen hatte, in der stürmischen Nordsee notwassern. Der in der Nähe stehende englische Fischdampfer „King Stephen" verweigert die Hilfe. Die Besatzung ertrinkt.

Am 1. 4. 1916 stürzt „L 15" (Kptlt. Breithaupt) nach einem Angriff auf London in der Themsemündung ab. Die Besatzung wird gerettet und gerät in Kriegsgefangenschaft.

Anfang Mai 1916 muß „L 20" (Kptlt. Stabbert) nach einem Großangriff auf London auf dem Rückmarsch bei Stavanger wegen Brennstoffmangel notlanden. Die Besatzung kann ihr Schiff noch vernichten.

Am 4. Mai 1916 wird „L 7" (Kptlt. Hempel) bei Vyl-Feuerschiff von englischen Kreuzern abgeschossen.

Ende September 1916 gehen die Luftschiffe „L 32" (Oblt. z. S. Peterson) und „L 33" (Kptlt. Böcken) nach einem Großangriff auf London verloren.

Am 1. 10. fällt der erfolgreichste Luftschiffkommandant des Ersten Weltkrieges, Kapitänleutnant Mathy, als Kommandant von „L 31" über der Humber-Mündung.

Bei einem Angriff auf Hochöfen und Maschinenanlagen in Mittel-England fallen „L 21" (Oblt. z. S. Frankenberg) und „L 34" (Kptlt. Dietrich) der starken Abwehr durch englische Flieger zum Opfer.

Am 16. März 1917 geht „L 39" (Kptlt. Koch) über England verloren.

Nördlich Terschelling wird am 14. Mai 1917 „L 22" (Kptlt. Lehmann) durch feindliche Seestreitkräfte vernichtet.

Ebenfalls durch englische Seestreitkräfte wird am 14. Juni 1917 das Marineluftschiff „L 43" (Kptlt. Kraushaar) in der Nordsee abgeschossen.

Zwei Tage später wird vor Yarmouth „L 48" (Kptlt. Eichler) durch einen englischen Flieger abgeschossen. Am 19. Oktober 1917 erleidet die Luftwaffe über England ihre schwersten Verluste bei einem Großangriff von 11 Luftschiffen. Fünf gehen beim Rückflug im Sturm über Frankreich verloren.

Am 5. August schließlich stürzt „L 70" (Kptlt. v. Lossnitzer) bei dem letzten Luftangriff auf London brennend ab. Mit der gesamten Besatzung findet auch der Führer der Luftschiffe, Fregattenkapitän Strasser, den Tod.

Von nun ab wurden die restlichen Luftschiffe nur noch zur Aufklärung verwendet.

Das Ende der Kaiserlichen Flotte

Am 11. November 1918 trat der Waffenstillstand in Kraft. Der gewaltigste Krieg, den die Weltgeschichte bis dahin kannte, war beendet. Wie das Heer, so hatte auch die Kriegsmarine einer erheblichen Übermacht gegenüber gestanden. Ihre Leistungen gehören der Geschichte an. Sei es nun der Kampf der Hochseeflotte in der Nordsee und der Ostsee, die Fahrten der deutschen U-Boote und ihr selbstloser Dienst in fast allen Weltmeeren, oder der tapfere Einsatz des Kreuzergeschwaders und der wenigen deutschen Auslandsschiffe in Übersee, und nicht zuletzt die Skagerrakschlacht, in der die junge deutsche Flotte zum ersten Mal der traditionsreichen englischen Welt-Seemacht gegenübertrat, immer haben sie sich ruhmvoll selbst gegen stärkste Übermacht geschlagen. Die nachstehenden Zahlen der Verluste der deutschen Flotte geben ein deutliches Bild dieses Einsatzes:

Mit wehender Flagge sanken vor dem Feind:

1 Linienschiff (SMS „Pommern"),

7 Panzerkreuzer („York", „Friedrich Carl", „Scharnhorst", „Gneisenau", „Blücher", „Prinz Adalbert", „Lützow"),

17 Kleine Kreuzer („Magdeburg", „Cöln", „Mainz", „Ariadne", „Karlsruhe", „Emden", „Leipzig", „Nürnberg", „Dresden", „Undine", „Königsberg", „Bremen", „Wiesbaden", „Frauenlob", „Elbing", „Rostock", „Breslau"),

10 Kanonenboote („Iltis", „Tiger", „Jaguar", „Eber", „Luchs", „Cormoran", „Geier", „Otter", „Vaterland", „Tsingtau"),

110 Torpedoboote,   *198 Unterseeboote,*

29 Minensuchboote,   *6 Spezialschiffe,*

17 Hilfskreuzer,   *170 Hilfsschiffe,*

30 Marineluftschiffe und *170 Land- und Seeflugzeuge.*

In den Waffenstillstandsbedingungen war festgelegt, daß die Kriegsschiffe der deutschen Hochseeflotte, welche die Alliierten und die Vereinigten Staaten bezeichnen würden, sofort abgerüstet und in einem neutralen oder in dessen Ermangelung in einem Hafen der Alliierten interniert werden sollten. Sie sollten dort unter Bewachung der Alliierten und der Vereinigten Staaten verbleiben. An Bord durften sich nur Wachkommandos befinden.

Die Alliierten bezeichneten zehn Linienschiffe, sechs Panzerkreuzer, acht Kleine Kreuzer und fünfzig Zerstörer der neuesten Typen. Alle zur Internierung vorgesehenen Schiffe mußten bereit sein, die deutschen Häfen sieben Tage nach Unterzeichnung des Waffenstillstandsvertrages zu verlassen. Die Reiseroute wurde ihnen durch Funkspruch vorgeschrieben.

Entsprechend diesen Bestimmungen, die praktisch die Vernichtung der ganzen noch vorhandenen deutschen Hochseeflotte bedeuteten, erhielt am 18. November 1918 der neuernannte Chef des Überführungsverbandes, Konteradmiral v. Reuter, den Befehl zum Auslaufen. Als Internierungshafen war Scapa Flow vorgesehen, wo am 26. November 1918 im äußersten Winkel der Bucht zum letzten Mal die Anker fielen.

Da Admiral v. Reuter durch die von den Engländern streng durchgeführte Isolierung seiner Schiffe von jeder Funkverbindung mit der Heimat abgeschlossen war und er aus Gerüchten den Schluß ziehen zu müssen glaubte, daß die Feindseligkeiten erneut aufgenommen würden, gab er am 21. Juni 1919 den Befehl durch, die Schiffe zu versenken. Er befolgte damit nur eine Anweisung, die für jeden in See befindlichen deutschen Befehlshaber galt und die besagte, daß deutsche Kriegsschiffe im Kriege in keinem Fall in die Hände des Feindes fallen dürften.

Von den zahlreichen Schiffen des Internierungsverbandes konnten nur ein Linienschiff, drei Kleine Kreuzer und vier Torpedoboote von den Engländern in sinkendem Zustand an Land geschleppt werden. Alle anderen ruhen auf dem Grund der Bucht von Scap Flow.

Das war das Ende der deutschen Hochseeflotte des Kaiserreiches. Die Ehre der Flagge war durch diese Tat zwar gerettet, aber der Traum von der deutschen Seemacht war damit ausgeträumt.

VON DER REICHSMARINE ZUR KRIEGSMARINE

Erste Anfänge

Der Versailler Vertrag legte für den Aufbau einer neuen deutschen Flotte bestimmte Grundsätze fest. Danach durfte Deutschland nach Ablauf einer Frist von zwei Monaten nach Inkrafttreten des Vertrages wieder in Dienst stellen:

sechs Linienschiffe in einer Größe bis zu 10 000 ts,

sechs Kleine Kreuzer in einer Größe bis zu 6000 ts,

zwölf Zerstörer in einer Größe bis zu 800 ts,

zwölf Torpedoboote in einer Größe bis zu 200 ts.

Das gesamte Personal der Marine wurde auf 15 000 Mann beschränkt. Von ihnen durften aber nicht mehr als 1500 Offiziere oder Deckoffiziere sein.

Die gleichen Größen waren für Ersatzbauten festgelegt.

Alle Unterseeboote, ebenso wie die Hebeschiffe und Docks für diese, mußten ausgeliefert werden. Der Bau aller Unterwasserfahrzeuge, auch für Handelszwecke, blieb untersagt.

Was hier zugebilligt wurde, war nur der Torso einer Flotte, die jeder Homogenität entbehrte und der zudem der Neubau aller Kriegsschifftypen untersagt war, die der damaligen Seekriegführung entsprachen. Das Deutsche Reich, inzwischen zu einer wirtschaftlichen und industriellen Großmacht emporgewachsen, durfte nur eine Flotte besitzen, die in ihrer Zusammensetzung sinnwidrig und im Kampfwert kaum drittrangig war. Dieses letztere konnte auch nicht anders sein, denn was zur Verfügung stand, waren durchweg veraltete Einheiten, die schon vor 1914 zur Reserve gehört hatten, und die nun erst mühsam den neuen an sie zu stellenden Anforderungen angepaßt werden mußten, da an Neubauten zunächst nicht gedacht werden konnte.

Den Stamm der neuen Flotte bildeten Linienschiffe der alten „Braunschweig"- und „Deutschland"-Klasse, die schon auf das ehrwürdige Alter von fast zwanzig Jahren zurückblicken konnten. Hinzu kamen einige nicht weniger alte Kleine Kreuzer, die teilweise schon während des Krieges als Wohnschiffe gedient hatten. Noch schwieriger war die Lage bei den Zerstörern bzw. Torpedobooten, von denen in der zugebilligten Größe von 800 bzw. 200 ts nur ganz wenige und sehr verbrauchte zur Verfügung standen. Alle Einheiten aber mußten zudem erst einer umfassenden Instandsetzung unterworfen werden, ehe sie in Fahrt gebracht werden konnten.

Ende 1922 bestand die neue Flotte aus den Linienschiffen „Hannover" und „Braunschweig", den Kleinen Kreuzern „Medusa", „Thetis", „Arcona" und „Hamburg", der I. Torpedobootsflottille mit 11 Booten und der II. Torpedobootsflottille mit 7 Booten. Vorhanden waren ferner im aktiven Dienst der Kleine Kreuzer „Berlin" und die Segelbrigg „Niobe", die zur Ausbildung des Seeoffiziernachwuchses bestimmt waren, sowie einige Tender für verschiedene Schulzwecke. In der Reserve bzw. Instandsetzung befanden sich die Linienschiffe „Schlesien", „Schleswig-Holstein", „Lothringen", „Preußen", „Elsaß" und „Hessen", die Kleinen Kreuzer „Niobe", „Nymphe" und „Amazone" sowie acht Torpedoboote. Als Neubau war ein Kleiner Kreuzer bewilligt worden, der den traditionsreichen Namen „Emden" erhalten sollte.

Einen Flottenchef gab es damals noch nicht wieder, vielmehr führte der diese Aufgabe wahrnehmende Seeoffizier bis zum Frühjahr 1925 die Amtsbezeichnung „Oberbefehlshaber der Seestreitkräfte". Diesen Posten hatte bis 1924 Vizeadmiral Zenker und von 1924–27 Vizeadmiral Mommsen inne. Schwierig war naturgemäß die Bereitstellung der notwendigen Schiffsbesatzungen. Sie rekrutierten sich anfangs aus Angehörigen der beiden Marinebrigaden, die 1919 den Grenzschutz im Osten übernommen hatten, sowie aus Besatzungen der deutschen Minensuchflottillen, die aufgrund der Waffenstillstandsbedingungen im Winter 1919/20 mehr als 100 000 Minen in der Nordsee und der Ostsee geräumt hatten.

Oberste Kommando- und Verwaltungsbehörde der Marine war zunächst die neugeschaffene *Admiralität*, die aber Ende 1920 bereits in *Marineleitung* umbenannt wurde. Chefs waren nacheinander bis 1928 die Admirale Ritter v. Mann Edler v.

Tiechler, Rogge, v. Trotha, Michaelis, Behncke und ab 1924 Zenker.

Im April 1919 war durch die Nationalversammlung das Gesetz über die Bildung einer „Vorläufigen Reichsmarine" angenommen worden. Am 23. März 1921 verabschiedete dann der neugewählte Reichstag das neue Wehrgesetz, mit dem gleichzeitig die *Reichsmarine* begründet wurde. Anfang 1922 bereits hatten alle Einheiten der Flotte die neue Flagge gesetzt, die die schwarz-weiß-roten Farben mit dem Eisernen Kreuz in der Mitte und einer schwarz-rot-goldenen Gösch in der linken oberen Hälfte zeigte. Diese Flagge wehte bis zum Jahre 1933 auf allen deutschen Kriegsschiffen.

Die Tätigkeit der Seestreitkräfte hielt sich naturgemäß in den ersten Jahren in sehr engen Grenzen. Außer dem Minensuchen in der Nordsee und der Ostsee hatte nur der Schulkreuzer „Berlin" einige Häfen Schwedens besucht. Im Jahre 1922 liefen „Braunschweig", „Arcona", „Hamburg" und die II. Torpedoflottille norwegische Fjorde an. Die „Hannover" machte einen kurzen Besuch in Stockholm. Im Jahre 1923 leisteten verschiedene Kreuzer und Tender der internationalen Schiffahrt Eishilfe im Rigaischen Meerbusen. Im Januar 1924 aber trat der Kreuzer „Berlin" bereits die erste Überseereise an, die bis zu den Kanarischen Inseln führte. Kommandant der „Berlin" auf dieser Fahrt war Kapitän zur See Wülfing v. Ditten. Ende des gleichen Jahres ging die „Berlin" sogar bis nach Westindien.

Im Januar 1925 lief der neue Kleine Kreuzer „Emden" vom Stapel. Er war der erste Neubau der Reichsmarine nach dem Zusammenbruch im Jahre 1918.

Im Frühjahr 1925 wurde Vizeadmiral Mommsen, der bis dahin noch die Dienstbezeichnung „Oberbefehlshaber der Seestreitkräfte" geführt hatte, zum ersten Flottenchef der Reichsmarine ernannt. Jetzt gab es auch wieder offiziell eine deutsche Flotte. Der vormalige O. d. S., Admiral Zenker, wurde Chef der Marineleitung.

Von internationaler Bedeutung war 1925 die Auslands-Forschungsreise des Vermessungsschiffes „Meteor", das im Rahmen der Deutschen Atlantischen Expedition unter seinem Kommandanten Fregattenkapitän Spiess eine große wissenschaftliche

Reise durch den Südatlantik durchführte. Das Schiff kehrte erst im Mai 1927 wieder in die Heimat zurück. Auf der Fahrt war der Atlantik fortgesetzt durchkreuzt worden. Die Gesamtfahrtstrecke betrug rund 68 000 Seemeilen. Auch die „Berlin" ging im September 1925 unter Kapitän zur See Junkermann erneut auf eine Reise, die diesmal über die Azoren, die Bermudas, durch den Panama-Kanal nach Peru und Chile und zurück durch die Magellanstraße nach Kiel führte, wo der Kreuzer im März 1926 wieder einlief.

Die Reichsmarine zwischen 1926 und 1935

Die Jahre zwischen 1926 und 1935, in dem sich die Umbenennung der Reichsmarine in *Kriegsmarine* vollzog, sind gekennzeichnet durch eine weitere Straffung der Organisation, die Verstärkung der Flotte durch zahlreiche Neubauten und eine rege Auslandstätigkeit der Marine. Im Frühjahr lief der Schulkreuzer „Hamburg" unter Fregattenkapitän Groos aus Wilhelmshaven zu einer bis zum März 1927 dauernden Weltreise aus. Es war die erste Erdumrundung eines deutschen Kriegsschiffes nach dem Ersten Weltkriege. Im November des gleichen Jahres trat der neue Kleine Kreuzer „Emden" (Kdt. Kapitän zur See Foerster) eine Weltreise an, die um Afrika herum in den Indischen Ozean nach Japan und Alaska und von dort mit südlichem Kurs um Kap Horn nach Westindien führte. Die Flotte machte unter Admiral Mommsen eine mehrwöchige Reise ins Mittelmeer, die besonders der Schulung der Besatzungen diente. Im März 1926 war das erste der neuen Torpedoboote vom Typ „Möwe" in Wilhelmshaven vom Stapel gelaufen. Im März bzw. August 1927 folgten die neuen Kreuzer „Königsberg" und „Karlsruhe". Zwischen 1926 und 1928 waren auch zwölf neue Torpedoboote der „Seeadler"- und „Wolf"-Klasse zu Wasser gelassen worden. Mit den neuen Kreuzern und Torpedobooten gewann die Flotte langsam, aber sicher ein modernes Aussehen. Im Gegensatz zu den Auslandskreuzern der Vorkriegszeit waren die neuen mit 15-cm-Geschützen in Drillingstürmen bestückt, während die ersteren nur das 10,5-cm-Kaliber gehabt hatten. Damit war ein Handicap ausgeglichen, das sich im Ersten Weltkrieg sehr zum Nachteil der damaligen Kleinen Kreuzer der Kaiserlichen Marine ausgewirkt hatte.

Mit den Herbstmanövern 1927 hatte Vizeadmiral Oldekop den bisherigen Flottenchef Vizeadmiral Mommsen abgelöst. Die unermüdliche „Berlin" ging im Dezember 1927 erneut auf Auslandsreise. Diesmal war das Ziel Ostasien und Australien. Kommandant der „Berlin" auf dieser Reise war Kapitän zur See Kolbe.

Auch im Jahre 1928 bot die Flotte noch das gleiche Bild wie in den Vorjahren. Der Bestand der Linienschiffe blieb der gleiche, lediglich war „Elsass" gegen „Hannover" ausgetauscht worden. Im Mai 1928 lief der neue Kreuzer „Köln" vom Stapel. Er hatte als erstes deutsches Kriegsschiff neben den Turbinen schnelllaufende Dieselmotoren als Antriebsanlage, die ihm eine Höchstgeschwindigkeit von 32 Knoten verlieh. Der neue Kreuzer „Emden" wurde unter dem Kommando von Kapitän zur See v. Arnauld de la Perière Schulkreuzer und ging im Dezember auf Weltreise..

Im Oktober 1928 trat in der Führung der Marine eine wichtige Veränderung ein. Admiral Zenker trat als Chef der Marineleitung zurück und wurde durch Admiral Raeder ersetzt, der bis dahin Chef der Marinestation der Ostsee gewesen war. Er sollte bis zum Januar 1943 die Leitung der Marine behalten.

Mit dem Jahre 1929 erfuhr die Flotte eine wesentliche Verjüngung. Hinzu traten die neuen Kreuzer „Königsberg" und „Köln" sowie die neuen Torpedoboote der „Seeadler"- und „Wolf"-Klasse. Die „Emden" ging wieder auf eine zwölfmonatige Weltreise, deren Ziel Westindien war. Am 19. Mai 1931 lief das erste der nach den Bestimmungen des Versailler Vertrages gebaute 10 000-ts-Panzerschiff vom Stapel. Tatsächlich vermaß das „Deutschland" getaufte Schiff 11 700 ts. Ihm folgten in den Jahren bis 1934 zwei weitere Einheiten der gleichen Klasse, die in der Taufe die Namen „Admiral Scheer" und „Admiral Graf Spee" erhielten. Mit diesen von den Engländern als „Pocket-Battle-Ships" bezeichneten Panzerschiffen war es den deutschen Konstrukteuren gelungen, die Schwierigkeiten zu überbrücken, die der Marine durch die Bestimmungen des Versailler Vertrags auferlegt worden waren. Sie waren mit ihren sechs 28-cm-Geschützen kampfkräftiger als die gleichgroßen und zum Teil schnelleren Kriegsschiffe der anderen Seemächte und andererseits wieder schneller als die zwar stärker bestückten, aber langsameren Schlachtschiffe der damaligen Zeit. Am 31. Oktober 1931 hatte Admiral Oldekop seine Flagge als Flottenchef niedergeholt. An seine Stelle war Vizeadmiral Gladisch getreten.

Wie sah nun die Flotte um diese Zeit aus?

In ihrer Organisation war eine wesentliche Veränderung eingetreten. Dem Flottenchef unterstanden die Befehlshaber der Linienschiffe und der Aufklärungsstreitkräfte. Flottenflaggschiff war das Linienschiff „Schleswig-Holstein". Zu den Linienschiffen gehörten „Schlesien", „Hessen" und „Hannover". Dem Befehlshaber der Aufklärungsstreitkräfte unterstanden die Kreuzer, Torpedoboote und Minensuchboote der Flotte. Zur Reserve zählten die Linienschiffe „Elsaß", „Braunschweig", „Lothringen" und „Preußen". Die Torpedoboote wiederum unterstanden dem „Führer der Torpedoboote", die Minensuchboote dem „Führer der Minensuchboote". An sich aber wechselte der aktive Schiffsbestand der Flotte vor 1933 sehr häufig, da einmal ein Schiff in die Flotte übernommen wurde, ein anderes Mal zur Reserve trat, weil Umbauten oder Überholungen notwendig waren. Ein bestimmtes Flaggschiff des Befehlshabers der Aufklärungsstreitkräfte gab es noch nicht, da jeweils der neueste Kreuzer diese Aufgabe übernahm. Im Jahre 1933 war es die „Königsberg", während die „Karlsruhe" (Kdt. Kapitän zur See Wassner) und „Köln" (Kdt. Fregattenkapitän Schniewind) der Inspektion des Bildungswesens der Marine unterstellt waren. Flottenchef war seit den Herbstübungen 1933 Vizeadmiral Foerster.

Am 26. Juli 1932 hatte die Reichsmarine einen schweren Verlust erlitten. In einer plötzlich aufgetretenen Sturmbö kenterte das Segelschulschiff „Niobe" und nahm einen großen Teil des jungen Seeoffiziernachwuchses mit sich in die Tiefe. 69 Mann fanden dabei den Seemannstod. Aber schon im Mai 1933 lief der Ersatz für die „Niobe", das neue Segelschulschiff „Gorch Fock", in Hamburg vom Stapel. Auch die aktive Flotte erhielt neuen Zuwachs. Anfang April wurde das erste Panzerschiff „Deutschland" unter Kapitän zur See v. Fischel in Dienst gestellt, gleichzeitig wurde der letzte der sechs neuen Kreuzer, die „Nürnberg", in Bau gegeben. Schon vorher war der Schulkreuzer „Köln" unter Fregattenkapitän Schniewind auf eine zwölfmonatige Ausbildungsreise nach Ostasien und Australien in See gegangen.

Der Schiffsbestand der Flotte hatte außer den schon genannten Einheiten eine erhebliche Verstärkung erfahren, da zahlreiche Schul- und Spezialschiffe in Auftrag gegeben oder schon in Dienst gestellt worden waren. Außer dem neuen Artillerieschulschiff „Bremse" waren für den gleichen Zweck vier Schulboote und ein ehemaliges Torpedoboot vorhanden. Ferner waren 1931 die beiden Fischereischutzboote „Elbe" und „Weser" vom Stapel gelaufen. 1934 folgten das Schnellbootbegleitschiff „Tsingtau" und das U-Boot-Begleitschiff „Saar". Für Admiralstabsreisen war der Aviso „Grille" in Dienst gestellt worden, und schließlich waren die beiden alten Linienschiffe „Hessen" und „Zähringen" zu ferngelenkten Zielschiffen umgebaut worden.

Auf diesem Grundstock baute sich die neue Flotte der am 21. März 1935 in *Kriegsmarine* umbenannten Reichsmarine auf. Ihre Größe und Zusammensetzung wurde ausschlaggebend durch das im Juni 1935 abgeschlossene deutsch-englische Flottenabkommen bestimmt.

Rückschauend ergibt sich die Frage, welche Gründe für die Wahl der Ersatzbauten für die der Reichsmarine im Versailler Vertrag belassenen Einheiten maßgebend waren. Bei diesen letzteren handelte es sich ja durchweg um Kriegsschiffe, die schon 1914 als veraltet gelten mußten. Sie waren gewählt worden, weil keine Mittel für Neubauten zur Verfügung standen. Die Linienschiffe der „Deutschland"- und „Braunschweig"-Klasse waren schon 30 Jahre alt, als man endlich an einen Ersatz denken konnte. Gleichaltrige Linienschiffe der anderen Seemächte hatten zu dieser Zeit schon längst den Weg zum Schrotthammer angetreten. Nicht weniger übel sah es bei den Kreuzern aus, von denen z. B. die der Reichsmarine belassene „Niobe" schon 1899 vom Stapel gelaufen war. Die alten Torpedoboote endlich konnten gegenüber den modernen Zerstörern der zwanziger Jahre überhaupt keine Rolle spielen.

Sollte man nun angesichts der für die schweren Einheiten der Reichsmarine zugestandenen Größe von 10 000 ts zweckmäßig eine Art Monitore bauen, die stark armiert und gepanzert, aber dafür langsam waren? Mit ihnen hätte man in der Nordsee defensiv und in der Ostsee vielleicht begrenzt offensiv vorgehen können. Aber das wäre der Schritt zur reinen *Küstenmarine* gewesen. Konnte sich Deutschland, das nach 1918 verhältnismäßig rasch die Folgen des Weltkrieges wenigstens wirtschaftlich und industriell überwunden hatte, eine solche Küstenmarine überhaupt leisten? War damit den weltweiten Beziehungen des Reiches genügend gedient? Der *Risiko*-Gedanke kam zwar nicht mehr in Frage, denn an einen neuen Seekrieg mit England dachte damals keiner der maßgebenden Männer der Reichsmarine mehr. Er wäre auch sinnlos und völlig aussichtslos gewesen. Aber das Deutsche Reich mußte wenigstens auch zur See bündnisfähig sein, denn im Osten drohte das durch Versailles geschaffene Polen, und Polen war mit Frankreich verbündet. Und in einem möglichen Krieg mit Frankreich hätte eine *Küstenflotte* keine andere Rolle spielen können als die Norddeutsche Bundesmarine im Jahre 1870/71. An eine Hochsee-Flotte im früheren Sinne war allerdings nicht mehr zu denken, da ihrem Bau allein schon die durch Versailles festgelegten Begrenzungen in der Größe der schweren Kampfschiffe entgegen standen. Die Lösung fand sich in den Panzerschiffen, die leichtgepanzert und schnell waren und einen verhältnismäßig großen Fahrbereich hatten. Ihr Bau hatte allerdings zur Folge, daß Frankreich sehr bald zum Bau der „Dunkerque"-Klasse überging, Schlachtschiffen, die mehr als doppelt so groß, stärker bestückt und schneller waren.

Der deutsch-englische Flottenvertag vom Juni 1935

Der Versailler Vertrag hatte nach der Abrüstung Deutschlands eine gleiche Abrüstung für alle anderen Staaten vorgesehen. Als es jedoch im Jahr 1932 deutlich wurde, daß diese Staaten die eingegangene Verpflichtung nicht einhalten würden und auch die Verhandlungen auf der Genfer Abrüstungskonferenz hinsichtlich der Seerüstungen unbefriedigend verliefen, genehmigte der damalige Reichswehrminister v. Schleicher einen sogenannten „Umbauplan" für die Reichsmarine. Er hatte zum Ziel, die Flotte zu modernisieren und auf einen Stand zu bringen, der eine gewisse Verteidigung zur See gewährleistete. Nach die-

27. Panzerschiff DEUTSCHLAND, das Typschiff der vom Ausland als „Westentaschen-Panzerschiffe" bezeichneten Panzerschiffe der Reichs- und Kriegsmarine.

28. Panzerschiff ADMIRAL GRAF SPEE führte zu Beginn des Zweiten Weltkrieges erfolgreich Kreuzerkrieg im Atlantik. Es wurde nach schweren Beschädigungen im Gefecht mit englischen Seestreitkräften von der eigenen Besatzung in der La Plata-Mündung versenkt.

sem Plan sollte bis zum Jahre 1938 die Zahl der Zerstörer, Torpedoboote und Schnellboote wesentlich erhöht und eine Rahmenorganisation für U-Boote und Marineflugzeuge geschaffen werden. Der Plan machte gleichzeitig deutlich, daß Deutschland nicht beabsichtigte, den Weg zu einer neuen Weltseemacht zu beschreiten. Um in den Beziehungen zu England von vornherein klare Bahn zu schaffen, kam es im Sommer 1935 zu dem auch von England begrüßten deutsch-englischen Flottenabkommen vom 18. Juni 1935, das am 17. Juli 1937 noch durch ein Zusatzabkommen ergänzt wurde.

Der Vertrag, der zugleich die deutschen Bindungen aus dem Versailler Vertrag aufhob, setzte die Stärke der künftigen deutschen Flotte auf 35 Prozent der britischen in allen Schiffsklassen fest. Deutschland verpflichtete sich gleichzeitig, mit seiner Unterseeboot-Tonnage nicht über 45 Prozent der Gesamt-U-Boot-Tonnage aller Mitglieder des Britischen Commonwealth hinauszugehen, jedoch sollte diese nach besonderer Anmeldung auf 100 Prozent gesteigert werden können. Als Gegenleistung trat die deutsche Marine dem Abkommen bei, das alle U-Boote verpflichtete, den Krieg nach Prisenordnung, also ohne warnungslose Versenkungen, zu führen.

Das Hauptabkommen bestimmte für die künftige deutsche Flotte folgende Tonnage in den einzelnen Schiffsklassen:

Schlachtschiffe . . . . bis zu 184 000 ts,
Schwere Kreuzer . . . . . bis zu 51 000 ts,
Leichte Kreuzer . . . . . . bis zu 67 000 ts,
Flugzeugträger . . . . . . bis zu 47 000 ts,
Zerstörer . . . . bis zu 52 000 ts,
Unterseeboote . . . . . . bis zu 24 000 ts.

Aufgrund dieser Festsetzung konnten in den nächsten Jahren 2 Schlachtschiffe, 3 Schwere Kreuzer, 16 Zerstörer und 28 U-Boote gebaut werden, dazu zahlreiche Minensuch- und Geleitboote, Schnellboote und Hilfsschiffe.

Dies war zunächst auch das Höchstmaß dessen, was von den deutschen Werften geleistet werden konnte.

Die beiden neuen Schlachtschiffe liefen Ende 1936 vom Stapel. Sie erhielten die Namen „Scharnhorst" und „Gneisenau". Sie hatten eine Wasserverdrägung von 31 300 ts und eine Geschwindigkeit von 32 Knoten. Ihr schwerstes Kaliber war das 28-cm-Geschütz. Ihre beiden Nachfolger, „Bismarck" und „Tirpitz", die im Frühjahr 1939 vom Stapel liefen, hatten eine Größe von 41 700 ts und eine Geschwindigkeit von 29 Knoten. Sie waren mit acht 38-cm-Geschützen bestückt.

An Schweren Kreuzern liefen 1937 drei Einheiten vom Stapel, „Admiral Hipper", „Blücher" und „Prinz Eugen". Sie verdrängten 12 200 ts und liefen 32.5 Knoten. Ihre schwerste Artillerie bestand aus je acht 20,3-cm-Geschützen.

Die sechzehn Zerstörer, die zwischen 1935 und 1937 zu Wasser gelassen wurden, waren rund 2 200 ts groß und hatten eine Geschwindigkeit von 38 Knoten.

An U-Booten wurden zunächst drei Typen gebaut, zu 250, 500 und 750 ts. Die kleinsten Boote wurden sehr rasch gebaut, so daß im ersten Jahr bereits 24 fertiggestellt wurden. Mit der Aufstellung, Ausbildung und operativen Führung der U-Boot-Waffe wurde der Kapitän zur See Dönitz, ein alter U-Boot-Fahrer des ersten Weltkrieges, betraut.

Der Abschluß des deutsch-englischen Flottenabkommens ist für beide Vertragspartner ein Gewinn gewesen. Für Deutschland bedeutete es den nun auch offiziell sanktionierten Fortfall der demütigenden Marine-Bestimmungen des Versailler Vertrages, für England die Beseitigung der Gefahr einer neuen deutschen, unkontrollierbaren Flottenaufrüstung. Daß Hitler auch diesen Vertrag leichtfertig brechen würde, konnte damals noch niemand ahnen.

Die Flotte im Jahre 1937

Das deutsch-englische Flottenabkommen war bis zu seiner Kündigung im April 1939 maßgebend für den weiteren Ausbau der Flotte. Der Schiffsbestand erhöhte sich rasch, so daß bald alle älteren Einheiten durch Neubauten ersetzt werden konnten. Die Ausbildung machte schnelle Fortschritte, zumal genügend Freiwillige für den Dienst in der Marine zur Verfügung standen, wodurch eine sorgfältige Auswahl geeigneter Mannschaften möglich war. Hinzu kam, daß durch die Beteiligung deutscher Kriegsschiffe an den internationalen Blockademaßnahmen im spanischen Bürgerkrieg den Besatzungen auch die Gewöhnung an lange und anstrengende Seetörns geboten wurde.

Im Oktober 1937 löste Admiral Carls den bisherigen Flottenchef Admiral Foerster ab. Flaggschiff der Flotte war zu diesem Zeitpunkt das neue Panzerschiff „Admiral Graf Spee" (Kdt. Kapitän zur See Warzecha). Die Flotte war unterteilt in die Panzerschiffe, die Aufklärungsstreitkräfte, die Torpedoboote, Minensuchboote und U-Boote. Jeder Verband hatte seinen eigenen Befehlshaber, der aber wiederum selbst dem Flottenchef unterstand.

Befehlshaber der Panzerschiffe war Konteradmiral v. Fischel. Zu seinem Verband gehörten die Panzerschiffe „Admiral Graf Spee" (Kdt. Kapitän zur See Warzecha), „Admiral Scheer" (Kdt. Kapitän zur See Ciliax) und „Deutschland" (Kdt. Kapitän zur See Wenneker).

Die Aufklärungsstreitkräfte unterstanden Konteradmiral Densch. Sein Flaggschiff war der Leichte Kreuzer „Nürnberg" (Kdt. Kapitän zur See Krastel). Ferner gehörten dazu die Kreuzer „Leipzig" (Kdt. Kapitän zur See Löwisch), „Köln" (Kdt. Kapitän zur See Burchardi) und „Karlsruhe" (Kdt. Kapitän zur See Förste).

Die Zerstörer, Torpedoboote und Schnellboote der Flotte unterstanden dem „Führer der Torpedoboote" Konteradmiral Lütjens. Führerboot war der neue Zerstörer „Leberecht Maahs" (Kdt. Korvettenkapitän Wagner).

Die Chefs der drei bis dahin aufgestellten Zerstörer-Divisionen, die jeweils drei Zerstörer umfaßten, waren:

1. Zerstörer-Division (Kapitän zur See Weichold),
2. Zerstörer-Division (Fregattenkapitän Bonte),
3. Zerstörer-Division (Fregattenkapitän Meisel).

Die 4., 5. und 6. Zerstörer-Division befanden sich zu dieser Zeit noch in der Aufstellung.

Zur Flotte gehörten ferner die 4. Torpedobootsflottille unter Korvettenkapitän Hoffmann mit den Booten „Greif", „Kondor", „Falke" und „Möwe", weiter die 1. Schnellbootflottille unter Korvettenkapitän v. Conrady mit zwölf Booten und dem Begleitschiff „Tsingtau" (Kdt. Korvettenkapitän Ruhland).

Die Minensuchboote standen unter dem Befehl von Fregattenkapitän Ruge, der später der erste Inspekteur der Bundesmarine nach 1956 wurde. Zu seinem Verband gehörten die 1. M-Flottille (Korvettenkapitän Hagen), die 2. M-Flottille (Korvettenkapitän Kowalczyk), die 1. Geleitflottille (Korvettenkapitän Pindter), die 2. Geleitflottille (Korvettenkapitän Weniger) und die 1. Räumbootflottille (Kapitänleutnant Bergelt). Führerboot des FdM war das alte Torpedoboot „T 196" (Kapitänleutnant Rauff). Jede der beiden Minensuchbootflottillen zählte 6 Boote, die Geleitbootflottillen je 5 Boote.

Die U-Boote waren 1937 in drei Flottillen unterteilt. Sie trugen die Namen bekannter U-Boot-Kommandanten des Ersten Weltkrieges: „Weddigen", „Salzwedel" und „Lohs". Chef der U-Flottille „Weddigen" war Kapitänleutnant Looff, der U-Flottille „Salzwedel" Korvettenkapitän Ibbeken, und der U-Flottille „Lohs" Kapitänleutnant Eckermann. Außerdem gehörte zu jeder Flottille ein besonderes Begleitschiff.

Dies waren die Einheiten, die 1937 dem Flottenchef unmittelbar unterstellt waren. Darüber hinaus aber gab es noch zahlreiche Schiffe jeder Art und Größe, die zu Sonderaufgaben bestimmt oder den verschiedenen Waffeninspektionen zu Schulzwecken zur Verfügung standen. Die wichtigsten seien nachfolgend aufgeführt:

Inspektion des Bildungswesens der Marine
Linienschiff „Schlesien" (Kdt. Kapitän zur See Fleischer), Segelschulschiff „Horst Wessel" (Kdt. Kapitän zur See Thiele), Segelschulschiff „Gorch Fock" (Kdt. Fregattenkapitän Rogge).

Torpedo-Inspektion
die Torpedoschulflottille (Chef Korvettenkapitän Berninghaus) mit den Booten „G 7", „G 8", „G 10", „G 11".

Sperrwaffen-Inspektion
der Schulverband (Chef Korvettenkapitän Isenlahr) mit 3 älteren Minensuchbooten, 6 Hilfsminensuchbooten (ehemaligen Fischdampfern), das Sperrversuchskommando (Chef Kapitän zur See Ramien) mit 6 Booten.

Inspektion der Marineartillerie
mit dem Kreuzer „Königsberg" (Kdt. Kapitän zur See Schall-Emden), dem Artillerieschulboot „Bremse" (Kdt. Kapitän zur See Goetze) und den Schulbooten „Jaguar" und „Drache", sowie

dem E-Meß-Boot „T 153". Das Artillerieschulboot „Brummer"
(Kdt. Korvettenkapitän Richter) unterstand der Küstenartille-
rieschule.

Zur U-Boot-Schule in Neustadt gehörten der Schulverband
unter Kapitänleutnant Beduhn und das Fangboot „M 136".

Der Marinestation der Nordsee schließlich waren das Vermessungsschiff „Meteor" (Kdt. Fregattenkapitän Hain) und die
neuen Fischereischutzboote „Elbe" und „Weser" zugeteilt.

Das war schon wieder eine andere Flotte als die vor 1928.
Sie hatte nicht nur an Zahl, sondern auch an Kampfwert zuge-
nommen, da die meisten der veralteten Einheiten durch Neubauten ersetzt worden waren, die allen modernen Anforderungen entsprachen.

In den Jahren 1936–38 sah sich diese Flotte plötzlich vor Aufgaben gestellt, die weit über den Rahmen der bisherigen Auslandstätigkeit hinausgingen. Der im Sommer 1936 ausgebrochene
spanische Bürgerkrieg veranlaßte die Seemächte, Kriegsschiffe
zum Schutze ihrer Staatsangehörigen in spanische Gewässer zu
entsenden. Ende Juli 1936 gingen die Panzerschiffe „Deutschland" und „Admiral Scheer" in die Biskaya. Ihnen folgten
wenig später der Kreuzer „Köln" und mehrere Torpedoboote.
Neben diesen deutschen Seestreitkräften lagen zeitweise zahlreiche Kriegsschiffe anderer Nationen, besonders Engländer und
Franzosen, in den verschiedenen spanischen Häfen oder patrouillierten in den Küstengewässern. Ihnen gelang es im Jahre 1936,
rund 15 000 Europäer, darunter 2000 Deutsche, aus dem kom-
munistischen Machtbereich in Sicherheit zu bringen. Im Laufe
der folgenden Monate wurden die deutschen Einheiten mehrfach
gegen aus der Heimat neuentsandte Kräfte ausgewechselt. Befehlshaber in dieser Zeit waren die Admirale Carls und Boehm,
die 1937 durch den Befehlshaber der Panzerschiffe, Konteradmiral v. Fischel, abgelöst wurden. In ihren operativen Maßnahmen
waren sie durch die Weisungen des Oberkommandos der Marine
gebunden. Man hatte damit eine glücklichere Lösung gefunden
als während des spanischen Bürgerkrieges im Jahre 1873, wo
ebenfalls deutsche Auslandsschiffe eingreifen mußten. Damals
hatte der deutsche Seebefehlshaber, Kommodore Werner, der
ohne Verbindung mit der Heimat völlig auf sich gestellt war,

durch sein Vorgehen das Mißfallen des Reichskanzlers Fürst Bismarck erregt und war abgelöst worden. Auch diesmal kam es im Laufe der internationalen Seeblockade zu einem, wenn auch ganz anders gelagerten Zwischenfall, in den als einzige der Blockademächte Deutschland verstrickt wurde. Die Belästigung deutscher Kriegsschiffe durch rotspanische Flugzeuge veranlaßte den deutschen Admiral zu der Drohung, im Wiederholungsfalle auf diese Flugzeuge schießen zu lassen. Ende Mai 1937 wurde das Panzerschiff „Deutschland" trotz dieser Mahnung auf der Reede von Ibiza überraschend von einem rotspanischen Flugzeug angegriffen und erheblich beschädigt. 23 deutsche Seeleute fielen dem Angriff zum Opfer, weitere 83 wurden mehr oder weniger schwer verletzt. Zur Vergeltung beschoß daraufhin Ende Mai 1937 das Panzerschiff „Admiral Scheer" den Hafen von Almeria. Nach einem weiteren Angriff eines rotspanischen U-Bootes auf den Kreuzer „Leipzig" schieden Deutschland und Italien aus dem internationalen Kontrollsystem aus und beschränkten sich künftig nur noch auf den Schutz der eigenen Staatsangehörigen. Ende 1938 zogen beide Staaten dann ihre Kriegsschiffe ganz aus den spanischen Gewässern zurück.

Im Oktober 1938 hatte Admiral Boehm anstelle von Admiral Carls den Befehl über die Flotte übernommen. Zu dieser Zeit hatte sich bereits eine grundlegende Änderung der bisherigen Flottenbaupolitik angekündigt, die erheblichen Einfluß auf das so mühsam erzielte deutsch-englische Einvernehmen haben sollte. Wenn sich der Aufbau der Flotte bisher nach den wohlerwogenen und gemäßigten Plänen der Marineleitung vollzogen hatte, gewannen nunmehr immer stärker politische Erwägungen den Vorrang. Das Primat der Außenpolitik gegenüber der Marine hatte sich unter Bismarck als günstig und erfolgreich erwiesen. Jetzt aber stand kein Bismarck mehr an der Spitze des Reiches, sondern ein Mann, der, unbelastet durch Vorkenntnisse und Erfahrung, nur nach seinen eigenen Impulsen vorging.

Die Folgen dieser Politik hatte das ganze deutsche Volk zu tragen. Aber auch die Marine wurde in diesen Strudel mit hineingerissen.

Der Z-Plan

Ein Krieg gegen England war, wie schon im Vorhergehenden erwähnt, bis zum Jahre 1938 niemals in die seestrategischen Planungen der Marine einbezogen worden. Im Gegenteil. Der Oberbefehlshaber der Marine, Admiral Raeder, hatte es sogar strikte abgelehnt, daß sich Kriegsspiele und operative Überlegungen mit einem möglichen Konflikt mit England befaßten. Er war sich dabei der Unsinnigkeit eines Zusammenpralles mit der starken englischen Seemacht durchaus bewußt. Das änderte sich aber, als Hitler Raeder im Frühjahr 1938 gegenüber äußerte, daß er England doch unter die möglichen Gegner rechnen zu müssen glaube. Die erste Folge war, daß Deutschland nunmehr die Bestimmung des Zusatzabkommens zum deutsch-englischen Flottenvertrag vom Juni 1935 wahrnahm, die ein Gleichziehen der zahlenmäßigen Stärke der deutschen U-Boot-Waffe mit der englischen für einen Sonderfall vorsah. Danach sollte die Zahl der jährlich zu erstellenden deutschen U-Boot-Neubauten auf 20 gesteigert werden, so daß es bis zum Jahre 1943 insgesamt 129 U-Boote gewesen wären. Auch die weitere Bestimmung des Zusatzabkommens, wonach sich die beiden Vertragspartner jeweils im voraus über Neubauten verständigen sollten, die über die Zahl der in dem Vertrag vorgesehenen hinausgingen, wurde bald nicht mehr berücksichtigt.

Im Spätsommer 1938 beschäftigte sich die Seekriegsleitung zum ersten Mal mit der Möglichkeit eines Seekrieges mit England. Zur Debatte standen dabei zwei Vorhaben:
entweder legte man das Schwergewicht des künftigen Ausbaues der Flotte auf eine gleichzeitige Verstärkung der Panzerschiffe und der U-Boote, um auf diese Weise die englische Handelschifftonnage möglichst erfolgreich bekämpfen zu können, oder
man baute eine schlagkräftige Flotte auf, mit der man sowohl die englische Kriegs- als auch Handelsflotte bekämpfen konnte.

Der erste Weg war der einfachere, billigere und schneller zu verwirklichende, zumal wenn man den U-Boot-Bau forcierte.

Der zweite Weg sah im Grunde eine Flotte analog der früheren Hochseeflotte vor. Er war schwieriger, teurer und zeitraubender und versprach nur Erfolg, wenn man rechtzeitig die unerläßliche Stärke erreichte. Die Marine hatte im Hinblick auf die Unwägbarkeit des zweiten Weges den ersteren vorgezogen. Hitler, damals noch ein begeisterter Anhänger der „Dickschiffe", entschied sich aber für den zweiten. Er räumte zugleich die Bedenken der Marine mit der Versicherung aus, daß er die Flotte auf keinen Fall vor 1946 für seine politischen Zwecke benötigen werde.

Man fragt sich heute, ob die Dinge nicht vielleicht doch anders gelaufen wären, wenn die Marineleitung an ihren ursprünglichen Planungen festgehalten hätte. Diese Frage muß angesichts der damaligen politischen Lage in Deutschland verneint werden. Hitler hätte auch bei einem Widerstreben der Marine zweifellos Wege gefunden, seine Pläne zu verwirklichen. Er hat wohl auch geglaubt, angesichts der bisherigen Nachgiebigkeit der anderen Mächte sein Hasardspiel ohne einen ernstlichen Widerspruch Englands durchführen zu können.

Aus dieser Situation heraus entstand der sogenannte Z-Plan, der bis zum Jahre 1948 verwirklicht werden sollte und für die künftige Flotte folgenden Bestand vorsah:

    10 Großkampfschiffe,
    12 Panzerschiffe von 20 000 ts,
     3 Panzerschiffe von 10 000 ts,
     4 Flugzeugträger von 12 000 – 20 000 ts,
     5 Schwere Kreuzer von 10 000 ts,
    16 Leichte Kreuzer von 8000 ts,
     6 Leichte Kreuzer von 6000 ts,
    22 Spähkreuzer von 5000 ts,
    68 Zerstörer
    90 Torpedoboote,
    27 Ozean-U-Boote,
   222 U-Boote drei verschiedener kleinerer Typen.

Dazu sollten rund 300 weitere Einheiten kleinerer Kampfschiffe kommen. Die geplanten Großkampfschiffe sollten sich in einer Größe zwischen 50 000 und 54 000 ts halten. Als Bewaffnung waren acht 40,6-cm-Geschütze, eine sehr starke Flak sowie sechs Torpedorohre vorgesehen. Die Geschwindigkeit sollte bei 30 Knoten liegen. Damit wären diese Einheiten den vergleichbaren englischen in der Bewaffnung überlegen gewesen.

Die geplanten Panzerschiffe von 20 000 ts hatten in der englischen Flotte kein vergleichbares Vorbild. Ihre Hauptarmierung sollten 30,5-cm-Geschütze sein. Die Höchstgeschwindigkeit sollte über 30 Knoten liegen. An die Stelle dieser Panzerschiffe waren bei Kriegsbeginn Schlachtkreuzer von 29 000/36 000 ts mit einem schwersten Kaliber von 38 cm und einer Höchstgeschwindigkeit von 33,5 kn getreten. Bei ihnen blieb es aber bei einer Konstruktionsplanung. In Bau genommen wurde keiner mehr. Die vorgesehenen Panzerschiffe von 10 000 ts waren auf die bereits vorhandenen angerechnet.

Bei den im Z-Plan angesetzten Kreuzern handelte es sich einmal um einen 8000 ts großen Kreuzer, der mit acht 15-cm-Geschützen bestückt sein sollte und für den eine Höchstgeschwindigkeit von 35,5 kn vorgesehen war. In Bau genommen wurden von ihnen drei, die aber noch auf den Hellingen nach Kriegsbeginn wieder abgebrochen wurden.

Die Spähkreuzer von 5000 ts blieben in der Planung. Auf die 6000 ts Kreuzer sollten die vorhandenen angerechnet werden.

Von den Flugzeugträgern wurde der erste im Jahre 1938 auf Kiel gelegt, der Bau wurde aber 1940 gestoppt. 1945 wurde das unfertige Schiff gesprengt.

Die Zerstörer waren in Größe und Geschwindigkeit den vorhandenen englischen angeglichen.

Die U-Boote sollten in vier Typen, den schon vorhandenen drei, und einem größeren gebaut werden.

Welche Gedanken lagen nun dieser Mammut-Flotte, die alle vorhergehenden Planungen weit übertraf, zugrunde? Theoretisch gesehen, waren sie gar nicht so überspitzt. Man wollte die Engländer durch Angriffe mit Überwasserstreitkräften und U-Booten zwingen, ihre Handelsschiffahrt in Konvois zusammenzufassen, wie es schon im Ersten Weltkrieg geschehen war. Diese Geleitzüge wollte man dann durch starke Kampfgruppen aus Schlachtschiffen, Flugzeugträgern und Zerstörern angreifen und vernichten lassen. Um eine Reaktion der englischen Heimat-Flotte auf diese Kampfart zu verhindern, sollten dann die Schlachtschiffe der „Tirpitz"- und „Scharnhorst"-Klasse diese in der Nordsee binden. Aber wie schon früher, war das an sich bestechende Vorhaben nicht bis zum Schluß durchdacht. War es Überheblichkeit oder Nachlässigkeit? Niemand hatte anscheinend Erwägungen darüber angestellt, daß auch in der Seekriegsgeschichte neuartige Kampfmaßnahmen stets, und zumeist nicht weniger wirkungsvolle, Abwehrmaßnahmen erzeugt hatten. War man so überzeugt von der Unfehlbarkeit des eigenen Wollens und Könnens? Und hat sich auch in der Marine niemand des Schlußsatzes jener Erklärung erinnert, mit der die damalige Reichsregierung den Abschluß des Flottenvertrages vom Juni 1935 bestätigte:

„Die Regierung des Deutschen Reiches ist auch ihrerseits der Ansicht, daß die Einigung, zu der sie nunmehr mit der Regierung Seiner Majestät im Vereinigten Königreich gelangt ist, und die sie als eine *vom heutigen Tag gültige. dauernde und endgültige* Einigung zwischen den beiden Regierungen ansieht, den Abschluß eines allgemeinen Abkommens über diese Frage zwischen allen Seemächten der Welt erleichtern wird."

Am 28. April 1939 setzte die damalige deutsche Reichsregierung den Schlußpunkt unter diese verhängnisvolle Entwicklung, indem sie das Flottenabkommen mit London kündigte. Am 3. September 1939 erklärten Großbritannien und Frankreich Deutschland den Krieg. Das Verhängnis nahm seinen Anfang.

DEM ENDE ZU

Die Flotte im Jahre 1939

Die Flotte, mit der Deutschland im Herbst 1939 in den zweiten Weltkrieg eintrat, war nur ein Bruchteil dessen, was der Z-Plan vom Jahre zuvor vorgesehen hatte. Diese Flotte sollte ja auch erst bis zum Jahre 1948 fertiggestellt werden. Ob das überhaupt möglich gewesen wäre, steht auf einem anderen Blatt. So wie es sich bei Ausbruch des Krieges darstellte, war es nur eine Bestätigung der Erklärung, die Großadmiral Raeder damals Hitler über die Kampfkraft der Flotte abgab:

„In diesem Krieg, der etwa acht Jahre vor dem Zeitpunkt ausbrach, zu dem wir leidlich die 35 % gemäß dem Flottenvertrag vom 18. Juni 1935 gebaut haben konnten, – in diesem Krieg kann das Wenige, was fertig ist oder noch kriegsbereit wird, nur anständig kämpfend untergehen."

Mit anderen Worten: Die damalige Flotte konnte niemals, und auch nicht bei höchstem Einsatz, gegen die weit überlegene englische Flotte in einer Seeschlacht bestehen. Sie war auch nicht in der Lage, England entscheidend durch den Handelskrieg niederzuringen. Sie war es nicht weniger als die Kaiserliche Hochseeflotte im Ersten Weltkrieg. Kein geringerer als Admiral Scheer, dem niemand Wagemut, Draufgängertum, aber auch kühle Überlegung absprechen kann, hat diese Situation in der Meldung zum Ausdruck gebracht, die er Kaiser Wilhelm II. nach der Skagerrakschlacht abstattete:

„Es kann kein Zweifel bestehen, daß selbst der glücklichste Ausgang einer Hochseeschlacht England in diesem Kriege nicht zum Frieden zwingen wird. Die Nachteile unserer militär-geographischen Lage gegenüber der des Inselreiches . . . werden durch die Flotte nicht ausgeglichen werden können."

Im Herbst 1939 verfügte die Flotte über folgenden Bestand:

2 Schlachtschiffe („Gneisenau„ und „Scharnhorst") von je 31 300 ts und einer Geschwindigkeit von 32 Knoten.
Bewaffnung: 9:28 cm-, 12:15 cm-, 14:10,5 cm-Geschütze, eine zahlreiche Flak, später 6 Torpedorohre und 4 Flugzeuge.

3 Panzerschiffe („Lützow", „Admiral Scheer", „Admiral Graf Spee") von je 12 100 ts und einer Geschwindigkeit von 28 Knoten.
Bewaffnung: 6:28 cm-, 8:15 cm-, 6:105 cm-Geschütze, eine zahlreiche Flak, 8 Torpedorohre und 2 Flugzeuge.

3 Schwere Kreuzer („Admiral Hipper", „Blücher", „Prinz Eugen") von je 12 200 ts und einer Geschwindigkeit von 32,5 Knoten.
Bewaffnung: 8:20,3 cm-, 12:10,5 cm-Geschütze, eine zahlreiche Flak, 12 Torpedorohre und 2 Flugzeuge.

6 Leichte Kreuzer („Emden", „Königsberg", „Karlsruhe", „Köln", „Leipzig", „Nürnberg") von je etwa 6000 ts und einer Geschwindigkeit von 32 Knoten.
Bewaffnung: 9:15 cm-, 6:8,8 cm-Flak, 12 Torpedorohre.

22 Zerstörer,
20 Torpedoboote,
 8 Geleitboote,
57 Unterseeboote,
32 Minensuchboote,
40 Räumboote,
20 Schnellboote.

Hinzu kamen zahlreiche Schulschiffe und Schulboote, Spezialschiffe und Hilfsfahrzeuge. Hierunter seien genannt:
die alten Linienschiffe „Schlesien" und „Schleswig-Holstein",
die Artillerieschulschiffe „Brummer" und „Bremse",
die Segelschulschiffe „Gorch Fock", „Horst Wessel" und „Schlageter",
der Aviso „Grille", das Vermessungsschiff „Meteor" und die Fischereischutzboote „Elbe" und „Weser".

Zu diesen 1939 frontbereiten Einheiten kamen während des Krieges noch an größeren Kriegsschiffen hinzu:
die 2 Schlachtschiffe „Bismarck" und „Tirpitz" von je 41 700 ts und einer Geschwindigkeit von 29 Knoten.

Bewaffnung: 8 : 38 cm-, 12 : 15 cm-, 16 : 10,5 cm-Geschütze, eine starke Flak und 6 Torpedorohre, sowie 4 Flugzeuge.

An Schweren Kreuzern wurde die am 1. 7. 39 vom Stapel gelaufene „Lützow" (14 600 ts – 32 kn) im Jahre 1940 an die Sowjetunion verkauft. Dafür wurde das Panzerschiff „Deutschland" in „Lützow" umbenannt. Ein zweiter Schwerer Kreuzer, „Seydlitz", befand sich bei Kriegsende noch in der Ausrüstung. Er wurde 1945 in Königsberg gesprengt.

An Zerstörern gab es neben den schon vorhandenen 22 Einheiten insgesamt noch 17 Neubauten, die bis auf einen noch in Dienst gestellt wurden. Weitere 17 befanden sich in der Ausrüstung oder in der Planung. Drei davon waren gemäß dem Z-Plan als Spähkreuzer vorgesehen.

Bis Kriegsende waren 48 Torpedoboote im Dienst. Etwa die gleiche Zahl lag noch auf Stapel oder befand sich in der Planung.

Die Zahl der bei Kriegsausbruch vorhandenen U-Boote vermehrte sich bis Kriegsschluß auf 1168. Von ihnen gingen 817 verloren.

Der einzige Flugzeugträger, der schon im vorgeschrittenen Baustadium war („Graf Zeppelin"), dessen Weiterbau aber zweimal, 1940 und 1943, abgestoppt wurde, wurde 1945 in Stettin gesprengt.

Zusammenfassend muß gesagt werden, daß sämtliche größeren Überwasser-Kriegsschiffe der Flotte während des Krieges verloren gingen, teils durch Feindeinwirkung, teils durch Unfälle oder Selbstvernichtung.

Die strategische Lage

Über die Tätigkeit der deutschen Flotte im Zweiten Weltkrieg gibt es zwar noch keine zusammenfassende amtliche Darstellung. Es liegen aber mehrere sehr gute Schilderungen des gesamten Seekriegsverlaufes und besonders zahlreiche eingehende Berichte über die Kampfhandlungen verschiedener Verbände und einzelner Schiffe vor. Da diese Arbeit zeigen soll, welche Schicksalswege die mehrfachen deutschen Flottengründungen eingeschlagen haben, wird nachfolgend der Seekrieg 1939–45 nur in großen Zügen dargestellt.

Die hoffnungslose Unterlegenheit der deutschen Überwasser-Seestreitkräfte ließ den Gedanken an eine Seeschlacht größeren Umfanges von vornherein als hinfällig erscheinen. Die operativen Ziele beschränkten sich demnach auf

eine wendige und tatkräftige Kampfführung mit dem Ziel, den gegnerischen Handelsverkehr mit allen Mitteln zu schädigen und die Seeverbindungen Englands und seiner Verbündeten zu unterbrechen,

den Gegner auf diese Weise zu einer Verzettelung seiner Kräfte zu zwingen, selbst an Schwerpunkten mit überlegenen Kräften aufzutreten und durch ständigen Wechsel der Operationsgebiete Unsicherheit in die gegnerische Führung zu tragen.

Ein Kampf gegen feindliche Seestreitkräfte sollte nach Möglichkeit vermieden werden, auch wenn diese schwächer sein sollten. Eine Ausnahme sollte nur der Fall bieten, daß ein solcher Angriff der Hauptaufgabe dienlich war.

Diesen Aufgaben ist die Flotte, soweit es ihre beschränkten Kräfte zuließen und die Möglichkeiten gegeben waren, gerecht geworden. Sowohl die Überwasserstreitkräfte als auch die U-Boote haben dem gegnerischen Handelsverkehr schwerste Verluste zugefügt. Die zum ozeanischen Kaperkrieg aus der Heimat entsandten Kriegs- und Hilfskriegsschiffe haben neben der Versenkung feindlicher Tonnage erhebliche Unruhe in die gegnerische Schiffahrt gebracht und die englische Marine zu einer teilweise starken Verzettelung ihrer Kräfte gezwungen. In der Ostsee konnte die Marine darüber hinaus operative Erfolge buchen. Im Mittelmeer allerdings sind die von Großadmiral Raeder aufgezeigten Möglichkeiten nicht entsprechend genutzt worden. Die in den beiden ersten Kriegsjahren nur geringe Stärke der U-Boot-Waffe ließ größere Erfolge zunächst noch nicht zu. Das änderte sich aber ab 1942, als der U-Boot-Handelskrieg mit voller Wucht einsetzte, bis auch er dann allerdings infolge der verstärkten Abwehr des Gegners und der Erfindung des Radargerätes langsam erlahmte. Der Bau neuerer, schnellerer und die feindliche Abwehr übertrumpfender U-Boote kam zu spät.

Die Kriegsmarine hat, wo immer sie eingesetzt wurde, im Zweiten Weltkrieg die ihr gestellten Aufgaben voll und ganz erfüllt. Ihre Leistungen stehen ebenbürtig neben denen von Heer und Luftwaffe. Es war nicht die Schuld der im Verhältnis zu den ihr gegenüberstehenden feindlichen Kräften nur kleinen Flotte, wenn sie nicht immer zu den Erfolgen kam, die ihren Anstrengungen entsprachen. Ihre Tragik war es, daß sie zu einem Zeitpunkt in den Kampf treten mußte, in dem sie in keiner Weise den an sie gestellten Anforderungen gewachsen sein konnte.

Die Überwasserstreitkräfte im Kampf

Entsprechend den operativen Überlegungen gingen schon sehr früh mehrere große Einheiten der Flotte in den Atlantik, um dort Kreuzerkrieg zu führen. Ihre Fahrten werden in dem Abschnitt „Der Kampf der Handelsstörer" Erwähnung finden.

Die erste Unternehmung, an der große Teile der Flotte eingesetzt wurden, war die sog. „Weserübung", die der Besetzung Norwegens und Dänemarks galt. Für diese Aktion hatte die Marine insgesamt sechs verschiedene Kampfgruppen aufgestellt.

Die erste Gruppe, der die Aufgabe gestellt war, den Hafen *Narwik* zu besetzen und damit die wichtigen Erzzufuhren sicher zu stellen, bestand aus 10 Zerstörern unter dem Befehl des Kommodore Kapitän zur See Bonte. Auf den Booten waren rund 2000 Mann Gebirgstruppen unter General Dietl eingeschifft. Die Schlachtschiffe „Gneisenau" und „Scharnhorst" unter Admiral Lütjens standen zur Deckung bereit.

Die zweite Gruppe operierte gegen den Hafen Trondheim. Ihr gehörten der Schwere Kreuzer „Admiral Hipper" und vier Zerstörer an. Befehlshaber war der Kommandant der „Hipper", Kapitän zur See Heye.

Die dritte Gruppe unter Konteradmiral Schmundt ging gegen den Hafen Bergen vor. Sie bestand aus den Leichten Kreuzern „Köln" und „Königsberg", dem Artillerieschulschiff „Bremse", zwei Torpedobooten und einer Schnellbootflottille.

Die vierte Gruppe mit dem Leichten Kreuzer „Karlsruhe", (Kdt. Kapitän zur See Rieve), drei Torpedobooten und einer Schnellbootflottille hatte Christiansand und Arendal zum Ziel.

Die fünfte Gruppe unter Konteradmiral Kummetz mit dem Panzerschiff „Lützow", dem Schweren Kreuzer „Blücher", dem

Leichten Kreuzer „Emden", drei Torpedobooten und einer Räumbootflottille operierte gegen die norwegische Haupstadt Oslo.

Die sechste und letzte Gruppe unter Korvettenkapitän Thoma bestand nur aus vier Minensuchbooten und war gegen Egersund angesetzt.

Außerdem sollte eine Minenschiffgruppe unter Kapitän zur See Böhmer eine Minensperre westlich des Skagerraks legen.

Sämtliche frontbereiten U-Boote (etwa 35), in neun Gruppen unterteilt, standen teils vor der norwegischen Küste, teils im Seegebiet Orkneys-Shetlands.

Leiter der gesamten Unternehmung der Flotte waren die damaligen Befehlshaber der Marinegruppen Ost und West, die Generaladmirale Carls und Saalwächter.

Die verschiedenen Operationsziele wurden sämtlich, aber teils unter sehr schweren Verlusten, erreicht.

In Narwik konnten die Zerstörer die eingeschifften Heerestruppen landen, wurden dann aber von überlegenen Feindkräften gestellt und gingen nach tapferem Widerstand verloren. Der Befehlshaber, Kommodore Bonte, fiel zu Anfang des Kampfes. Ein Teil der Besatzungen konnte sich an Land retten und verstärkte dort die Heerestruppen bei der Verteidigung Narwiks.

Die Trondjhem-Gruppe hatte keine Verluste.

Vor Bergen ging der Kreuzer „Königsberg" nach schweren Bombentreffern unter. Das Artillerieschulschiff „Bremse" wurde beschädigt.

Vor Christiansand mußte der Kreuzer „Karlsruhe" nach einem englischen Torpedotreffer von der eigenen Besatzung versenkt werden.

Schwere Verluste erlitt die Flotte vor Oslo, wo der Schwere Kreuzer „Blücher" beim Einlaufen in den Fjord durch Artillerie- und Torpedobeschuß durch die Norweger versenkt wurde.

Insgesamt betrugen die Verluste der Flotte beim Norwegen-Unternehmen:

1 Schwerer Kreuzer, 2 Leichte Kreuzer, 10 Zerstörer, 1 Torpedoboot, 4 U-Boote, 1 Minenräumboot und 1 Artillerieschulschiff.

Es war der schwerste Aderlaß, den die Marine bei einem ein-

29. Zerstörer DIETER VON ROEDER (Z 17), einer der neuen Zerstörer der Kriegsmarine, sank 1940 in Narwik im Kampf gegen englische Seestreitkräfte.

30. Die ersten 250-t-U-Boote
der Kriegsmarine. Die Besatzung von „U 7" ist an Deck
angetreten.

31. Ein deutsches U-Boot
läuft zur Feindfahrt aus seinem
Stützpunkt aus.

zigen Unternehmen im Zweiten Weltkrieg erlitt und der nicht wieder wett zu machen war.

Anfang Juni 1940 traf ein Verband aus den Schlachtschiffen „Gneisenau" und „Scharnhorst", dem Schweren Kreuzer „Admiral Hipper" und vier Zerstörern bei einem Unternehmen in dem Nordatlantik auf den von zwei Zerstörern gesicherten englischen Flugzeugträger „Glorious", der versenkt wurde. Da auch „Scharnhorst" durch einen Torpedotreffer beschädigt wurde, mußte das Unternehmen abgebrochen werden.

Im Mai 1941 liefen das neue Schlachtschiff „Bismarck" (Kdt. Kapitän zur See Lindemann) und der Schwere Kreuzer „Prinz Eugen" (Kdt. Kapitän zur See Brinkmann) von Gotenhafen zu einem Vorstoß ins Nordmeer aus. Nach Passieren der englischen Blockadelinien sollte der Verband Handelskrieg im Mittel- und Südatlantik führen. Befehlshaber war der Flottenchef Admiral Lütjens. In der Dänemark-Straße traf der Verband auf den englischen Schlachtkreuzer „Hood" und das Schlachtschiff „Prince of Wales". Nach kurzem Artilleriegefecht flog die „Hood" in die Luft. „Prince of Wales" mußte schwer beschädigt abdrehen. Dem deutschen Flottenchef gelang es jedoch nicht, die englischen Fühlungshalter abzuschütteln, sodaß die englische Admiralität neue und überlegene Kräfte heranziehen konnte. Admiral Lütjens, der „Prinz Eugen" zu selbständigem Kreuzerkrieg im Atlantik entlassen hatte, ging auf Kurs nach der französischen Küste, wurde dabei aber durch einen unglücklichen Zufall wieder von englischen Flugzeugen aufgefunden und ständig angegriffen. Am 26. Mai 1941 traf der Torpedo eines englischen Flugzeuges, das von dem Flugzeugträger „Ark Royal" gestartet war, in die Ruderanlage der „Bismarck", die dadurch manövrierunfähig wurde. Am 27. Mai wurde „Bismarck" dann von mehreren englischen Schlachtschiffen und Schlachtkreuzern gestellt, wrackgeschossen und von der eigenen Besatzung versenkt. Dabei fanden der Flottenchef, Admiral Lütjens, sein Stab und fast 2500 Mann den Tod.

Während des Rußland-Feldzuges beherrschte die deutsche Flotte durch einen besonders aufgestellten Verband aus dem Schlachtschiff „Tirpitz", dem Schweren Kreuzer „Admiral Scheer", mehreren Leichten Kreuzern, Zerstörern und Torpedobooten das

Kampffeld in der Ostsee. Da die sowjetische Flotte sich völlig zurückhielt, wurde der Verband später wieder aufgelöst.

Erst im Februar 1942 machten die schweren Überwasser-Kriegsschiffe der Marine wieder von sich reden. Am 12. und 13. Februar durchbrachen die Schlachtschiffe „Scharnhorst" und „Gneisenau" und der Schwere Kreuzer „Prinz Eugen", die in Brest lagen, die englischen Sperrlinien im Kanal und kamen glücklich wieder in die Heimat zurück. Führer bei dieser Unternehmung war Vizeadmiral Ciliax.

Im Laufe des gleichen Jahres kam es in den nördlichen Gewässern mehrfach zu Zusammenstößen zwischen leichten deutschen und englischen Seestreitkräften. Auch im Jahre 1943 war das Nordmeer der Schauplatz zahlreicher Kämpfe, die sich besonders im Zusammenhang mit deutschen Angriffen auf alliierte Geleitzüge nach Rußland ergaben. Bei einer solchen Gelegenheit erlitt die Flotte wiederum einen schweren Verlust. Am 26. Dezember 1943 kam das Schlachtschiff „Scharnhorst" nördlich des Nordkaps mit weit überlegenen feindlichen Seestreitkräften ins Gefecht und sank nach tapferer Gegenwehr. Der Verbandschef, Konteradmiral Bey, der Kommandant, Kapitän zur See Hintze, und 1900 Mann fanden den Tod in den eisigen Fluten.

Schon zu Beginn des Jahres 1943 hatte sich in der Führung der Marine ein bedeutsamer Wechsel vollzogen. Am 30. Januar 1943 war der langjährige Oberbefehlshaber der Kriegsmarine, Großadmiral Dr. h. c. Raeder, von seinem Posten zurückgetreten. Am 1. Oktober 1928 zum Chef der damaligen Marineleitung ernannt, hatte der spätere Großadmiral sein Lebensziel in der Schaffung einer homogenen, wenn auch zahlenmäßig begrenzten Flotte gesehen. Seine unantastbare, energische, aber zugleich allen berechtigten Anschauungen gegenüber aufgeschlossene Persönlichkeit hatte ihm das Vertrauen aller seiner Untergebenen gewonnen und der ganzen Marine seinen Stempel aufgedrückt. Die äußere Ursache zu seinem Rücktritt waren Meinungsverschiedenheiten mit Hitler über die Verwendung der schweren Seestreitkräfte. Er reichte seinen Rücktritt ein, als er keine Möglichkeit mehr sah, sämtliche Kräfte der Marine in der Form im Kampf einzusetzen, die er als die richtige ansah. Die Ernennung zum Admiralinspekteur der Marine blieb eine reine Formsache.

Sein Nachfolger wurde der bisherige Befehlshaber der U-Boote, Admiral Dönitz, der gleichzeitig zum Großadmiral befördert wurde.

Mit dem Jahre 1944 sank die Bedeutung der schweren Überwasser-Streitkräfte der Flotte, obwohl der ursprüngliche Befehl Hitlers, sie außer Dienst zu stellen, auf Vorschlag von Großadmiral Dönitz bald wieder aufgehoben wurde. Aber die Flotte war mit Ausnahme der U-Boote und der Kleinkampfschiffe zu diesem Zeitpunkt schon erheblich geschwächt, teils durch die vorhergegangenen schweren Verluste, teils durch Einschränkung der Operationsgebiete und die Zunahme der feindlichen Abwehr, besonders der Luftwaffe. So gelang es den Engländern, nach wiederholten Fliegerangriffen das vom Alta-Fjord nach Tromsö überführte Schlachtschiff „Tirpitz" am 12. 11. 1944 durch Sprengbomben zum Kentern zu bringen. Dabei fanden 1200 Mann den Tod.

Der Untergang der „Tirpitz" bedeutete praktisch das Ende der schweren Überwasser-Einheiten der Kriegsmarine. Das Schlachtschiff „Gneisenau" hatte bereits im Februar 1942 nach schweren Fliegerangriffen außer Dienst gestellt werden müssen. Die „Bismarck" war schon vorher im Atlantik gesunken. Das gleiche Schicksal hatte im Kampf gegen weit überlegene feindliche Seestreitkräfte Ende Dezember 1943 im Nordmeer das Schlachtschiff „Scharnhorst" getroffen. Das Panzerschiff „Admiral Graf Spee" war 1939 von der eigenen Besatzung in der La Plata-Mündung vor Montevideo versenkt worden. Der Schwere Kreuzer „Blücher" war beim Norwegen-Unternehmen verloren gegangen. Der Schwere Kreuzer „Prinz Eugen" war, ebenfalls mehrfach schwerbeschädigt, nur noch zeitweilig dienstbereit. Übrig geblieben waren damit die Panzerschiffe „Admiral Scheer" und „Lützow" und die Schweren Kreuzer „Admiral Hipper" und „Prinz Eugen", sowie die Leichten Kreuzer „Köln", „Nürnberg" und „Emden". Die meisten von ihnen ereilte aber noch vor Kriegsschluß ihr Schicksal.

„Scheer" kenterte Anfang April 1945 in Kiel nach Bombentreffern. „Lützow" sank am 3. Mai 1945 auf der Swine nach einem Fliegerangriff. Wenige Tage später ging „Admiral Hipper" vor Kiel, durch Bomben schwerbeschädigt, auf den Grund.

Auch die „Emden" geriet nach einem Fliegerangriff im April 1945 in Brand und mußte gesprengt werden. Die „Köln" schließlich traf das gleiche Geschick in der Werft in Wilhelmshaven. Fahrbereit waren demnach bei Kriegsschluß nur noch „Prinz Eugen", und „Nürnberg". Die erstere wurde 1945 an die USA abgeliefert und sank später bei einem Atombombenversuch im Pazifik. „Nürnberg" erhielten die Sowjets, die sie unter dem Namen „Admiral Makarow" in ihre Flotte einreihten.

Von den Zerstörern gingen 24 im Kampf verloren, teils durch Flieger- oder Torpedotreffer, teils im Kampf mit feindlichen Seestreitkräften. Von den bei Kriegsende noch dienstfähigen Zerstörern fielen zwei an die USA als Beute, sieben an die Engländer, die sie zum Teil an die französische Flotte abgaben, zwei wurden direkte französische Beute und vier sicherte sich die Sowjetunion.

Der U-Boot-Krieg

Die deutschen Unterseeboote hatten im Ersten Weltkrieg eine bedeutsame Rolle gespielt. Ihr Einsatz hatte die damaligen Gegner des Reiches mehrfach in schwerste Bedrängnis gebracht. Daß die durch sie gebotenen Möglichkeiten nicht voll ausgenutzt wurden, hatte in erster Linie politische Gründe. Es war daher verständlich, daß man diese wertvolle Waffe auch im Zweiten Weltkrieg ihrem tatsächlichen Wert entsprechend einzusetzen gewillt war.

Wie schon im Vorhergehenden erwähnt, lag ab 1935 die Ausbildung und die operative Führung der U-Boot-Waffe in den Händen des damaligen Kapitäns zur See Karl Dönitz. Er ist auch der Schöpfer der als „Rudeltaktik" und „Wolfspacktaktik" bekannt gewordenen Angriffsform der U-Boote, die eine Konzentration von mehreren Booten in „geführtem Einsatz" von einer Befehlsstelle von Land aus auf einen Geleitzug ermöglichte. Diese Taktik wurde bereits im Frieden energisch geübt und hat im Kriege zu den großen Erfolgen der U-Boote geführt. Dönitz hat sich schon frühzeitig in seiner Stellung als „Führer (später Befehlshaber) der U-Boote" für einen forcierten Aufbau der Waffe bei den zuständigen Stellen der Marine eingesetzt. Trotzdem entsprach das Tempo des U-Boot-Baues nicht den Wünschen, die er an sie in einem Ernstfalle stellen zu müssen glaubte. Die Gründe hierfür können im Rahmen dieser Ausführungen nicht im Einzelnen geschildert werden. Die Folge dieser Meinungsverschiedenheiten war jedenfalls, daß die U-Boot-Waffe zu Beginn des Zweiten Weltkrieges für die ihr nunmehr zufallenden Aufgaben zu klein war.

Als der Krieg ausbrach, waren 57 U-Boote dienstbereit. Von ihnen standen aber im Jahre 1939 nur 39 Boote, und im folgenden Jahr sogar nur 27 Boote an der Front, da die übrigen zu Ausbildungszwecken benötigt wurden oder sich noch in der Erprobung befanden. Tatsächlich waren also nach einem Kriegsjahr weniger Boote für einen Kampfeinsatz verfügbar als zu Beginn des Krieges.

Der erste Erfolg gelang „U 29" (Kaptlt. Schuhart). Das Boot traf westlich Irlands auf den britischen Flugzeugträger „Courageous", den es durch Torpedoschuß versenkte. Weniger glücklich war „U 39" (Kaptlt. Glattes), das bei einem Angriff auf den Flugzeugträger „Ark Royal" von dessen Begleitzerstörern vernichtet wurde.

Einen kühnen Husarenstreich vollführte am 14. Oktober 1939 „U 47" unter Kapitänleutnant Prien bei einem Vorstoß in die Bucht von Scapa Flow. Dabei gelang es Prien, das englische Schlachtschiff „Royal Oak" zu versenken und unbeschädigt wieder auszulaufen.

Der Handelskrieg mit U-Booten war anfänglich durch die Bestimmung erschwert, daß er streng nach Prisenordnung geführt werden sollte. Damit wurden die U-Boote ihrer schärfsten Waffe, der Unsichtbarkeit, beraubt, denn wenn sie auftauchten, setzten sie sich leicht der Gefahr einer Beschießung bewaffneter Handelsschiffe oder U-Boot-Fallen aus. Erst mit der Erklärung der Blokkade der englischen Insel im Sommer 1940 trat der uneingeschränkte U-Boot-Krieg in Kraft.

Bis dahin standen durchschnittlich immer 14 U-Boote in See, und zwar im Raum England und bis nach Gibraltar hin. In dieser Zeit gingen aber bei guten Erfolgen im Handelskrieg auch 18 U-Boote verloren. Hatte es sich zunächst nur um Einzelunternehmen von U-Booten gehandelt, so kam nunmehr ab

Herbst 1940 die „Rudeltaktik" zum Tragen. Ende September versenkten 6 U-Boote in gemeinsamen Angriff 12 Handelsschiffe aus einem Geleitzug im Nordatlantik. Im Oktober des gleichen Jahres gelang den U-Booten der bis dahin größte Erfolg, indem sie aus zwei Geleitzügen nacheinander 30 Schiffe mit rund 150 000 BRT versenken konnten. Ein weiterer Schlag erfolgte im Dezember 1940, als sieben U-Boote elf Handelsschiffe aus einem Nordatlantik-Geleitzug herausschießen konnten. Aber das Jahr 1941 begann mit einem schweren Verlust. Bei der Bekämpfung eines Konvois gingen im März vier U-Boote verloren, mit ihnen die bis dahin erfolgreichsten Kommandanten. „U 47" (Kaptlt. Prien) wurde mit der gesamten Besatzung von einem englischen Zerstörer durch Wasserbomben vernichtet. Das Boot von Kapitänleutnant Schepke, „U 100", konnte zwar schwerbeschädigt noch auftauchen, wurde aber von den Begleitzerstörern des Konvois beschossen und sank mit dem Kommandanten und einem Teil der Besatzung. „U 99" (Kapitänleutnant Kretschmer) geriet in eine englische U-Jagdgruppe, wurde ebenfalls beschädigt und sank. Der größte Teil der Besatzung kam mit dem Kommandanten in englische Gefangenschaft. Vom April bis zum Dezember 1941 nahm der U-Boot-Krieg starken Aufschwung. Teils operierten ganze Gruppen von U-Booten im Nordatlantik, teils fanden Unternehmungen einzelner Boote im Mittel- und Südatlantik statt. Durchschnittlich waren 30 U-Boote in dieser Zeit in See. Sie konnten über 1,5 Millionen BRT feindlichen Schiffsraumes versenken, jedoch gingen auch 21 Boote verloren.

Im Sommer 1941 kam es zu den ersten offenen Verwicklungen mit den USA. Obwohl nicht kriegführend, übernahm die amerikanische Atlantik-Flotte die Bewachung der Dänemark-Straße und die Sicherung der schnellen Konvois im Nordatlantik westlich 26 Grad West. Als es Anfang September zu einem Zusammenstoß zwischen einem deutschen U-Boot und einem amerikanischen Zerstörer im Nordatlantik kam, bezeichnete Präsident Roosevelt die berechtigte Abwehr des U-Bootes gegen einen Wasserbombenangriff des Zerstörers als Piraterie und gab den US-Kriegsschiffen die Erlaubnis, deutsche und italienische Schiffe in Gewässern anzugreifen, „deren Schutz für die amerikanische Verteidigung notwendig sei." Zur gleichen Zeit erhielt die amerikanische Flotte Befehl, deutsche Schiffe bei einem Durchbruch durch diese Straße unter Feuer zu nehmen. Es ist klar, daß ein solches Vorgehen den Kampf der deutschen U-Boote gegen die Geleitzüge ungemein erschweren mußte. Trotzdem sah die deutsche Regierung vorerst noch von ernsten Gegenmaßnahmen ab. Erst mit dem Eintritt der USA in den Krieg änderte sich die Lage. Wie schwierig und verlustreich dieser Geleitzugkampf war, zeigt ein Angriff gegen einen Konvoi im Dezember 1941. Die U-Boote konnten sich gegen die starke Sicherung nicht durchsetzen, sondern verloren 5 Boote, darunter „U 567" mit einem der bekanntesten Kommandanten, Kapitänleutnant Endrass. Der Kampf gegen den durch 16 Zerstörer und einen Hilfs-Flugzeugträger gesicherten Geleitzug hatte insgesamt neun Tage gedauert. Trotzdem konnte nur der Träger und 2 Dampfer versenkt werden.

Mit dem Januar 1942 verlagerte sich der Kampf mehr an die nordamerikanische Küste. Durchschnittlich standen 54 U-Boote in See. Die Versenkungen erreichten die 3-Millionen-Grenze. Allerdings war auch der Verlust von 22 Booten in der ersten Jahreshälfte zu beklagen. Vom 11. Januar bis 7. Februar 1942 kreuzten fünf U-Boote an der amerikanischen Küste zwischen Kap Hatteras und dem St. Lawrence-Strom. Diese Operation lief unter dem Deckwort „Paukenschlag". Sie brachte als Erfolg die Versenkung von rund 142 000 BRT. Das Jahr 1942 war überhaupt das erfolgreichste der U-Bootwaffe. Aber auch die Abwehr wurde immer stärker. Der Gegner verwendete nicht nur neue Wasserbomben, auch die Ortungsgeräte wurden immer wirksamer. Das schlimmste Handikap für die U-Boote aber war die Vermehrung der U-Jagdflugzeuge, der U-Boot-Jäger und der Einsatz von Geleit-Flugzeugträgern. Noch im März 1943 waren den U-Booten Handelsschiffe mit mehr als 700 000 BRT zum Opfer gefallen. Dann gingen die Versenkungen angesichts der immer stärker werdenden Abwehr schlagartig zurück, während die U-Boot-Verluste immer höher wurden. Größere Erfolge waren nur noch in den Gebieten zu erzielen, in denen die Luftwaffe des Gegners nicht wirksam werden konnte. Es kam zwar auch jetzt noch zu mehr oder weniger erfolgreichen Geleitzugschlachten, aber der Schwerpunkt der Operationen mußte in weiter entfernte Gebiete verlegt werden. Die U-Boote wirkten jetzt nicht mehr nur im Nord-, Mittel- und Südatlantik, sondern auch schon im Indischen Ozean und bis in den Indonesischen Inselarchipel hinein.

Auch in der zweiten Hälfte des Jahres 1943 wurden dem Gegner noch schwere Tonnage-Verluste zugefügt, aber sie mußten mit der Vernichtung von 237 U-Booten im Verlauf des ganzen Jahres bezahlt werden. Es zeigte sich, daß die bisherigen U-Boote den neuartigen Abwehrmethoden des Gegners nicht mehr gewachsen waren. Nach dem Zusammenbruch des U-Boot-Krieges im Mai 1943 gingen 10 große U-Boote von der Biskaya aus nach Südostasien. Aber allein fünf von ihnen gingen schon im Atlantik verloren. Die restlichen fünf kamen bis Penang. Vier weitere Boote, die ihnen folgen sollten, wurden ebenfalls schon im Atlantik vernichtet. Im November 1943 schlug ein letzter Versuch, im Nordatlantik den Geleitzugkampf zu erneuern, fehl. Von da ab gab es nur noch Einzelkämpfe, die bis zuletzt mit neuen Schnorchel-U-Booten an der amerikanischen Küste und um England herum stattfanden. Nach der Landung der Alliierten in Frankreich gingen die U-Boot-Basen am Atlantik verloren. Im August 1944 mußten auch die Stützpunkte an der Biskaya-Küste geräumt werden. Der Einsatz ganz neuartiger Boote kam zu spät. Wie schwer und opferreich dieser Kampf gewesen war, zeigen folgende Zahlen: (nach Ploetz „Geschichte des Zweiten Weltkrieges")

auf Feindfahrt sanken 630 U-Boote,

durch Selbstversenkung gingen 215 Boote verloren,

durch Bomben, Kollisionen und Minen wurden im Heimatgebiet 123 Boote zerstört,

nach der Kapitulation wurden 153 übergeben.

Von den 39 000 Mann-U-Boots-Besatzungen fanden 33 000 Mann den Tod.

Durch die U-Boote wurden rund 14 Millionen Tonnen alliierten Schiffsraums versenkt.

Der Kampf der Handelsstörer

Der Operationsplan der Seekriegsleitung sah für den Ernstfall als Hauptpunkt eine Kreuzerkriegführung in allen Meeren
vor. Die Ausgangsposition war 1939 anders als 1914. Es gab
kein Kreuzergeschwader, und es gab auch keine wie damals
ständig in den verschiedenen Kolonien und Interessengebieten
stationierten Auslandskreuzer. Im Zweiten Weltkrieg liefen daher die für diese Aufgaben bestimmten Einheiten aus heimatlichen Häfen in ihre künftigen Operationsgebiete aus. Dabei
wurden sowohl die schweren Schiffe der Flotte als auch Hilfskreuzer (Handelsstörer) eingesetzt. Unter den ersteren befanden
sich auch Panzerschiffe, die durch ihre schwere Bestückung und
ihre Geschwindigkeit dem Gegner das Leben-besonders schwer
machten.

Die Seekriegsleitung hatte für den Fall eines plötzlichen
Kriegsausbruches bereits im August 1939 die beiden Panzerschiffe „Deutschland" und „Admiral Graf Spee" auf Wartestel-
lung in den Atlantik gesandt. Beide wurden aber aus politischen
Gründen bis zum September zurückgehalten und erhielten dann
erst Operationsbefehle. Die „Deutschland" stand zu dieser Zeit
in der Höhe von Grönland, die „Admiral Graf Spee" auf der
Verbindungslinie zwischen St. Helena und Südamerika.
„Deutschland" (Kdt. Kapitän zur See Wennecker) kehrte schon
im November 1939 nach kurzer Kreuzfahrt wegen eines Maschinenschadens in die Heimat zurück. Die „Graf Spee" (Kdt.
Kapitän zur See Langsdorff) operierte im Indischen Ozean und
im Südatlantik, versenkte dabei neun Handelsschiffe, kam aber
auf der Heimreise vor dem La Plata ins Gefecht mit einem englischen Schweren Kreuzer und mehreren Leichten Kreuzern, in
dem sie nach anfänglichen Erfolgen schwer beschädigt Montevideo anlaufen mußte. Da ihr dort nicht die nötige Frist zu den
unerläßlichen Reparaturen bewilligt wurde, entschloß sich der
Kommandant, sein Schiff selbst zu versenken. Die Besatzung
wurde interniert. Kapitän zur See Langsdorff schied freiwillig
aus dem Leben.

Im Oktober 1940 lief das Panzerschiff „Admiral Scheer" (Kdt.
Kapitän zur See Krancke) zur Handelskriegführung im Atlantik

aus, ging durch die Dänemark-Straße und versenkte südlich Grönland nach kurzem Gefecht bei dem Angriff auf einen Geleitzug den englischen Hilfskreuzer „Jervis Bay" und mehrere Handelsschiffe. Bei der Weiterfahrt in den Mittel- und Südatlantik fielen der „Admiral Scheer" noch zwei weitere Handelsschiffe zum Opfer. Im Januar 1941 lief der Kommandant mit seinem Schiff in den Indischen Ozean, kaperte dort vier englische Dampfer und kehrte am 1. April 1941 auf dem gleichen Wege wie bei der Ausreise in die Heimat zurück. „Admiral Scheer" war zu dieser Zeit nicht allein in Übersee, denn Ende November 1940 war auch der Schwere Kreuzer „Admiral Hipper" (Kdt. Kapitän zur See Meisel) im Südatlantik, traf dort aber auf überlegene Feindkräfte und kehrte daher nach Brest zurück. Wenig Erfolg hatte auch ein Vorstoß der beiden Schlachtschiffe „Gneisenau" (Kdt. Kapitän zur See Fein) und „Scharnhorst" (Kdt. Kapitän zur See Hoffmann), die unter Führung des Flottenchefs Admiral Lütjens ausgelaufen waren, wegen eines Maschinenschadens der „Gneisenau" die Fahrt aber bald wieder abbrachen.

Im Februar 1941 lief der Schwere Kreuzer „Admiral Hipper" erneut aus Brest aus, versenkte im Mittelatlantik aus einem Geleitzug mehrere Handelsschiffe und kehrte anschließend nach Brest zurück. Nach Ergänzung seiner Brennstoffvorräte ging „Hipper" Mitte März 1941 wieder in den Nordatlantik, passierte die Dänemark-Straße und lief Ende März wohlbehalten in Kiel ein. In der Zwischenzeit hatten die beiden Schlachtschiffe „Gneisenau" und „Scharnhorst" auf einem neuen Vorstoß aus einem Geleitzug rund 116 000 BRT herausgeschossen und ohne Feindberührung wieder Brest erreicht.

Mit dem so unglücklich verlaufenen Vorstoß des Schlachtschiffes „Bismarck" und des Schweren Kreuzers „Prinz Eugen" fand die Kreuzerkriegführung der Schweren Kampfschiffe der Flotte dann vorerst ihr Ende. Inzwischen waren aber aus der Heimat zahlreiche Hilfskreuzer mit den gleichen Aufgaben in die verschiedenen Meeresgebiete ausgelaufen. Als erster Handelsstörer ging die „Atlantis", das frühere Fracht-Motorschiff „Goldenfels" der Deutschen Dampfschiffahrtsgesellschaft Hansa, unter dem Kommando von Kapitän zur See Rogge am 31. März

1940 von Kiel aus in See, führte erfolgreich im Südatlantik, im Indischen Ozean und im Pazifik Handelskrieg, wurde aber dann nach einer Reisedauer von 622 Tagen auf der Heimreise im Südatlantik von dem englischen Kreuzer „Devonshire" überrascht und nach kurzem Gefecht vernichtet. Die überlebende Besatzung wurde von in der Nähe stehenden deutschen U-Booten geborgen und gelangte glücklich in die Heimat. Am 6. 4. 1940 lief der Hilfskreuzer „Orion", das frühere Fracht-Turbinenschiff „Kurmark" der HAPAG, unter Fregattenkapitän Weyher aus Kiel aus, durchlief den Süd-Pazifik, den Indischen Ozean und den Süd- und Nordatlantik und kehrte am 23. August 1941 nach einer Reise von 511 Tagen nach Royan/Westfrankreich zurück.

Von kürzerer Dauer waren die Kreuzfahrten der beiden nächsten Hilfskreuzer, „Widder" und „Thor", die im Mai und im Juni 1940 in See gingen. „Widder", das frühere Turbinen-Frachtschiff „Neumark" der HAPAG, kreuzte unter Korvettenkapitän v. Rucketeschell im Nordatlantik und war 180 Tage unterwegs. „Thor", das ehemalige Fracht-Turbinenschiff „Santa Cruz" der Oldenburg-Portugiesischen Dampfschiffahrtsgesellschaft, konnte unter seinem Kommandanten, Kapitän zur See Kähler, in mehrfachen Gefechten den englischen Hilfskreuzer „Alcantara" versenken und wenig später zwei bewaffnete Dampfer zusammenschießen. Ohne selbst beschädigt zu werden, kam der Hilfskreuzer nach einer Reise von 329 Tagen wieder in die Heimat.

Weniger glücklich, wenn auch sehr erfolgreich, war die Fahrt des Hilfskreuzers „Pinguin", des ehemaligen Motorschiffes „Kandenfels" der Deutschen Dampfschiffahrtsgesellschaft HANSA. Unter Kapitän zur See Krüder kreuzte der Handelsstörer im Indischen Ozean, in der Antarktis und in den australischen Gewässern, wo ihm insgesamt 32 feindliche Handelsschiffe zum Opfer fielen. Nach einer Reise von 357 Tagen wurde „Pinguin" aber am 8. Mai 1941 südlich der Seychellen im Indischen Ozean von dem englischen Kreuzer „Cornwall" gestellt und nach schwerem Kampf vernichtet. Mit dem Kommandanten fanden 17 Offiziere und 323 Mann der Besatzung den Tod. Gerettet wurden nur 3 Offiziere und 57 Unteroffiziere und Mannschaften. Die „Pinguin" war wie die erste „Emden" im Jahre 1914 der erfolgreichste Handelsstörer des zweiten Weltkrieges. Die von ihr versenkte feindliche Tonnage wurde von keinem anderen Hilfskreuzer erreicht. Der Einfallsreichtum ihres Kommandanten und seine faire Kampfführung wurden auch vom Gegner besonders anerkannt.

Einen ungewöhnlichen Weg bei der Ausreise wählte der Kommandant des am 3. Juli 1940 von Gotenhafen ausgelaufenen Hilfskreuzers „Komet", Kapitän zur See Eyssen. „Komet", das frühere Frachtschiff „Ems" des Norddeutschen Lloyd, war der kleinste, aber auch der am stärksten bewaffnete der deutschen Hilfskreuzer im Zweiten Weltkrieg. Kapitän Eyssen ging mit seinem Schiff durch die Nordpassage, den Sibirischen Seeweg, gelangte nach glücklicher Durchfahrt in das Bering-Meer, führte dann gemeinsam mit dem Hilfskreuzer „Orion" Handelskrieg in den neuseeländischen Gewässern und im ehemals deutschen Südseegebiet und beschoß in einer kühnen Operation die Anlagen auf der Phosphatinsel Nauru. Die Rückreise führte nach einer Reisedauer von 516 Tagen um Kap Horn herum in den Südatlantik. Am 30. 11. 1941 ankerte „Komet" wieder in der Heimat.

Kurz vor Weihnachten 1940 war der Hilfskreuzer „Kormoran", das frühere Motorfrachtschiff „Steiermark" der HAPAG, unter Kapitän zur See Detmers aus Gotenhafen zur Kreuzerkriegführung im Indischen Ozean ausgelaufen. Nach erfolgreichem Handelskrieg im Südatlantik traf „Kormoran" am 19. November 1941 westlich der australischen Küste auf den englischen Kreuzer „Sidney", den sie in dem ungleichen Gefecht schwer beschädigen konnte. Die „Sidney" brach schließlich den Kampf ab und ist wahrscheinlich später gesunken. Aber auch die „Kormoran" war so schwer mitgenommen worden, daß sie von der Besatzung schließlich aufgegeben werden mußte. In dem Gefecht waren 80 Mann gefallen. Die anderen erreichten nach mühsamer Fahrt in den Booten die Küste.

Im Jahre 1942 gelang nur noch drei Hilfskreuzern der Durchbruch durch die feindlichen Sperrlinien.

Am 14. 1. 1942 war der Hilfskreuzer „Thor" erneut unter dem Kommando von Kapitän zur See Gumprich aus der Gironde ausgelaufen. Das Schiff führte Handelskrieg im Atlantik und im Indischen Ozean, ging dann nach dem japanischen Hafen Yokohama, wurde aber dort im November durch eine unaufgeklärte Explosion zerstört. Kapitän Gumprich übernahm dann den in Japan liegenden Hilfskreuzer „Michel", der im März 1942 unter Fregattenkapitän v. Ruckteschell aus Cuxhaven ausgelaufen und nach erfolgreicher Kreuzfahrt im Südatlantik und im Indischen Ozean nach Yokohama gegangen war. Kapitän v. Ruckteschell mußte dort wegen einer Erkrankung aussteigen. „Michel" ging am 21. Mai 1943 erneut unter Kapitän zur See Gumprich auf Fahrt, führte Kreuzerkrieg in den australischen Gewässern, wurde dann aber am 17. Oktober 1943 in Höhe der japanischen Küste durch ein amerikanisches U-Boot torpediert und versenkt. Der Kommandant ging mit seinem Schiff in die Tiefe. Von der Besatzung konnte sich ein Teil an die Küste retten.

Der letzte Hilfskreuzer, der 1942 noch bis in den Atlantik gelangte, war „Stier", das frühere Frachtmotorschiff „Cairo" der Levante Linie. Unter Fregattenkapitän Gerlach konnte der Hilfskreuzer im Mittel- und Südatlantik noch vier Handelsdampfer versenken, die sämtlich bewaffnet waren, wurde aber bei der Niederkämpfung des letzten Ende September 1942 selbst so schwer beschädigt, daß er aufgegeben werden mußte. Die Besatzung wurde durch einen deutschen Blockadebrecher geborgen.

Von da ab glückte es nicht mehr, aus der Heimat einen Handelsstörer in den Atlantik zu bringen. Zwei weitere Schiffe, die es noch einmal versuchten, wurden versenkt, bzw. noch an der französischen Küste zur Umkehr gezwungen.

Die „Komet" war bei ihrer zweiten Reise am 8. Oktober 1942 aus Hamburg ausgelaufen, wurde aber schon am 14. Oktober bei Cap de la Hague von einem britischen Schnellboot versenkt. Mit dem Kommandanten, Kapitän zur See Brocksien, fand die gesamte Besatzung den Tod.

Der Hilfskreuzer „Coronel" (Kdt. Kapitän zur See Thienemann) wurde im Februar 1943 bei Boulogne durch Fliegerbomben so schwer beschädigt, daß er umkehren mußte. Ein dritter noch zur Ausreise vorgesehener Hilfskreuzer „Hansa" (Kdt. Kapitän zur See Henigst) wurde daraufhin gar nicht mehr herausgeschickt.

Insgesamt haben die deutschen Hilfskreuzer während ihrer überseeischen Wirksamkeit in den Jahren 1940–43 rund 950 000 BRT feindlichen Schiffsraum versenken können, ein Aderlaß, den der Gegner nur schwer wettmachen konnte, abgesehen davon, daß die alliierten Marinen ihre Kräfte durch die ständige Jagd auf diese Handelsstörer erheblich verzetteln und damit für die Kriegsführung in den europäischen Gewässern schwächen mußten.

Die letzte Aufgabe

Die Geschichte der deutschen Flotte im Zweiten Weltkrieg kann nicht abgeschlossen werden, ohne ihrer Mitwirkung bei der Bergung der deutschen Bevölkerung in den Ostgebieten Erwähnung zu tun. Ohne diese Hilfe der Flotte wären die Verluste der Bevölkerung und der zurückflutenden Heeresteile ungleich größer gewesen. Insgesamt hat die Flotte mit den wenigen der ihr noch verbliebenen Einheiten in unermüdlichem, selbstlosem Einsatz fast 2 200 000 Flüchtlinge, Soldaten und Verwundete geborgen und auf Schiffen jeder Art in die Heimat zurückbefördert. Sie kamen aus Pillau, Gotenhafen, von Swinemünde, Kurland und Kolberg. Über 99 Prozent der evakuierten Deutschen kamen unversehrt wieder an Land. Die schweren Katastrophen verschiedener Transportschiffe, wie der „Goya", der „Steuben" und der „Gustloff" blieben zum Glück Einzelfälle. Das war nur möglich, weil die schwachen Reste der Flotte bis zuletzt die Seeherrschaft in der Ostsee aufrecht erhalten konnten. Diese Rettungstaten bleiben ein ruhmreiches Blatt in der deutschen Marinegeschichte.

Ohne die aufopferungswillige Tätigkeit der Marine in den letzten Kriegswochen wären die Verluste der Bevölkerung und des Ostheeres unvergleichlich größer gewesen.

DIE BUNDESMARINE

Noch einmal ein Anfang

Als der Zweite Weltkrieg im Jahre 1945 mit der Kapitulation aller deutschen Streitkräfte abschloß, war auch das Schicksal der Marine besiegelt. Ihr Zusammenbruch war weitaus schwerer als der von 1918. Im Versailler Vertrag war der neugegründeten Republik immerhin noch der Grundstock einer Flotte zugebilligt worden, die Hoffnungen auf einen Erhalt deutscher Seegeltung zuließ. Nach der bedingungslosen Kapitulation im Jahre 1945 stand Deutschland dagegen auch auf maritimem Gebiet vor einem absoluten Nichts. Daß es trotz dieser aussichtslosen Lage doch noch einmal zur Schaffung deutscher Seestreitkräfte kam, ist in der Entwicklung der weltpolitischen Situation in den Jahren nach 1945 begründet. Aber diese Entwicklung ging nicht von heute auf morgen vor sich. Als vielmehr die Siegermächte des Zweiten Weltkrieges im Hinblick auf die immer größer werdenden Gegensätze zwischen Ost und West eine Wiederaufrüstung der Bundesrepublik beschlossen, war in den Planungen noch keineswegs die Schaffung deutscher Seestreitkräfte einbegriffen. Was interessierte, war einzig die Gewinnung des deutschen Potentials zu Land. Die zur See anfallenden Aufgaben sollten von den großen Seemächten erfüllt werden. Ihnen allein konnte schon stärkemäßig die lebenswichtige Offenhaltung der Seewege im freien Weltmeer obliegen. Die Randmeere, wie besonders die Ostsee, glaubte man durch Minensperren genügend abriegeln zu können.

Es hat langer und schwieriger Verhandlungen bedurft, ehe der deutsche Standpunkt anerkannt wurde, daß im Rahmen der Wiederaufrüstung der Bundesrepublik neben Heer und Luftwaffe auch eine, wenn auch sehr begrenzte, deutsche Marine notwendig war. Diese Frage soll abschließend noch näher behandelt werden. Hier geht es zunächst um eine kurze Schilderung des Wiederaufbaues einer neuen deutschen Flotte.

Die Bundesmarine bestand im Januar 1966 zehn Jahre. Dieser Zeitraum ist natürlich zu kurz, um ihre „Geschichte" zu schreiben. Sie steht zudem auch heute noch im Stadium einer sich ständig erweiternden Entwicklung. Die ersten Vorarbeiten zur Gründung wurden von einem kleinen Stab geleistet, der unter der Führung des damaligen Kapitäns zur See Zenker, des gegenwärtigen zweiten Inspekteurs der Bundesmarine, stand. Im März 1956 wurde Vizeadmiral Friedrich Ruge zum ersten Inspekteur der Bundesmarine ernannt. Sein Stellvertreter wurde Konteradmiral Gerhard Wagner. Der Tätigkeit dieser beiden Flaggoffiziere ist der zielbewußte und rasche Aufbau der Bundesmarine in den ersten Jahren nach ihrer Gründung zu verdanken.

Als erste Formation wurde 1956 in Wilhelmshaven eine Lehrkompanie aufgestellt, die sich aus etwa 140 Freiwilligen zusammensetzte. Sie bildeten in der Mehrzahl neben anderen altgedienten Seeleuten, die aus der früheren Kriegsmarine und dem Seegrenzschutz kamen, den Stamm der neuen deutschen Flotte. Hinzu traten ferner Angehörige der Besatzungen deutscher Minenräumboote, die nach 1945 unter alliiertem Kommando die Minenfelder in der Nord- und Ostsee beseitigt hatten. Die ersten schwimmenden Verbände setzten sich aus Einheiten des Grenzschutzes und aus kleineren Fahrzeugen zusammen, die von den Westmächten der Bundesmarine wieder zur Verfügung gestellt worden waren. Die Übernahme dieser Boote ermöglichte es, daß bereits im Frühjahr 1957 der NATO zwei Minensuchgeschwader unterstellt werden konnten. Weitere Einheiten wurden von den USA als Leihgabe übernommen bzw. von Großbritannien angekauft. Bei den ersteren handelte es sich um sechs Zerstörer der „Fletcher"-Klasse, bei den letzteren um sieben ehemals britische Fregatten. Zwei kleinere U-Boote der früheren Kriegsmarine, die von ihren damaligen Besatzungen versenkt worden waren, wurden wieder gehoben und instandgesetzt. Der erste eigene Neubau war das Küstenminensuchboot „Lindau", dem sehr rasch auch einige Schnellboote und Schnelle Minensuchboote folgten.

32. Die HAMBURG, der erste der neuen in Deutschland gebauten Zerstörer der Bundesmarine.

33. Indienststellung des neuen Geleitbootes EMDEN der Bundesmarine in Hamburg am 24. 10. 1961.

Von Anfang an war die Planung der Flotte auf kleine Kampfschiffe bis zur Größe von Zerstörern abgestellt. Sie entsprach
damit den Aufgaben, die der Bundesrepublik im Rahmen ihrer
Teilhaberschaft an der westlichen Verteidigungsorganisation gestellt waren. Das erste Bauprogramm sah dementsprechend den
Bau folgender Einheiten vor:

12 Zerstörer,

40 Schnellboote,

24 Küstenminensuchboote,

30 Schnelle Minensuchboote,

 1 Segelschulschiff,

 6 Geleitboote,

12 Unterseeboote,

12 Landungsfahrzeuge,

 2 Minenschiffe,

 1 Schraubenschulschiff,

sowie eine Marineluftwaffe von 48 Mehrzweck- und Aufklä-
rungsflugzeugen, 12 Jagdflugzeugen, 5 Amphibienflugzeugen
und einer Reihe von Hubschraubern, Verbindungs- und Schul-
flugzeugen.

Diese erste Planung erfuhr im Laufe der nächsten Jahre eine
Erweiterung und Vervollständigung im Sinne einer Einstellung
auf die Entwicklung des modernen Kriegsschiffbaues.

Die Ausbildung vollzog sich sowohl im Rahmen nationaler
Übungen als auch in der Teilnahme ganzer Verbände an den
jeweiligen NATO-Manövern. Daneben wurde die Verbindung
mit überseeischen Ländern durch ständige Auslandsreisen deutscher Kriegsschiffe gepflegt.

Nach und nach wurden die älteren Einheiten außer Dienst
gestellt und durch eigene Neubauten von deutschen Werften
ersetzt. So entstanden bei der Stülcken-Werft in Hamburg vier
neue Zerstörer und auf der gleichen Werft sechs Fregatten (Geleitboote). Auf der Howaldt-Werft in Kiel wurden neue U-
Boote gebaut, auf anderen Werften weitere Küstenminensuchboote, Schnelle Minensuchboote, Schnellboote sowie zahlreiche
Schulschiffe und Spezialschiffe verschiedener Bestimmung.

Das Wachstum der Flotte zeigen folgende Zahlen:

Am 1. März 1961 standen der NATO 1 Zerstörergeschwader,

177

3 Schnellbootgeschwader, 4 Minensuchgeschwader, 1 Landungs-
und 1 Marinefliegergeschwader zur Verfügung. Insgesamt bestand die Flotte zu diesem Zeitpunkt aus 162 Kriegsschiffen und
34 Tross- und Hilfsschiffen. Ihr Personalbestand betrug etwa
24 000 Mann.

Anfang 1963 gab es bereits:
2 Zerstörergeschwader mit 6 Zerstörern vom Typ „Fletscher“,
1 Geleitgeschwader mit 4 neuen Geleitbooten (Fregatten),
5 Schnellbootgeschwader mit zusammen 44 Schnellbooten und
  3 Tendern,
3 Minensuchgeschwader mit 30 Schnellen Minensuchbooten,
4 Minensuchgeschwader mit 24 Küstenminensuchbooten,
3 Küstenwachgeschwader mit 22 Küstenwachbooten,
1 Unterseebootgeschwader mit 3 U-Booten,
1 Landungsgeschwader mit 6 Landungsschiffen,
1 Flottendienstgeschwader,
1 Schulgeschwader,
1 Unterseebootslehrgruppe,
2 Marinefliegergeschwader und ein Marine-Dienst- und See-
  notgeschwader.

Der Personalbestand hatte zu dieser Zeit 28 000 Mann erreicht.

Das ursprüngliche Flottenbauprogramm wurde in den nächsten Jahren erheblich erweitert. Im Rahmen der vom Bundestag
genehmigten Baupläne soll die künftige Flotte wie folgt aussehen:
4 Zerstörer der modernen „Hamburg“-Klasse (3 im Dienst),
6 Fregatten der modernen „Köln“-Klasse (vorhanden),
50 Schnellboote (40 vorhanden),
30 U-Boote (7 vorhanden),
30 Schnelle Minensuchboote, (vorhanden),
24 Küstenminensuchboote (vorhanden),
20 Küstenwachboote (vorhanden),
13 Tender,
20 Binnenminensuchboote (in Planung),
6 Landungsschiffe (im Bau).

Hinzu kommt ein Tross-Schiffsprogramm mit 13 Tankern,
12 Versorgern, 8 Transportern und 20 Schleppern.

Ferner hat der Bundestag die Vergabe von 3 modernen Lenk-
waffenzerstörern genehmigt, die in den USA gebaut werden
sollen. Drei weitere sollen später auf deutschen Werften nach-
gebaut werden. Ferner ist die Umrüstung von zehn Schnellbooten auf Flugkörper und die Entwicklung neuartiger Flug-
abwehr-Korvetten von je 2000 ts vorgesehen. Außerdem sollen
später 10 Schnellboote der modernisierten „Jaguar"-Klasse gebaut und mit Tartar-Flugkörpern ausgerüstet werden.

Drei der „Hamburg"-Zerstörer waren 1965 bereits im Dienst
(„Hamburg", „Bayern" und „Schleswig-Holstein"). Die letzte
Einheit dieser Klasse („Hessen") soll Anfang 1966 dienstbereit
sein.

Rund 98 Prozent der obigen Neubautonnage wurden von
deutschen Werften geliefert.

In der Organisation der Bundesmarine haben sich seit ihrer
Gründung eine Reihe von Umgliederungen als notwendig erwiesen. Wenn man sich zunächst auf hergebrachte Normen beschränkte, ist nunmehr eine Straffung eingetreten, die sich auf
die Erfahrungen gründet, die in der ersten Aufbauperiode gemacht werden konnten. Nach der im April 1965 angeordneten
neuen Planung wird es künftig nur noch zwei Hauptkomman-
dobereiche geben:

das Flottenkommando und
das Marineamt.

Dem Flottenkommando unter dem Flottenchef unterstehen
alle schwimmenden Verbände und Einheiten, einschließlich der
Unterstützungsstreitkräfte der Marine. Die früheren Marine-
Abschnittkommandos der Nordsee und der Ostsee sind in Dienststellen der Küstenbefehlshaber beider Bereiche umbenannt und
ebenfalls dem Flottenchef unterstellt worden.

Dem *Marine-Amt,* das seinen Sitz in Wilhelmshaven hat,
unterstehen alle Fachkommandos und Schulen sowie das gesamte
Ausbildungswesen der Marine.

Zweck dieser Umgliederung ist es, schon in Friedenszeiten eine
Organisation zu schaffen, wie sie im Verteidigungsfalle im Rahmen der NATO für notwendig erachtet wird. Man darf nicht
vergessen, daß die neue deutsche Flotte nicht mehr wie ihre
Vorgängerinnen eine rein eigenständige Seekriegsaufgabe hat.

Sie ist zwar gleichberechtigter Partner der großen Seemächte, mit denen die Bundesrepublik im Bündnis steht. Aber die ihr gestellten Aufgaben sind nur im engen Zusammenhang mit dem gemeinsamen Anliegen der großen westlichen Verteidigungsorganisation zu sehen. Diese Tatsache ist entscheidend für die Beantwortung der oftmals gestellten Frage, ob die Bundesrepublik überhaupt Seestreitkräfte bedarf.

Brauchen wir überhaupt eine Marine?

Die neue deutsche Marine hat nicht nur vor ihrer Gründung erhebliche Widerstände außenpolitischer Art überwinden müssen. Sie stand und steht auch heute noch im Kreuzfeuer einer innenpolitischen Kritik, die sich sowohl gegen ihre Schaffung als auch gegen die Form ihres Aufbaues richtet. Es gibt Kritiker, die sie in der heutigen Zeit überhaupt für überflüssig halten und es lieber sähen, wenn die dafür aufzuwendenden Kosten einer Verstärkung der Landstreitkräfte zugute kämen. Und es gibt andere, denen die Art der gewählten Schiffstypen nicht geeignet erscheint. Schließlich gibt es auch Kritiker, die das Bauprogramm als solches zwar bejahen, aber in seiner Durchführung mehr als einen Haken sehen.

Um diese Fragen sachlich zu beantworten, muß man etwas tiefer in die ganze Materie einsteigen, als das zumeist bei der Begründung dieser Vorwürfe geschieht. Andererseits aber wäre es wohl auch nicht richtig, diese Kritiken als belanglos hinzustellen, nur weil sie von Persönlichkeiten geübt werden, die nicht der Marine angehören oder angehört haben.

In einem Kriege entscheidet nicht die Stärke *eines* Waffenteils allein, sondern die gesamte summierte Kraft eines Volkes, zusammengesetzt aus militärischer Stärke, wirtschaftlicher und industrieller Leistungsfähigkeit und der Standfestigkeit der Bevölkerung gegen die Härten und Schicksalsschläge, die jeder einzelne zu ertragen hat. Die beiden Weltkriege haben dies bewiesen und auch bei den nachfolgenden begrenzten Konflikten in aller Welt war das nicht anders. Heer, Luftwaffe *und* Marine haben in gemeinsamen Bemühungen zu ihrer Beendigung beigetragen. Nur bei einem rein kontinentalen Krieg könnte das anders sein, und nur bei einem Staat, der über keinen Zugang zur See verfügt. Aber die Bundesrepublik hat lange und offene Seegrenzen, und sie ist an diesen Stellen überaus verwundbar. Es wäre eine militärische Utopie, auch nur anzunehmen, man könnte diese Grenzen durch das Heer und die Luftwaffe allein verteidigen. Man benötigt dazu Seestreitkräfte, und diese müssen in einer Entfernung von Land wirksam werden können, die es gar nicht erst zu einer Landung fremder Streitkräfte kommen läßt. Dazu braucht man keine Hochseeflotte, sondern eine Flotte, die Vorposten und Verbindungsglied zugleich sein kann. Auch eine Küstenschutzorganisation in der Art des Seegrenzschutzes würde niemals genügen, denn mit ein paar Wach- und Polizeibooten kann man die ausgedehnten deutschen Küsten nicht sichern. In einem Atomkrieg würden natürlich andere Grundsätze gelten.

Aber abgesehen von diesen Erwägungen ist die Bundesrepublik auch in ihrer Eigenschaft als Mitglied der westlichen Verteidigungsorganisation gehalten, auch zur See den ihr angemessenen Beitrag zu leisten. Er besteht in einer Unterstützung bei der Führung und Einbringung der lebensnotwendigen Geleitzüge und in der rechtzeitigen Abwehr etwaiger Angriffshandlungen von See aus. Dies trifft besonders für die Ostsee zu, in der die hauptsächlichen maritimen Aufgaben der Bundesrepublik im Verein mit den anderen NATO-Partnern liegen. Mit „Divisionen" lassen sich diese Aufgaben nicht erfüllen.

Ist die Bundesmarine bei der Art der gewählten Schiffstypen auf dem richtigen Wege oder hätte man andere wählen sollen? Der Bundesmarine sind gewisse Beschränkungen hinsichtlich der Größe der zu bauenden Schiffe auferlegt worden. Aber abgesehen davon wäre es schon wirtschaftlich unsinnig, größere Schiffe zu bauen als tatsächlich gebraucht werden. Es kam also darauf an, mit dem geringsten Aufwand *die* Typen zu bauen, die für die anfallenden Aufgaben unbedingt notwendig sind, die aber dabei einen hochgradigen Kampfwert repräsentieren. Dies sind Zerstörer, Geleitfahrzeuge, Schnellboote, U-Boote und andere Kleinkampfschiffe. Der Zerstörer, der heute als das vielseitigste Kampfschiff gilt und mit seinen Vorgängern aus früheren Jahren kaum noch verglichen werden kann, sollte dabei das größte Kriegsschiff der neuen deutschen Flotte sein. Große Überwasser-Kriegsschiffe wie Flugzeugträger und Kreuzer kamen deshalb für die Bundesmarine nicht in Frage, da die ihnen gestellten Aufgaben in den Bereich der großen Seemächte fallen. Die für die Bundesmarine bestimmten U-Boote halten sich aus gleichen operativen Erwägungen in einem kleinen und einem mittelgroßen Typ.

Selbstverständlich müssen alle neuen Einheiten der Bundesmarine den modernsten Anforderungen in Technik und Bewaffnung entsprechen. Das führt zu einem Punkt, der ebenfalls Gegenstand mancher Kritiken ist.

Bei verschiedenen Neubauten (Küstenminensuchbooten, U-Booten und Schnellbooten besonders) haben sich im Laufe der Zeit gewisse Materialmängel gezeigt, auch waren Umbauten aus waffentechnischen Gründen und zur Hebung der Seetüchtigkeit einzelner Schiffstypen notwendig geworden. Zu dem Vorwurf, daß es sich hierbei um Fehlkonstruktionen handele, lag jedoch in all diesen Fällen keine Berechtigung vor. Dazu muß gesagt werden, daß die Bundesmarine bei ihren ersten Planungen völliges Neuland beschreiten mußte. Zwischen dem Ende des Zweiten Weltkrieges und der Wiederaufnahme des Kriegsschiffbaues auf deutschen Werften lagen mehr als zehn Jahre, in denen die deutsche Werftindustrie keinerlei Erfahrungen über die Weiterentwicklung des modernen Kriegsschiffbaues sammeln konnte. Das war eine Lücke, die nur sehr schwer und mit Inkaufnahme zahlreicher Versuche überbrückt werden konnte. Es ist auch verfehlt, wenn bei der Kritik die Bauzeiten für moderne Handelsschiffe und Kriegsschiffe einander gegenübergestellt werden. Der Bau von Handelsschiffen vollzieht sich auch heute noch nach bestimmten Normen. Der Bau moderner Kriegsschiffe unterliegt aber bei dem rasanten und unaufhaltsamen Tempo der neuzeitlichen Technik einem ständigen Wechsel. Kurz gesagt, ein Kriegsschiff ist während seiner Bauzeit fortgesetzt in der „Entwicklung". Es kann also auch geschehen, daß ein schon in Dienst gestellter Neubau trotzdem während der Erprobungszeit, die oftmals lange dauert und der jedes neue Kriegsschiff unterworfen wird, noch mehrmals in die Werft muß, um inzwischen wieder eingetretene Neuerungen zu berücksichtigen. Naturgemäß sind auch bei der Durchführung der Bauprogramme Fehler gemacht worden, wie sie überall vorkommen. Aber sie sind verständlich, da man erst Erfahrungen sammeln mußte, die nur in der Praxis erworben werden konnten. Und welche Marine, die sich in einer weitaus günstigeren Situation als die junge Bundesmarine befindet, wäre von solchen Fehlschlägen gefeit?

Das alles spricht wohl weitaus *mehr für* die Marine als gegen sie. Man sollte ihre Notwendigkeit auch nicht immer nur nach *Kriegsaufgaben* bemessen, sondern daran denken, was sie auch als Vertreterin des deutschen Volkes im Ausland und auf vielen friedlichen Gebieten zu leisten hat. Wie auch die früheren deutschen Marinen steht auch die Bundesmarine zu wissenschaftlichen Aufgaben zur Verfügung, sei es bei der Vermessung noch wenig bekannter Seeräume oder bei der Durchführung internationaler wissenschaftlicher Expeditionen. Noch wichtiger für die Hebung des Ansehens der Bundesrepublik im überseeischen Ausland und die Behebung vielleicht noch vorhandener Ressentiments sind die Auslandsreisen verschiedener Einheiten der Marine, die über alle Meere führen. Jedes Kriegsschiff ist im Ausland der Vertreter seiner Heimat. Von dem Auftreten seiner Besatzung hängt weitgehend die Einschätzung seines Heimatlandes ab. Nicht umsonst hat man früher die deutschen Kriegsschiffe als die besten „Botschafter" Deutschlands bezeichnet. Sie sind es, wie viele Erfahrungen beweisen, auch heute noch. Jedes Anlaufen eines fremden Hafens erfordert von der ganzen Besatzung vom Kommandanten bis zum jüngsten Matrosen, ein ungewöhnliches Maß an Takt, Gewandtheit und Fingerspitzengefühl. Heute sind diese Auslandsbesuche deutscher Kriegsschiffe von besonderer Bedeutung, namentlich wenn es sich um den Besuch von Häfen unserer Verbündeten handelt. Durch die hierbei aufgenommenen persönlichen Kontakte wird das Zusammengehörigkeitsgefühl und das gegenseitige Verständnis mehr und nachhaltiger gestärkt als es je durch papierne Freundschaftserklärungen möglich wäre.

Seeleute sind Mitglieder einer großen Familie, die den ganzen Erdball umspannt. Sie helfen einander, wo sie können, ganz gleich, welcher Nation ein in Not befindliches Schiff angehört.

Daß sich die Bundesmarine auch in dieser Hinsicht nicht von ihren Vorgängern unterscheidet, hat sie seit ihrem Bestehen mehrfach unter Beweis gestellt.

Blickt man heute zurück auf die Geschichte der deutschen Flotte, so kann man vielleicht sagen, daß nicht alles so gegangen ist, wie man es sich gewünscht hat und wie es für unser Volk vielleicht besser gewesen wäre. Aber die Männer, die unverzagt immer wieder nach allen Rückschlägen an den Wiederaufbau einer Marine gingen, hatten niemals einen Selbstzweck im Sinne. Doch auch sie waren Kinder ihrer Zeit und ihrer Entwicklungsstufe. Es ist die Tragik der Geschichte der deutschen Flotte, daß die natürlichen Grenzen nicht erkannt wurden, die Deutschland durch die geographischen und strategischen Gegebenheiten gezogen waren. Deutschland kann schon als das Herzstück Europas und sein geographischer Mittelpunkt nicht in erster Linie als Seemacht angesehen werden. Aber es würde aller Natur widersprechen, wollte man daraus die Folgerung ziehen, daß es damit auch keinen Anspruch auf Seegeltung hat. Es gibt heute keine Kolonien mehr, die geschützt werden müssen. Auch die Zeiten, in der ein Staat die Rechte seiner Angehörigen durch Flottendemonstrationen wahren konnte, sind endgültig vorbei. Aber immer wird das Meer die große Verbindungsstraße zwischen den Völkern dieser Erde bleiben. Das allein spricht auch heute für die Berechtigung einer deutschen Flotte.

DIE SPITZENBEHÖRDEN
DER DEUTSCHEN MARINE
(1848–1945)

Deutsche Bundesflotte
(1848–1853)
Konteradmiral Brommy

Kgl. Preußische Admiralität
(1853–1856)
Admiral Prinz Adalbert v. Preußen

Oberkommando der Marine	Marineverwaltung
(1856–1871)	(1856–1861)
Admiral Prinz Adalbert	Freiherr Otto v. Manteuffel
v. Preußen	(1853–1858)
(1856–1870)	Karl Anton
	Fürst v. Hohenzollern
	(1858–1861)

Marineministerium
(1861–1871)
General v. Roon

KAISERLICHE MARINE
Kaiserliche Admiralität
(1872–1889)

General u. Admiral v. Stosch	1872–1883
General v. Caprivi	1883–1888
Vizeadmiral Graf v. Monts	1888–1889

Oberkommando der Marine
(Kommandierender Admiral)
(1889–1899)
Vizeadmiral Frhr. v. d. Goltz
1889–1895
Admiral v. Knorr 1895–1899

Reichs-Marine-Amt
(1889–1919)
Konteradmiral Heusner
1889–1890
Konteradmiral Hollmann
1890–1897
Admiral v. Tirpitz 1897–1916
Admiral v. Capelle 1916–1918
Admiral Ritter v. Mann
1918–1919
Vizeadmiral Rogge 1919

Admiralstab der Marine
(1899–1918)

Konteradmiral Bendemann	1899
Admiral v. Diederichs	1899–1902
Admiral Büchsel	1902–1908
Admiral Graf v. Baudissin	1908–1910
Admiral v. Fischel	1910–1911
Admiral v. Heeringen	1911–1913
Admiral v. Pohl	1913–1915
Admiral Bachmann	1915–1916
Admiral v. Holtzendorff	1916–1918

Chef der Seekriegsleitung
Admiral Scheer 1918

Marinekabinett
Vizeadmiral v. Senden-Bibran 1899–1906
Admiral v. Müller 1906–1918

DIE BEFEHLSHABER
DER HEIMISCHEN SEESTREITKRÄFTE

Deutsche Bundesflotte
(1848–1853)
Konteradmiral Brommy

Oberbefehlshaber der Preußischen Flotte
Admiral Prinz Adalbert v. Preußen 1849–1867

Norddeutsche Bundesmarine
(1870–1871)
Seestreitkräfte der Nordsee: Vizeadmiral Jachmann
Seestreitkräfte der Ostsee: Konteradmiral Heldt

Kaiserliche Marine
(1871–1918)

(Panzergeschwader)
Konteradmiral Henk 1873–1875
Konteradmiral Batsch 1876–1878

(Übungsgeschwader)
Kapitän zur See v. Wickede 1880

(Manövergeschwader)

Konteradmiral Knorr	1880
Vizeadmiral v. Kall	1889
Konteradmiral Hollmann	1890
Vizeadmiral Deinhard	1891
Vizeadmiral Schröder	1892
Vizeadmiral Koester	1893–94

(I. Geschwader)
Vizeadmiral Koester 1896
Vizeadmiral Thomsen 1897

(Übungsflotte)
Admiral v. Koester 1900–1903

(Aktive Schlachtflotte)
Admiral v. Koester 1903–1906

(Hochseeflotte)

Admiral Prinz Heinrich v. Preußen	1909–1913
Vizeadmiral v. Holtzendorff	1906–1909
Vizeadmiral v. Ingenohl	1913–1915

Admiral v. Pohl   1915–1916
Admiral Scheer   1916–1918
Admiral Ritter v. Hipper   1918

(Ostseestreitkräfte)

Großadmiral Prinz Heinrich v. Preußen 1914–1918

(Auslands-Kreuzergeschwader)

Kommodore Werner	1872–1873
Kapitän zur See Przewisinski	1873
Kapitän zur See Graf v. Monts	1876
Kapitän zur See v. Wickede	1878
Konteradmiral Knorr	1884
Kommodore Paschen	1885
Konteradmiral Heusner	1888
Konteradmiral Deinhard	1888–1889
Konteradmiral Valois	1890–1892
Konteradmiral v. Pawelss	1892–1893

Am 28. 3. 1893 wurde das Kreuzergeschwader aufgelöst

Am 25. 11. 1894 wurde die Kreuzerdivision aufgestellt

Konteradmiral Hoffmann	1894–1896
Konteradmiral Tirpitz	1896–1897
Kapitän zur See Zeye i. V.	1897
Vizeadmiral v. Diederichs	1897–1899

Am 23. 11. 1897 wurde erneut das Kreuzergeschwader gebildet

Konteradmiral Prinz Heinrich v. Preußen	1899–1900
Konteradmiral Fritze i. V.	1900
Vizeadmiral Bendemann	1900–1902
Vizeadmiral Geißler	1902–1903
Vizeadmiral v. Prittwitz u. Gaffron	1903–1905
Vizeadmiral Breusing	1905–1907
Konteradmiral Coerper	1907–1909
Konteradmiral v. Ingenohl	1909–1910
Konteradmiral Gühler	1910–1911
Konteradmiral v. Krosigk	1911–1912
Vizeadmiral Graf v. Spee	1912–1914

REICHSMARINE UND KRIEGSMARINE

Admiralität
(1919–1920)

Vizeadmiral v. Trotha 1919–1920
Konteradmiral Michaelis 1920

Chef der Marineleitung
(1920–1935)

Admiral Behncke 1920–1924
Admiral Zenker 1924–1928
Admiral Raeder 1928–1935

Oberbefehlshaber der Kriegsmarine
(1935–1945)

Großadmiral Raeder 1935–1943
Großadmiral Dönitz 1943–1945
Generaladmiral v. Friedeburg 1945
Generaladmiral Warzecha i. V. 1945

Chef des Stabes der Seekriegsleitung
(1937–1945)

Admiral Guse	1937–1938
Generaladmiral Schniewind	1938–1941
Admiral Fricke	1941–1943
Admiral Meisel	1943–1945

Flottenchefs

(Reichsmarine)

Vizeadmiral Zenker	1923–1924
Vizeadmiral Mommsen	1924–1927
Vizeadmiral Oldekop	1927–1931
Vizeadmiral Gladisch	1931–1933
Vizeadmiral Foerster	1933–1935

(Kriegsmarine)

Vizeadmiral Foerster	1935–1937
Admiral Carls	1937–1938
Admiral Boehm	1938–1939
Admiral Marschall	1939–1940

Vizeadmiral Lütjens   1940–1941
Admiral Schniewind   1941–1944

Marinegruppenbefehlshaber

West

Generaladmiral Albrecht   1938–1939
Generaladmiral Saalwächter   1939–1942
Admiral Kranke   1943–1945

Nord

Generaladmiral Carls   1939–1943
Generaladmiral Schniewind   1943–1944

Süd

Admiral Schuster   1941–1943
Admiral Fricke   1943–1944

Oberbefehlshaber der Marine-Oberkommandos

Ostsee

Admiral Guse   1940–1943
Admiral Schmundt   1943–1944
Generaladmiral Kummetz   1944–1945

Nordsee

Admiral Densch   1939–1943
Admiral Förste   1943–1945

Kommandierende Admirale

Norwegen

Admiral Ciliax   1943–1945
Admiral Krancke   1945

Dänemark

Admiral Mewis   1940–1943
Admiral Wurmbach   1943–1945

Norwegische Westküste

Admiral v. Schrader   1940–1945

Frankreich
Generaladmiral Schultze   1941–1942
Admiral Bachmann   1942–1943

Schwarzes Meer
Admiral Fleischer   1941–1942
Admiral Wurmbach   1942
Vizeadmiral Kieseritzki   1943

Ägäis
Admiral Förste   1941–1943

Ostland
Admiral Burchardi   1941–1945

DIE SPITZENSTELLEN DER BUNDESMARINE

Inspekteure
Kapitän zur See Zenker   23. 12. 1955– 5. 3. 1956
Vizeadmiral Ruge   6. 3. 1956–31. 7. 1961
Vizeadmiral Zenker   1. 8. 1961–z. Z.

Stellv. Inspekteure
Konteradmiral Wagner   6. 3. 1956–31. 7. 1961
Flottillenadmiral Schumann   1. 8. 1961–31. 3. 1963
Konteradmiral Hetz   1. 4. 1963–z. Zt.

Befehlshaber der Flotte
Konteradmiral Johanesson   16. 3. 1957–31. 8. 1961
Konteradmiral Smidt   1. 9. 1961–30. 9. 1963
Vizeadmiral Gerlach   1. 10. 1963–z. Z.

Befehlshaber Seestreitkräfte Ostsee (BSO)
(ab 1. 9. 1961 in Kdo Flotte aufgegangen)
Flottillenadmiral Gerlach   1. 7. 1957–15. 4. 1961
Flottillenadmiral Smidt   16. 4. 1961–31. 8. 1961

Befehlshaber Seestreitkräfte Nordsee (BSN)

Flottillenadmiral Zenker	1. 4. 1957–31. 12. 1960
Flottillenadmiral Frhr. v. Wangenheim	1. 1. 1961–31. 12. 1962
Flottillenadmiral Erdmann	1. 1. 1963–z. Z.

Kommando Marineausbildung-Kdr.
(ab 1. 2. 1962 Zentrales Marinekommando)
(ab 1. 10. 1965 Marineamt)

Konteradmiral Ehrhardt	16. 6. 1957–31. 7. 1960
Flottillenadmiral Zenker	1. 8. 1960–31. 7. 1961
Flottillenadmiral von Blanc	1. 8. 1961–30. 9. 1964
Konteradmiral Obermaier	1. 10. 1964–z. Z.

Marinekommando Ost (ab 1. 10. 1965 Kdo Flotte unterstellt)

Flottillenadmiral Kähler	16. 5. 1957–30. 6. 1962
Kapitän zur See Heck	1. 7. 1962–30. 9. 1962 (mdWdGb)
Kapitän zur See Heck	1. 10. 1962–31. 3. 1963
Flottillenadmiral Neuss	1. 4. 1963–30. 9. 1964
Flottillenadmiral Birnbacher	1. 10. 1964–z. Z.

Marinekommando Nord (ab 1. 10. 1965 Kdo Flotte unterstellt)

Kapitän zur See Rösing	1. 11. 1957–31. 3. 1962
Flottillenadmiral Freiwald	1. 4. 1962–12. 1. 1964
Flottillenadmiral Obermaier	13. 1. 1964–30. 9. 1964
Kapitän zur See Klug	1. 10. 1964–z. Z.

Kommando der Flottenbasis (ab 1. 10 1965 aufgelöst)

Flottillenadmiral Wolff	6. 6. 1957–31. 3. 1963
Flottillenadmiral Heck	1. 4. 1963– 2. 10. 1963
Flottillenadmiral Freiwald	3. 10. 1963–14. 1. 1964 (mdWdGb)
Flottillenadmiral Freiwald	15. 1. 1964–30. 9. 1965

34. Minenräumboote der Bundesmarine im Päckchen.

35. U-Boot HECHT der Bundesmarine. Das Boot wurde Anfang Mai 1945 im Großen Belt durch Fliegerbomben versenkt und später wieder gehoben. Es dient heute für Schulzwecke.

36. Segelschulschiff GORCH FOCK der Bundesmarine passiert auf einer Auslandsreise die Freiheitsstatue vor dem New Yorker Hafen.

PERSONEN-REGISTER

Wilhelm II., Dt. Kaiser, 52, 63, 66, 74, 77, 85, 106, 112, 155
Wissmann v. Hptm. 72
Wolff, FlAdm. 192
Wülfing v. Ditten, Kpt. z. S. 139
Wurmbach, Adm. 190

Zenker, Lt. z. S. 116
Zenker, Adm. 138, 139, 141, 189
Zenker VAdm., 176, 191, 192
Zeye, Kpt. z. S. 188
Zuckschwerdt, K.Kpt. 121

Es bedeutet: Adm. = Admiral, V.Adm. = Vizeadmiral, K.Adm. = Konteradmiral, Kpt. z. S. = Kapitän zur See, F.Kpt. = Fregattenkapitän, K.Kpt. = Korvettenkapitän, Kptlt. = Kapitänleutnant
(nur Bundesmarine): FlAdm. = Flottillenadmiral

SCHIFFS-REGISTER

LITERATUR- UND QUELLEN-VERZEICHNIS

Arenhold, Die Kgl. Preußische Marine (1848–60), 1904
Bauer, Reichsleitung und U-Boot-Einsatz (1914–18), 1956
Bensel, Die deutsche Flottenpolitik (1933–39), 1958
Brennecke, Jäger-Gejagte, 1956
Brennecke, Das große Abenteuer, 1958
Busch, F. O., Traditionsbuch der Kriegsmarine, 1937

Churchill, Der Zweite Weltkrieg, 1959

Dönitz, 10 Jahre und 20 Tage, 1958

Forstmeier u. a., Die Entwicklung des Flottenkommandos, 1964

Galster, England, deutsche Flotte und Weltkrieg, 1925
Gessler, Reichswehrpolitik, 1958
Giese, Von Scapa Flow zur Kriegsmarine, 1939

Hubatsch, Die Ära Tirpitz, 1955
Hubatsch, Der Admiralstab, 1958

Koch, Geschichte der deutschen Marine, 1902
Köhlers Flottenkalender, versch. Jahrgänge

Leinen Los, versch. Jahrgänge
Lohmann, Denkwürdige Tage, 1928

Mahan, Seemacht und Geschichte, 1896
v. Maltzahn, Der Seekrieg, 1905
v. Manthey, Unsere Marine im Weltkrieg, 1926
v. Manthey, Auf See unbesiegt, 1921
Marienfeld, Wisenschaft und Schlachtflottenbau, 1957
Marine-Archiv, Der Kreuzerkrieg, 1923
Marine-Rundschau, versch. Jahrgänge
Mayer, 1000 Jahre Seefahrt, 1934
Meurer, Unsere Kriegsmarine, 1926

Meurer, Seekriegsgeschichte, 1925
MOH-Nachrichten, versch. Jahrgänge
v. Müller, Regierte der Kaiser? 1959

Nautikus, versch. Jahrgänge

Ploetz, Hauptdaten der Weltgeschichte, 1963
Prochnow, Die Deutsche Marine, Jgg. 1963–65
Prochnow, Deutsche Kriegsschiffe in zwei Jahrhunderten, 1964

Raeder, Der Kreuzerkrieg, 1925
Raeder, Mein Leben, 1956
Rittmeyer, Seekriege und Seekriegswesen, 1907
Röhr, Handbuch der deutschen Marinegeschichte, 1963
Ruge, Seemacht und Sicherheit, 1955
Ruge, Der Seekrieg 1939–45, 1956

Scheer, Deutschlands Hochseeflotte im Weltkrieg, 1937
Schüssler, Weltmachtstreben und Flottenbau, 1956

v. Tirpitz, Erinnerungen, 1919
v. Trotha, Seegeltung – Weltgeltung, 1940

v. Waldeyer-Hartz, Unsere Reichsmarine, 1928
v. Werner, Das Buch von der deutschen Flotte, 1880
Weyers Taschenbuch der Kriegsflotten, versch. Jahrgänge
Wislicenus, Deutschlands Seemacht einst und jetzt, 1896
Wolgast, Seemacht und Seegeltung, 1944

BILDNACHWEIS